U0574032

| 中国好校长丛书 |

教育的价值

于会祥 /著

中国教育报刊社人民教育家研究院 /组编

北京师范大学出版集团
BEIJING NORMAL UNIVERSITY PUBLISHING GROUP
北京师范大学出版社

图书在版编目（CIP）数据

教育的价值 / 于会祥著；中国教育报刊社人民教育家研究院组编. --北京：北京师范大学出版社，2025.5.（2025.6 重印）--（中国好校长丛书）.
-- ISBN 978-7-303-30885-9

Ⅰ. G632

中国国家版本馆 CIP 数据核字第 2025UD8209 号

出版发行：北京师范大学出版社 https://www.bnupg.com
　　　　　北京市西城区新街口外大街 12-3 号
　　　　　邮政编码：100088
印　　刷：保定市中画美凯印刷有限公司
经　　销：全国新华书店
开　　本：710 mm×1000 mm　1/16
印　　张：18.25
字　　数：260 千字
版　　次：2025 年 5 月第 1 版
印　　次：2025 年 6 月第 2 次印刷
定　　价：72.00 元

策划编辑：伊师孟　　　　　责任编辑：伊师孟
美术编辑：焦　丽　　　　　装帧设计：焦　丽
责任校对：包冀萌　　　　　责任印制：马　洁

丛书编委会

编委会主任：吕同舟

编委会成员（按姓氏笔画为序）：

于发友　于维涛　毛亚庆　代蕊华　杨志成

吴蓉瑾　沈　杰　陈锁明　林伟明　周建华

秦建平　郭　垒　鲍传友　窦桂梅　缴润凯

丛书主编：齐林泉

编写说明

....

中华文明延绵数千载，先贤辈出，群英荟萃。教育，是文明传播和民族振兴的根本。习近平总书记指出，要坚持把高质量发展作为各级各类教育的生命线，加快建设高质量教育体系。建设教育强国，基点在基础教育。基础教育搞得越扎实，教育强国步伐就越稳、后劲就越足。新时代中小学校长，是建设高质量基础教育体系的领军人物，是倡导和推进实施教育家办学的践行者和领航者。

近年来，由中国教育报刊社人民教育家研究院牵头组织、北京师范大学出版社出版的《新时代中小学校长群像》《领航者在行动》等以新时代中小学校长为书写对象，以传播教育智慧、推广办学经验、展示精神风貌、宣传先进事迹为宗旨的诸多图书，较为全面地呈现了近百位鲜活生动、有血有肉的新时代优秀校长的典型形象。他们来自全国不同地区，教育成长过程和办学治校经历也各不相同，但他们都扎根中国大地，以人民为中心，以推进教育现代化、建设教育强国、办好人民满意的教育为己任，在教育实践界和出版界产生了重要的影响。

为进一步扩大新时代中小学校长的影响力，精准定位读者群体，探索教育家型校长的成长规律，持续推进校长队伍的专业化水平，提升更广大校长的业务素养，进一步提高名校名校长的社会认知度，回应国家、社会对名校名校长的关切，我们推出"中国好校长丛书"。

本丛书立足于中小学校长办学实践，聚焦中小学校长专业发展，探寻教育家型校长办学经历及办学规律，着眼中小学校长的专业阅读与学习需求，以名校名校长的发展为个案，全面、系统地总结名校名校长的成功经验，展示名校名校长的精神风貌。每本书以校长为第一人称的方式进行写作，从校长成长、校长素养、校长与学校的共生发展等几个方面讲述个人的办学经历和思想体悟。校长成长重点呈现校长的学习与培训经历，校长素养重点突出校长的个人品质和业务素养，校长与学校的共生发展重点讲述校长与学校共同成长的故事，以此丰富中小学发展的实证研究，彰显学校的办学特色。

我们努力向大家送上一套呈现校长与学校互动关系的叙事丛书，通过深入挖掘校长与学校共同成长、相互促进的故事，展示教育家型校长的教育人生，让校长在书中以第一人称的方式，讲述自己成长和学校发展的过程，总结教育家型校长的办学经验，体现新时代中小学校长风貌。我们也努力探索研究与出版并行，在加强出版专业性的同时，充分依托中国教育报刊社人民教育家研究院，以探寻中国好校长专业成长规律为目标，开展课题研究或教研活动并凝练成果，进而将之转化并服务学校。

夏至华夏，葱葱茏茏。在这个成长的季节，希望这套丛书能够给广大教育同人尤其是中小学校长提供成长榜样、效法先锋，从而树立"躬耕教坛、强国有我"的志向和抱负，大胆实践，创新教育理念、教育模式、教育方法，筑梦教育新时代，追梦教育家。

"中国好校长丛书"编委会
于北京文慧园

自序

· · · · · · · · · · ·

但问耕耘，更问收获
——写在到育英学校任职的第八年 ①

八年前的今天，是我到育英学校任职的日子。

八年前的晚上，亦如今晚，我静静地坐在书桌前。

八年，一个几乎没有寒暑假、没有周六日的八年。

八年前刚到育英学校时的情境历历在目。我是在将近知天命的年龄再次更换单位。面对一所曾经有过非常辉煌的历史的学校，面对各方的殷殷期待和种种质疑，我的心情很是复杂。作为校长，我要怎样做才能不负各界的信任与重托？

在学校的图书馆二层，面对大家带着各种情绪的注视，我坚定地告诉每一个人：要把育英学校打造成一所社会满意、家长放心、教师幸福的学校。

言犹在耳，却是八年已过。

八年来，我几乎每天都处于殚精竭虑、如箭在弦的状态，因为我要兑现自己的承诺，也唯恐因为我的决策有误而耽误了学校的发展。

现在借育英学校再次被关注的时机，面对众多的祝福和与之相伴的众多疑问，我从自己的角度回顾一下这八年里的一些往事，既为了回忆，也为了更好

① 2019年6月27日，是我到北京市育英学校（简称"育英学校"）任职的第八年，当晚，我写下了《但问耕耘，更问收获——写在到育英学校任职的第八年》这篇文章，既为了回忆，也为了更好地前行。如今再看这些文字，它们仍是心中万千话语的凝聚，特作为本书自序。

地前行。

育英学校是一所建校于1948年的大校,70多年的发展史是一柄"双刃剑",使用得当,是再度发展的土壤与积淀;使用不当,就会成为一个沉重的包袱。育英学校曾像一位负重行进的老人,很长时间以来都处在一种不温不火、渐渐被淡忘的境遇里,难以焕发生机。

我只是一个普通人,但作为校长要怎样做才能带动400多名教师和几千名学生一起向前?还好我是一名教育工作者,我有我二三十年的从教经历,我有我的教育理念。

我是农民出身,农村的生活告诉我,只要善待土地,埋下种子,辛勤耕耘,土地就一定会长出庄稼,如果能多想办法,就一定会长出茂盛的庄稼。

对于育英学校而言,最不缺的就是"人",我能调动的最大的资源就是"人"。我始终坚信:人的凝聚力就是生产力。面对朴实、善良、上进的育英学校教职工,我更加坚信这一点。所以我最核心的工作内容就是调动"人"的热情,挖掘"人"的潜能。在育英学校,"人"就是所有的学生、所有愿意改变的教师和所有愿意改变的中层领导。

走笔至此,我要由衷地说一句,感谢这些年来一直跟着学校的步伐辛苦付出、努力提升的教师们,谢谢你们从几乎已经习惯了的温吞水般的工作状态中脱离出来,接受新的教育教学理念,不断自省、不断更新,其中的挣扎与艰辛,非经历者难以体会。事实上,我们的教师的薪资待遇长期以来处于北京市海淀区偏低的水准。我之所以有时对这个问题避而不谈,是因为心里确实有不忍与不安,但我一直提醒和安慰自己,只要足够努力,肯定能换来教师们的理解,也肯定能迎来教师们待遇的改善。

很多外界人都知道,育英学校教师的暑假是从8月1日开始的,还有相当数量的教师的暑假开始得更晚。学生们放假后,教师们还要集体封闭研讨和备课,这没有任何补贴,但大家一坚持就是八年。未雨绸缪,方能有备无患,只有提前做好各种计划,大家开学后才能相对从容。这八年来,很多教师从对封闭的不满、找各种理由请假，到现在慢慢地接受、主动把外出日期调整到八月以后。这种种改变，让我欣慰，也让我感动。

这一切都为我们迎来质的改变奠定了基础。

就像种子埋在泥土里，接受阳光的照耀和雨露的滋润，不断地积聚力量，有朝一日一定会钻出地面，开花结果。

我深知，教师们如此努力不是为了我这个校长，而是为了自己心里的教育信念，我们每个人都不甘于被人看低，都愿意尽最大的努力让学生成长、让学校更好，都怀有自己从教时最初始的心愿。

两千多年前的孔子提出"有教无类""因材施教"。育英学校的学生都是直升上来的家住附近的学生，他们来自各不相同的家庭，有着各种不同的背景与资质，其中的差异简直是天壤之别，如何保证让每名学生都能找到自己的成长点，都能在自己感兴趣的领域努力奔跑？换一个角度看，育英学校是九年一贯、十二年一体，意味着有 12 个年龄段的学生，这是多么好的条件。我们怎样充分利用才能让学生相互扶持、合作共赢？

在这样一所涵盖小学、初中、高中三个学段的学校中，我最大的感受就是每天要不停地变换思维，因为我既要和六岁多的一年级小学生对话，也要和十八岁的高三学生对话。

育英学校的教师们集思广益，因地制宜，开发了多种门类的课程，成立了各种社团。社团既有教师创办的，也有在教师帮助下学生自主成立的。我们还有育·英大讲堂，从三年级的小朋友到高二的学长都可以成为堂主，这里面有教师们太多的心血，是大家智慧的结晶。

在各种努力的共同作用下，我们终于营造出了独属于育英的生活空间。在这个空间里，中学生给小学生当老师，小学生给中学生当主持人；小学活动时，中学生当志愿者引导员；升旗仪式上，小学生用稚嫩的童音唤醒中学生美好的回忆……在这个空间里，不同年龄的学生学会了和谐相处，不同性格的学生学会了处变不惊，不同爱好的学生找到了自己的天地。每每看见穿红白校服的小学生和穿蓝白校服的中学生一起参加活动时，我都感到由衷的高兴。

在这样的环境下，有什么好成绩不是情理之中呢？

现在，育英学校是除我家之外，我最喜欢的地方，这里有像公园一样美丽的环境，有充满朝气、活力四射的未来的栋梁，有辛勤耕耘、勤勉善良的同事，有我付出的心血和追寻的梦想。

其实，我也有一个梦，就是探索一条让普通学生发展得更充分的路。

终我一生，我将与同道中人携手共行；终我一生，我将全力以赴！

谨以此文，感谢我的同事，感谢社会各界的关爱。

于会祥

于 2019 年 6 月 27 日夜

目　录　C O N T E N T S

目 录 C O N T E N T S

目 录 C O N T E N T S

目　录　C O N T E N T S

目 录 C O N T E N T S

目 录 C O N T E N T S

立校之本

"天长地久"是一种美好的愿望。一所学校要想基业长青，一定要有自己所坚守的核心价值观。当这种价值观深入到每个人的骨血里的时候，这所学校也就具备了基业长青的潜质。

以学校之守正清风，与家校社共育同行

2023 年 5 月 31 日，习近平总书记来北京市育英学校（简称"育英学校"）慰问师生时指出，体育锻炼是增强少年儿童体质最有效的手段。现在生活条件好了，孩子们不是要吃得胖胖的，而是要长得壮壮的、练得棒棒的。体育锻炼要从小抓起，体育锻炼多一些，"小胖墩""小眼镜"就少一些。学校要把体育老师配齐配好。家庭、学校、社会等各方面都要为少年儿童增强体魄创造条件。这段话是讲给学校听的，也是讲给家长和社会听的。在学生整个健康成长过程中，家长、学校、社会都担负着重要的责任。

多年的办学实践让我深刻地认识到，在家校社协同育人中，学校起着主导作用。如何发挥学校的主导作用呢？我认为关键在于：要以学校的风清气正来影响家长和社会。

第一，传承红色基因，坚持守正办学，向家长和社会传递为党育人、为国育才的育人观，积极带头营造良好的区域教育生态。

习近平总书记在考察时谈道，育英学校具有光荣的革命传统和鲜明的红色基因，要加强革命传统教育，让每一名育英学校的学生都牢记学校的光荣历史，铭记党的关怀。多年来，我们深入挖掘毛泽东、陈毅等老一辈革命家教育子女的家风故事，持续积淀老校友扎根岗位、艰苦朴素、爱党爱国的感人事迹；多年来，我们每周一升旗仪式的主题都是"为了祖国好好学习"；多年来，我们坚持落实就近入学的政策，从来没有向任何上级部门争取过特殊的办学政策。所有这些，都是在向家长和学生传递这样一个理念：育英学校坚持守正教育，平等对待每一名学生！

第二，遵循教育规律，尊重学生的成长规律，提升家长对学生德智体美劳全面发展的重要性的认识。

每年开学之际，我们会将全体干部的联系方式印发给每一名学生，请他们带回家中，交给家长。我们还保留了单杠、双杠等体育设施，坚持开展双手倒立、跳箱等有一定风险的体育项目；开设快乐午间课程，把学生"赶"出教室，让学生可以在校园内尽情地玩耍；坚持开展跨学段、跨年级的"寻宝乐"活动课程，促进学生混龄交往、健康交往，让校园欺凌从源头上得到了预防。

第三，以学生发展为本位，把握协同关键，引导家校社各司其职、同向发力。

学校对学生的教育势必会影响到每一个家庭。育英学校有6000多名学生，他们背后至少是20000名家长。所以，凡是涉及学生切身利益的事情，无论是调换座位、组建社团，还是评选班干部、学生分班等，我们都做到公开透明。实践证明，当学校以客观、理解和信任的态度面向家长的时候，家长回馈给学校的是更进一步的理解与支持。我们还积极探索家校社协同育人的新路径，比如开展"家校生共议"系列班会、研发家校联系系列手册、带领学生开展丰富多彩的实践活动等，逐步形成了家校社三方有机衔接、协同配合的良好教育生态。

接下来，我们会在总结已有经验和成绩的基础上，更加积极地发挥学校在协同育人中的主导作用，让学校之风影响家长和社会。

从"感谢校长""感谢学校"说起

初任校长的时候，每每听教师发言，我总能听到"感谢校长""感谢学校"之类的话语。起初，我觉得这是发言者礼貌和素质的体现。后来，我又看到了其他一些现象，想法发生了改变。

在一次外出开会时，有位教师和我交流，他说，他每学期都要把学生写的优秀作文编辑成册，而这些小册子的主编是写自己还是写校长或者是写教学主管领导呢？这让他很苦恼。

很多学校的开学典礼都是由副校长主持，领导和嘉宾也都是由副校长介绍，领导和嘉宾都坐在主席台上；学校运动会一般是由校长宣布开幕，这几乎成了惯例。这些现象引起了我的思考：为什么要感谢校长？校长和数学教师、语文教师等一样，都是学校的工作者，只是分工不同。为什么要感谢学校？学校是大家的，不是某一个人的，每一位教职工都代表着学校。开学典礼由学生主持行不行？领导和嘉宾不坐在主席台上，和学生坐在一起行不行？由体育学科的教研组长宣布运动会开幕行不行？这些都值得学校管理者深入反思。

客观地讲，很多学校的机构设置都太像政府机关，虽然方便了和教育主管部门的工作对接，却不利于学校自身工作的开展。

教师劳动的特点和机关工作人员劳动的特点是有本质区别的。一位数学教师如果教两个班的数学课，那么他就要对这两个班的教学负责，课怎么上、布置什么样的作业、什么时候进行日常检测等都由他决定。即使这位数学教师要征求同事、领导的建议，也主要由他本人作出决策。此外，每个班不同的学情、不同的班级文化及学生个体之间的差异等都决定了教师劳动的复杂性和创造性，这显然不是靠一份文件、一项制度能解决的。尊重教师劳动的特点，也是在促进学校管理者的反思和学校管理工作的改进。

我曾经做过一项关于学校骨干教师的跟踪研究，研究他们的时间安排。以一名语文教师为例：他每天要上两节语文课，至少用两节课的时间批改作业；每周要参加学校大会、年级例会、教研组备课研讨等大大小小的五六个会议；还要应对来自学校和上级的各项检查等；如果是班主任，那么不仅要参加的会议更多了，而且要随时处理学生的突发事件等。这样算下来，一名教师每天真正坐下来用于备课和教研的时间就很少。我们都知道，备课的质量决定着课堂教学的质量；我们也知道，教师就是在每天的认真备课、上课中实现专业成长的。问题是，如何让教师拥有更多这样的时间？著名的柯希纳定律提到：实际管理人员比最佳人数多时，工作时间不但不会减少反而会随之增加，而且工作成本也要成倍增加。因此，研究如何减少学校管理层级和管理人员以解放教师，还给教师更多能自主掌握的时间，从某种角度讲，就是在解放学生。

淡化学校行政色彩，让学校回归育人本位，虽说是一件说易做难的事，但通过我们的努力至少是可以改变的。

首先，学校应厘清常规管理要求的价值取向。学校主体工作更多地需要依靠每一位教职工完成，常规管理的对象也更多地指向了教职工，为此，学校制定了很多制度。但是，作为学校管理者，我们须清楚，制定这些规章制度的价值取向是什么，是把教职工管"严"还是管活——"管"严是让教职工必须按照学校的要求去做；管"活"是学校规章制度的制定首先要给予教职工作为工作主体的尊重，注重激发教职工的工作激情，使其不断迸发工作的智慧，给教职工在遵循制度要求的过程中留下创造的空间。

其次，学校可建立项目工作制和项目"首长负责制"。基于学校发展过程中遇到的现实问题和教师的教育教学困惑，学校可在全校层面开展项目研究，实行项目工作制和项目"首长负责制"。每位教师既可以是项目组的成员，也有机会成为项目组的负责人。这种以项目为中心的合作机制可以淡化行政组织关系，打破年级组和教研组的职责边界，强化合作关系和业务研讨，使教育教学研究更有针对性，学校发展也更具活力。项目由"首长"负责，"首长"即每项具体工作的负责人，他们有权调动学校的所有资源。

最后，积极进行学校组织变革，努力建设学校新文化。让组织得到更好的发展是组织变革的出发点和归宿。学校组织变革的成效应体现在教师、学生、学校的共同发展上，其中，教师的发展是首要问题，因为学校教育的着眼点是学生，但着力点是教师。因此，学校组织变革应该有利于让每一位教职工都有权利调动学校的所有资源，展现才华，参与民主管理——这样可以让有能力的教师到重要的岗位上发挥更大的作用，持续不断地提升自身的综合素养。比如，学校可以探索建立一种以课程建设为中心，学术影响力超越行政影响力以引领学校发展的新型治理文化。

我们的工作原则：问道

> "当我不知道下一步该如何做的时候，我选择了向学生求助，此后，我得到了超乎想象的答案……"
>
> "当我不知道工作该如何开展的时候，我走进了老师们的办公室，倾听老师们的心声，了解一下老师们在想什么、说什么、做什么……"

这是两位同志在学校教师论坛上的发言，第一段出自一位年轻的班主任，第二段出自一位分管教学工作的中层干部。他们发言撞车不是巧合，因为育英人都在遵循问道的工作原则，那是育英人的工作路径。

2012 年，在征求全校师生意见的基础上，我们梳理出了育英学校的管理文化。比如，在梳理学校工作原则时，大家一致认为学校是师生的学校，学校的发展一定要基于师生，于是问道教师、问道学生、问道家长的工作原则立马形成。三个问道，言简意赅，也便于操作。2014 年，结合学校发展的实际及存在的问题，我们在三个问道前增加了九个字，育英学校的工作原则也就有了完整的表述：从问题出发，走动管理，问道教师、问道学生、问道家长。

这个工作原则在学校各项工作中都得到了践行。例如，在"学校的课程要满足学生的发展需求"这一思想指导下，学校课程研究院分学段对所有学生进行了课程需求问卷调查并认真分析了数据，确认了学生的课程需求，以最快的速度对学生的课程需求进行了最有力度的回应。

再如，在学校环境文化建设中，如何让学校的道路、楼宇、草木等会"说话"，让美的环境富有文化内涵而突显育英教育的底蕴？我们选择了问道，育英校园文化建设项目组也应运而生。项目组广泛发动师生，充分聆听师生的意见和建议，多次面向全校师生征集道路、楼宇、草木等的名字。历时一年，师生携手共同完成了"为校园环境命名"这一杰作。

　　"为校园环境命名"还有一个插曲：在讨论用什么样的名字命名道路、楼宇、草木等时，教师们首先想到了校园里那些富有生机的植物，如白玉兰、红山楂、银杏、翠竹等。教师们说，植物的多样既体现了育英教育的多样，也体现了教育的生命力。此时，参加讨论会的学生发出了不同的声音，他们希望用"梦"来命名。

　　当时，有的教师觉得学生的想法有些幼稚，有的则认为特色不突出，还有的觉得学生老是"做梦"，将来做事会不踏实。但是，被邀请的小学生和中学生依然憧憬在他们的"梦"中，"梦让人有想象空间""我们喜欢梦，林间听梦，园中筑梦，多美呀""有梦想才有追求，梦是我们的心声"，几名学生代表个个据理力争。

　　教师们被学生征服了，开始有人频频点头。最后，项目组权衡考虑，决定花园和果园的命名采纳学生代表的建议，以"梦"为主题，取名"听梦苑""筑梦苑""圆梦苑"，梦系列主题花园诞生了；广场的命名则听取教师们的建议，如"银杏广场""山楂树广场""白玉兰广场"等。所有梦系列主题花园的苑名题写都由学生完成，学校还请人把学生的字刻在了每座花园入口的石头上；植物系列广场的名字则由教师们题写。

　　当习近平总书记提出中国梦时，教师们惊呼，育英学校的学生太有才了。用学生自己的话说，"校园本身就应该是我们编织梦想、为实现梦想而努力的地方，有梦想才有希望"。"育英学校——梦开始的地方"赫然出现在学期初的主题墙上。

　　此外，为了更大范围地征求有关学校发展的建议与意见，我们将全校82名干部（包括校长、书记、副校长、中层干部）的手机号码、座机电话、邮箱等全部印发给学生及家长，尽可能地倾听来自各方的声音。这样学校就建立了短信、微信、电话、邮箱等多元立体的问道途径。

　　问道是一种理念，它反映了学校管理者把"谁"放在了学校的中央。

　　问道是一种路径，它反映了学校管理者依托"谁"在开展学校的工作。

问道是一种情怀，它反映了学校管理者为了"谁"在做学校的教育事业。

用制度保障和引领学校发展

为了保证校园安全，创建良好的育人环境。2011年9月15日，育英学校发布了《育英学校安全隐患举报奖奖励办法》。

育英学校安全隐患举报奖奖励办法

为了保证校园安全，创建良好的育人环境，学校经研究决定设立安全隐患举报奖。具体办法如下：

一、凡是学校学生、教职工、学生家长及社会各界人士在校园内发现安全隐患时都可以积极举报。

二、举报方式。

1. 电话：6828×××，内线：8×××。

2. 信件：保卫科办公室窗下信箱。

3. 举报地点：保卫科（学校大门口东侧）。

4. 电子邮箱：××××@yahoo.cn。

三、具体要求。

1. 说明安全隐患存在的具体地点及现象。

2. 说明举报人姓名及单位。

四、奖励等级。

一等奖：凡是及时挽救被伤害人员、为维护师生合法权益做出特殊贡献的奖励1万~3万元。

二等奖：凡是使得学校财产免受重大损失的奖励2000~10000元。

三等奖：提出的合理化建议被采纳且师生受益的奖励100~1000元。

五、接到举报后，学校安全委员会将及时消除隐患并根据具体情况进行奖励。

六、举报人在发现安全隐患时要注意保护自身安全，避免危险发生。

七、本办法如有不尽之处，由学校校务委员会决定。

育英学校

2011 年 9 月 15 日

2012 年 1 月 9 日，王国新、陈维红两位教师及八年级的周航同学获得了学校安全隐患举报奖。在全校的升旗仪式上，我代表学校向他们颁发了奖状和奖金。2022 年 10 月 16 日，我们又将这项奖励颁发给了行政后勤服务中心的张婕老师。

评价是导向，制度是保障。近年来，我们修订、增订了很多项制度，用以规范学校的各项工作，《育英学校安全隐患举报奖奖励办法》只是其中的一项。翻看育英学校的每一项工作制度，其主旨都是营造风清气正、人际关系简单、对工作负责的合作竞争机制，从而激发每一位教职工的工作热情与工作智慧。

我们力图用制度引领学校的发展。例如，学校陆续颁布了《教师教学基本工作常规》《育英学校对六个教学基本问题的理解和实施要求》《育英学校建设理性和人文的高效课堂的实施方案》《对常态教研活动的要求》等文件，目的就是从制度上加强教学质量监控，并帮助教师寻找新的生长点，促进教师自身成长。

再如，我们建立了岗位满意度评价制度，即在学校层面制定了全校各岗位工作满意度评价标准，并在试行中逐步完善。以行政后勤服务岗位为例：我们把行政后勤服务中心全体员工服务师生的态度、能力、效果作为评价的三要素，从两个层级去考评，直接服务对象为第一层级，占评价得分的 60%，间接服务对象为第二层级，占评价得分的 40%，最终将两个分值相加，作为其岗位满意度评价的综合得分。这样做的目的就是通过评价制度引导教职工把师生利益放在第一位，优质、高效地服务于学校的教育教学工作。

又如，为了增强全校师生的主人翁意识与责任感，我们颁布了《关于设立北京市育英学校"'好好学习'校长奖学金"的决定》《关于设立北京市育英学校"工作智慧奖"的规定》《关于设立北京市育英学校"学生主题活动日（周）"的决定》等一系列极富激励性、促进性的制度。

制度不是用来管人的，而是用来引领人的发展的。我们颁布的所有的规章制度均以育人为目标，以尊重为前提，给教职工在遵循制度要求的过程中留下创造的空间。比如，在《育英学校对六个教学基本问题的理解和实施要求》中关于"教学的原则"提到，"尽可能地给学生提供充分的思考时间""尽可能地给学生提供学法指导""尽可能地给不同的学生提供与学习内容相匹配的学习方式""教学的问题来源于学生，问题的解决依靠学生，评价交给学生"，以此引领教师变革教学方法；又如，在《教师教学基本工作常规（修订稿）》中说明，"有常规但不能唯常规""任何一种办法都不会放之四海而皆准，一定有利有弊，关键要看它是否指向学校最需要解决的问题"，以此鼓励教师敢于打破常规，以负责任的态度，积极进行教育教学的改革尝试。

依法办学、科学化管理是现代学校建设的基础，机制和制度建设是育英学校在快速发展时期的重要任务和根本保障。在制度逐步完善的同时，我们还启动了问责机制。这一机制不是为了要难为谁、责备谁、惩罚谁，只是提醒各部门、各岗位的教师要尽职尽责，努力做好本职工作。因拖延、推诿、不负责任等造成工作失误的教职工，学校实行问责和诫勉谈话制度，以确保守住教育的底线，保障学校和谐、稳定、快速地发展。当然，我们也要清醒地认识到，有些事情也不是制度所能够涵盖的，比如，像对待自己的孩子一样爱学生，这是一种朴素的感情和责任，不是可以通过任何制度来把控的。

校长要当好引领者

　　"学为人师，行为世范"对教育人尤其是教师提出了要求，那具体到校长又有什么不一样的职责呢？

　　2013年2月，教育部出台了《义务教育学校校长专业标准》，系统建构了义务教育学校校长的六项专业职责及六十条专业要求，六项专业职责分别是规划学校发展、营造育人文化、领导课堂教学、引领教师成长、优化内部管理、调适外部环境，每项专业职责都由专业理解与认识、专业知识与方法、专业能力与行为三方面组成。可见，"引领"是校长专业发展的基本功。"一位好校长就是一所好学校"强调的就是校长要当好引领者，并且可以一体二维地解构为教育思想的引领者和教育行动的引领者。

一、校长要引领教师发展

　　学校教育的着眼点是学生，但着力点是教师，教师是教育的逻辑起点。校长只有致力于教师队伍的建设与发展，引领教师的专业成长，才能实现学校的育人目标。

　　近年来，育英学校进行了校园环境的整体改造，实行了扁平化－矩阵式管理，重建和修订了若干项制度。我作为校长面向全体教师做了上百场有关教育教学、课程研究方面的讲座，撰写了几十万字的随笔和教师们分享。从实践探索来看，校长可以从发挥自身道德领导作用的视角引领师德建设；可以从学校治理结构、制度建设的视角引领教师的工作热情与责任感；还可以从课程建设、课程资源开发的视角引领教师转变教育观念，提升课程领导力与课程实施力。一路走来，在碰撞与共鸣中，育英学校教师的眼界开阔了，思维活跃了，教育智慧也增长了——他们在跑步前进。

二、校长要引领学生发展

习近平总书记寄语青年学生要扣好人生的第一粒扣子。对学校而言，"扣扣子"的过程就是对学生进行教育引领的过程。教师对学生的教育引领固然重要，但是如果校长也能近距离地引领学生的发展，那么教育的效果就会事半功倍。

从工作性质来看，校长虽然与学生相处的时空比较有限，但还是可以通过校园环境建设引领学生的思想成长，可以通过课程建设引领学生的思维发展，可以通过学生管理引领学生的价值观取向。基于此，育英学校用富含美丽元素和教育要素的环境文化浸润学生，用经济学课程、国学课程、大学先修课程等课程提升学生的思维品质，用"让行为规范成为育英学子的一张名片"培养学生的品德。学生们也在跑步前进着，国际奥赛领奖台上有育英学子的身影，实践创新大赛上有育英学子的脸庞，国外会场上有育英学子维护国家统一的声音……

三、校长要引领家长发展

教育需要合力，需要学校、社会、家庭三方的力量聚合到一起，尤其是需要家长的全力配合。面对形形色色的家长，校长如何做好引领工作？

家长会、家委会是众多学校都在实践的方式，也产生了积极的效果。除此之外，我还尝试亲自给家长写信，以尊重为前提，向"最紧密的战略合作伙伴们"传递适合时代发展的教育理念与实践，以期引发他们的回味与反思，让立体而充分的沟通黏合双方更强的力量。当校长和教师真正把学生放在心上、放在学校工作的中心时，他们的努力就一定与家长的"战略目标"完全重叠，双方是理所当然的一路人。提升家长的教育素养和教育专业度就是提升家校的合作度。

历经十多年"跑步前进"，育英学校正在进入高位运行的新阶段。要让育英学校在高位上稳健前行，学校工作就需要进入文化引领的新时期。学校文化建设包含理念文化和具体文化两个层面，理念文化包括办学使命、办学目标、育人目标、教育底色、办学行动、校训、校风等，具体文化包括物质文化、制度文化、学生文化、教师文化、课程文化、课堂文化等。目前，育英学校文化已具有鲜明且富有感染力的特点，称得上品质优良，文化积淀丰盈但尚欠深厚，尤其是具体文化建设中最重要的课程文化和课堂文化建设还是工作中相对的短板。

学校要发展，校长是第一责任人；学校要发展，校长是第一引路人；学校要发展，校长是第一践行人。要做好引领者，校长是如履薄冰、任重道远。

"校长有约"，大胆来建言

我们先看一名学生的发言稿：

于会祥校长曾在多个场合表示，学校是学生的学校。因此，老师们为我们搭建了信息反馈的多种平台，包括公开老师们的联系方式、设置建言邮箱等。本学期起，"校长有约"又为我们的校园生活添加了浓墨重彩的一笔。

"校长有约"在隔周的周四中午与大家见面。截至上周，本学期共完成七次。参与的干部老师共14位，参与的同学共计82人。几乎每位同学都是有备而来，共提出意见或建议63余条。干部老师们除耐心倾听外，还一一对同学们的意见和建议进行了反馈。

同学们的意见和建议从校服到伙食，从住宿部的管理到基础、修身、发展力三大课程，可以说涉及校园生活的方方面面。对于大家提出的问题，教育服务中心赵主任逐条进行梳理，能解决的，学校马上统筹协调各部门加以解决。比如，有高一同学向严书记建议，立足学情，调整住宿部有关"八点半洗漱，九点二十分熄灯"的规定，给同学们延长自习时间，住宿部收到建议后马上开展座谈和调研，最终尊重了大家的意见。同学们向赵校长提出的小柜柜门维修问题也马上得到了后勤部老师的解决。

对于学校暂时无法满足的需求，干部老师们会耐心地向同学们予以说明。比如，有同学向于校长建议安装新风系统，于校长从公办学校的审批流程及组织机构的运转规则等角度进行了解释。对于暂时未能开放体育馆的意见，学校则从确保学生安全的角度进行了说明。总之，老师们对每个问题都不回避，坦诚地和我们分析原委。正如于校长所说，老师们要问道学生，尽力满足大家的需求，不能满足的要解释到大家理解为止。

这个过程本身就引发了大家的诸多思考。比如，五四制六年级5班的郭同学在参加完"校长有约"后在随笔中写道："于校长好亲切，通过和校长交流，我体会到了校长的身不由己和辛苦。让我印象最深刻的是校长向我们解释了北京市育英学校校务委员会民主决策制度，这让我感受到了学校有多么重视民主。"

再如，九年级4班的王同学写道："今天的'校长有约'，于校长很细致地给我们讲了我们在一些方面所面临的问题及应该从哪些方面去考虑事情。其实我最大的收获不是我提的问题于校长是怎么回答的，而是两点让我一生受益的东西：第一，遇到事情从大局考虑，考虑到每一个方面；第二，要明白各种事情的底线，不要去触碰底线。"

相信每位参与了"校长有约"的同学在这样的过程中都能生发出不同的思考，大家也由此对学校生出更深的理解与敬意，也更理解责任与珍惜的意义。

一言以蔽之，"校长有约"，约的是大的视野与担当，约的是师生共同的责任与情怀，约的是我们更美好的校园生活与我校更美好的明天！

"校长有约"，下学期精彩继续！

这是某周周一国旗下讲话的学生发言。这份发言道出了育英学校的一项重要工作——"校长有约"。"校长有约"约的是学生，每两周举行一次。学校的干部要倾听学生代表对学校工作的建议、在生活中的困惑等。

2014 年，育英学校教代会通过了"从问题出发，走动管理，问道教师、问道学生、问道家长"的工作原则，此后，学校各项工作都基于这个原则进行。问道激发了学校师生的主人翁意识与"我为学校发展出谋划策"的责任感。"校长有约"是问道学生的一条重要路径，也是"学校是学生的学校"从理念到实践的重要探索。

"校长有约"的背后是对平等意识的关注与落实，是对民主意识的关注与落实，是对人本意识的关注与落实。

学校教育就是过日子，过日子就要商量着来，就要平等着来，就要民主着来。

我们的孩子不是给别人看的

坐在古香古色的西翠国学书院里弹着古筝、读着史书，不经意间抬首就看见了窗外的桃花；走出西翠国学书院，又穿越回现代都市，在森林音乐广场上唱歌、跳舞，尽情展示才艺；还可以信步切换到花园、动物园甚至农场……

这是我所期待的学校，也是我们努力打造的育英学校的实景。学校不仅是学生学习知识的地方，而且是学生寻找同伴、学会交往和合作的地方。我们致力于把育英学校办成这样一所真正适合孩子发展的学校。

一、从校园改造做起

2011 年，从工作了十年的北京市十一学校调任育英学校担任校长，我所做的第一件事就是对校园环境从头到尾进行了一番大改造：300 平方米的库房摇身变成了西翠国学书院，杂草丛生的灌木丛被改造成了森林音乐广场，小花园成为举行学生在校期间最隆重礼仪的校友广场……

用师生的话说，三年时间，育英学校变成了京城最美丽的校园。每年都有很多来自全国各地的同行到校考察和学习。学校环境改造不是单纯地为了漂亮，而是要将文化元素嵌入学校每一处，给环境注入文化内涵，让环境育人精准有力地聚焦学校的育人目标。

二、让学校处处是教室

让学生获得优质的发展是校长的责任。校园环境改造后，学校的很多地方都可以成为富有教育意义的教室。

育英学校有片地，三年级和四年级的学生都要在此种地。这其实是学校的一门课程——自然课。有一次，一个小男孩双手捧着一根黄瓜从地里出来。我问他："你拿着黄瓜为什么不吃啊？"小男孩回答说："这是我自己种的，得回家让我妈妈尝一尝。"我当时很开心。种地不仅仅是种地，而是要让学生在这个过程中学会成长。

学校的生物教室设在一个阳光温室里，这是一个聚集了太阳能、自动喷雾、温度监控的高科技教室，里面有学生亲自种植的萝卜、向日葵等各类作物。小学和初中的相关生物课程都在那儿进行。

此外，我们还以一位七年级学生的名字命名了昆虫研究实验室。这位叫刘开太的学生对昆虫的研究已达到了很高的水平，获得过北京市金鹏科技奖一等奖。如今，这名学生带领着一群同样喜欢昆虫的志同道合者在这个实验室里做研究。

三、尊重、保护孩子爱玩的天性

玩是孩子的天性，为此，我们专门修建了供学生玩耍的筑梦苑，精心布置了小山坡、滑梯，学生常常在上面翻滚着、滑翔着，玩得不亦乐乎。这些地方

立校之本

本来安排了专门的保洁人员做清扫，后来发现这里几乎不用打扫，因为使用率太高了。

　　为了让孩子们玩得有品质，我们将午间活动做了课程设计，开设了快乐午间课程。如今，中午课间活动可谓丰富多彩，学生可以选择无组织的自由活动；也可以选择育·英大讲堂，听同学们讲他们擅长的技能；还可以选择去"午间影院"看科普剧……有一天中午，一位学生跑来向我致谢："校长，您真是拯救了我们，中午我们再也不用一直在教室写作业了。"

　　有一次，上级部门要到学校开展一次以安全教育为主题的活动，希望学校能在活动中安排学生进行节目演出。育英学校有一个惯例，领导到学校视察工作，我们一般不会安排学生搞一些演出，更不会以此证明我们的素质教育搞得多好。其实，学校拥有的学生合唱团、管乐团都是北京市金帆团，同时拥有两个金帆团在北京的学校中是不多见的。再者，客观地说，在这样一所拥有四千多名学生的大校，即使没有艺术课程教师的培养，选几个孩子唱唱歌、跳跳舞、弹弹琴肯定也是没有问题的。但问题是，我们教育孩子是为了什么？因此，当分管主任向我汇报要有节目演出的要求时，我说如果上级要求必须安排，可以，但是不能刻意准备，从四年级任选一个班级让学生自愿参加。当天下午，活动开始后，由八名学生组成的合唱小组上台演出，有几名参与演出的学生穿的校服不是很干净。有位领导说："于校长，你们学生的校服洗不干净吗？"我笑了笑说："这些孩子早上到校后就在学校摸爬滚打，下午就弄得不干净了，我没让他们换。"这位领导瞬间一怔，马上明白了，说道："于校长，你让我看到了真正的教育！"

四、一切工作尽量不搞"一刀切"

　　走进育英学校的教学楼，在同一层的两个班级可以看到不同的课桌椅：一个班的课桌椅是按传统模式以前后顺序排列，而另一个班的课桌椅则拼成了圆桌式，这是我们对各项工作都不搞"一刀切"的真实范例。教师可以根据自己班级的特点选择适合学生的授课方式。我们倡导各美其美，美美与共。也正因为如此，近几年育英学校在教学、管理等各方面都呈现出了不断发展的态势。

育英学校的发展让我深深地感悟到：办学切忌浮躁，也不能昧着良心办学，学校必须为学生的健康发展而存在，学生不是学校和校长发展的手段，不能靠学生来给校长增光添彩，校长必须靠自己的思想、行为来影响学校。我想，有了这些前提，我们才有可能办一所真正适合孩子发展的学校。

学校管理重在管理常规

现在在谈到学校工作的创新时，我们更多的是谈课程的创新、教学方式的创新和学生管理的创新。这些工作的创新虽然确实很有必要，但是要想使这些创新取得实质性的进展，我认为学校的常规管理必须与时俱进。

在厘清常规管理要求的价值取向上的基础上，学校应梳理出各部门工作人员的常规工作。一般来说，学校各部门工作人员的常规工作都比较固定，我们将其清晰地梳理出来，可以更好地提高工作人员的工作效率，保障学校常态化工作稳定而有秩序地运转。因此，育英学校的每一个岗位都有自己的岗位常规，它们清晰地标列着这个岗位每学年、每学期、每月甚至每周要做的事情，如《党政办公室文秘岗位工作常规》。岗位常规是学校期望教职工做什么、在什么时间做和怎么做的总汇，是岗位自画像。无论是谁到了这个岗位，都只要按照岗位常规开展工作即可。这样既保证了工作的延续性，也保证了工作的规范性。

党政办公室文秘岗位工作常规

每学年：

· 收集、整理各部门一年来的档案并汇总、立册、归档；

· 协助规划办公室预算；

·更新并发布各部门的电话，整理并更新行政干部的电话；

·聘任和建设新学年学校宣传通讯员队伍；

·更换学校组织机构代码、法人证书；

·登记并协调学校会议室、阶梯教室的使用情况，做好前期准备工作和善后工作。

每学期：

·做好所承担工作的学期计划；

·收集学校各部门的学期工作计划并在发布给全校后完成装订和归档；

·收集学校各部门的学期工作总结并装订和归档；

·制订和落实学校宣传工作计划；

·完成对各部门通讯员的学期培训和总结表彰；

·做好全校教职工大会的会议记录和整理；

·整理和装订学期重要文件；

·完成对学校各部门兼职档案员的培训工作；

·做好学校大型活动的媒体联络工作。

每月：

·做好校务委员会的会议记录和整理；

·汇总和上报行政干部建议，反馈建议的落实情况；

·统计和发布宣传通讯员稿件；

·校报《育报》的组稿、校对、印刷、发放；

·完成媒体刊登的有关我校的文章的存档工作；

·汇总和统计各部门制作展板和海报的情况；

·检查会议室、阶梯教室等场地的卫生，维护相关设施；

·送交、领取上级单位的文件；

·完成党政办的其他临时工作。

每周：

·完成每天行政办公网红头文件和重要文档的存档工作；

·完成学校各部门请示单的存档工作；

·检查书记、校长办公室的卫生，维护相关设施；

·检查会议室、阶梯教室等场地的卫生，维护相关设施；

·每天审核、上传各部门的宣传通讯稿；

·完成出国学生初、高中档案的查阅和盖章工作；

·复印行政后勤的相关文件；

·管理学校校章，包括使用、借用登记记录等；

·接待外单位来访者，接听相关电话；

·完成学校建筑工程图纸等各种档案的查询工作；

·开具学校介绍信，办理出入证；

·完成学校各类礼品的准备、领用登记等管理工作；

·完成学校特色活动的上报工作；

·完成党政办交办的其他临时工作。

    学校还应明确教师教学基本工作常规。其制定应该融合教育教学的新观念、新成果，要与时俱进，切忌墨守成规。每一所学校为保证教学的秩序和质量，都要制定《教师教学基本工作常规》。但这一常规的制定如果过于教条和僵化，就会使得教师不敢越雷池一步，从而扼杀教师在课堂上的创造力。因此，育英学校在修订这一常规时进行了较大力度的改革。比如，我们要求"制订教学计划是备课工作的重要组成部分。教学计划要在开学后第1~2周通过适当的方式让学生了解，以便学生安排自己的学习计划和配合教师的教学"。虽然过去教师也要制订教学计划，但是只有教师本人知道教学计划，学生并不知情。

只有教师站到了讲台上，学生才知道今天要学什么；临近期中、期末考试了，学生才知道教师怎么考查和评价自己……凡此种种，都在提醒我们，教育教学观念的转变，应该落实在常规要求之中。再如，在"上课"这一常规工作中，我们"倡导起始年级教师在开学第一个月内，课间提前进入教室和学生交流，以尽快熟悉学生，增强师生间的感情交流"。现代教育十分重视师生关系的建设，良好的师生关系是有效教学、高效教学的基础。我们的"倡导"意在提醒教师不仅要关注师生关系建设，而且要不断增加师生相处的时间和机会。

学校管理实际上更多的是对常规工作的管理。加强常规管理，就有了各项工作的规范要求和各项工作如何开展的明确的行动秩序，学校工作也就可以井然有序地正常运转。只有这样，全体师生在进行工作、学习和生活时，才可以有章可循，有规可依，养成良好的习惯，保证各项任务更好地完成；学校各管理部门及管理人员才可以有成效地指导所属人员的活动，高效地进行必要的组织或调节，使整个学校的部门和人员在协作中共同完成学校的育人大目标。反之，学校则会使全体师生无所适从或各行其是，使管理人员举足失措或顾此失彼，使正常的教育教学工作秩序难以维持。一旦学校工作陷入了随意性，大家就无法形成合力，也就不可能完成学校培养人的大目标。

谈学校组织变革

组织变革是指运用行为科学和相关的管理方法，对组织的权力结构、沟通渠道、角色设定、与其他组织之间的关系及组织成员的观念、态度和行为等进行有目的的、系统的调整和革新，以适应组织所处的内外环境等方面的变化，提高组织效能。当下的中国正处于全面转型期，学校组织的发展既面临着前所未有的挑战，也迎来了前所未有的机遇。向哪里变革？如何变革？这些都是学校管理者必须进行深入思考的问题。

一、学校组织变革要"因需而生"

新课程改革需要学校构建一个充满积极的组织文化氛围、能够促进教师专业发展的机制。原有的多层级管理模式受到极大的挑战，其标准化、固有性、效率低、效益低的缺陷被完全暴露出来。为了适应新课程改革深入发展的需要，学校内部的组织变革应当成为学校发展的重中之重。

育英学校开启了扁平化－矩阵式管理。在新的管理结构下，学校构建了学部与学科共同对教育教学质量负责、各有侧重、协同作战的机制，这更有利于各学部资源的整合，也更有利于满足九年一贯、十二年一体制课程建设的需求。更让人振奋的是，管理塑造文化，育英学校形成了一种崭新的责任共识：每一个人都要对学校的整个事业负责，而不是仅仅对某一位领导负责。为了做好本职工作，每一位教职工都有权调动、安排学校的所有资源，有机会全方位、全过程地参与、组织、管理学校的所有教育教学活动，这自然而然地提升了教职工各方面的能力。

二、学校组织变革要"因校而定"

"所谓组织，是为有效地配置内部有限资源的活动和机构，为了实现一定的共同目标、价值愿景而按照一定的规则及程序所构成的一种责权结构安排和人事安排，其目的在于确保以最高的效率使目标得以实现。"由上述定义可以看出，在学校组织变革的过程中，完成组织内部成员的目标认同与价值认同是学校管理者的首要任务。学校可以采取以校为本、自我诊断的自我更新策略，通过"人事与机构解冻—组织与制度重构—师资培养、协同发展"的机制来实现学校组织模式的变革。

对此，育英学校首先进行了"人事"与"机构"的解冻，调整了以往主要招聘有工作经验的教师而少招应届毕业生的做法，让新鲜血液为育英学校的发展注入了新生力量与青春活力，更为推动教师年龄结构的合理化撒下了种子。同时，学校还建立了"四中心一院六学部（校区）"，梳理或修订了激发全体教职工工作热情与工作智慧的各项规章制度，将工作重心聚焦到小、初、高一体化发展，促进全校教育教学和管理工作的有序、高效运转。

三、学校组织变革要"因发展而成"

让组织得到更好的发展是组织变革的出发点和归宿。学校组织变革的成效应体现在教师、学生、学校的共同发展上，其中教师的发展是首要问题，因为学校教育的着眼点是学生，但着力点是教师。只有高素质的教师才能培养出高素质的学生，提升教师队伍的专业素养与综合素质是重中之重的事情。有人说，让人学会游泳，一定要把他放到游泳池里——这应该也是学校对干部使用与培养的原则之一。此外，学校还要让每一位教职工都有权利调动学校的所有资源，有机会参与民主管理——这样可以让有能力的教师到重要的岗位上去发挥更大的价值，继续提升自身的综合素养。

面对新的发展时期，育英学校对全体教师提出了新的要求，即教师的才华要体现在学生的成长与发展上。这是教师工作的归宿与荣光，也是学校发展的终极体现。

校风的理性思考与感性表达

家长和社会有多么看重一所学校的校风呢？在对一所学校进行评价时，他们首先会说这所学校的校风如何。当追问"什么是校风"时，他们的回答通常都是学生的举止言行等外在表现。这也反映了社会对学校教育、对儿童成长的基本价值取向，那就是将具体的品行、做人做事的规矩放在最突出的位置，希望他们所在的学校真实、踏实、朴素、大方。

家长和社会都很重视校风，教师和学生却认为校风没有用，那么校风到底重不重要？我认为，校风非常重要，它反映了学校办学的价值取向，是学校文化的内核。而优良的校风既是学校教育的重要成果，也是学校精神和优良传统的行为表征；既是学校办学指导思想和培养目标的集中体现，也是培育优良学风、教风的根本保证。可以说，优良校风彰显着一所学校的精神面貌、办学水平和育人境界。如果连学校的教师和学生都不能对校风产生共鸣，都不认可校风，那么校风如何起到应有的价值引领的作用？

初到育英学校任职时，我发现育英学校的校风离学生的生活很远，不接地气。作为校长，我认为这样的校风描述不能生动鲜明地体现育英学校的精神样貌和价值取向，不能引发教师和学生的共鸣，不能真正起到应有的作用。育英学校应该有区别于他校的校风，它是育英学校独有的，镌刻着育英学校的风格特征。

基于此，我一直在思考，育英学校的特质到底是什么？备受尊重的老校长、育英学校的第二任校长韩作黎先生提出的办学理念启发了我，韩校长说："一切为了孩子，为了中国的明天。"这句话一直静悄悄地指引着学校发展的方向，告诫后来者学校的教育应该是指向学生的，应该始终把品德教育和人格教育放在第一位。我进一步体会到，学校的校风不是校长拍脑袋想出来的，而是历届师生用"脚"走出来的。它发轫于学校多年来形成的价值取向和发展愿景，根植于学校长期的改革创新实践和思考，是师生价值观念和行为方式的总体概括和规范；能够引领教师、学生和家长的价值观和信念，确定学校各主体的道德责任和义务，最终指导学校谋求为全体学生提供支持的机会、在力所能及的范围内做有利于教师和学生发展的一切事情。

为了寻找育英学校自己的校风，我们重新走近学校、发现学校。在与学校的"亲密接触"中，我们发现学校花园里有五六十棵桃树。这些桃树是建校时栽种的，几十年来，它们一直生长在校园里。从花朵含苞欲放到果实挂满枝头，无数学生为它们驻足，却没有一名学生去采摘花朵或果实，久而久之，这样的景象自成一道富有韵味的风景。而这道亮丽的风景不正是学校教育的"果实"吗？

找到了，"静静挂在枝头的桃子"！这是多么富有诗意的表达啊，用这句话描述育英学校的校风再合适不过了。"静静挂在枝头的桃子"，从表面上看，代表着学生与母校间的美好情谊与良好关系，代表着教师享受着"桃李满天下"的幸福，也代表着学生享受着教师真挚的关爱与小心的呵护；从深层次看，体现了学校潜移默化、润物无声的教育氛围，体现了学生关爱自然、尊重生命、从我做起、从小事做起的教育成果。

最终，通过征集广大师生、校友和家长的意见和建议，"静静挂在枝头的桃子"成了育英学校的校风。它有三层要求：对于校长来说，要"心无旁骛、静心办学"；对于教师来说，要"以身示范、为人师表"；对于学生来说，要"懂规矩、守礼仪、有教养"。这种诠释彰显了学校的价值诉求，是学校在长期的办学实践中积淀而成的具有道德和行为意义的风气，是在校内乃至社会上具有一定影响并被普遍认可的思想和行为风尚。这样，学校的办学理念与改革实践自然指向了我们的培养目标——行为规范、热爱学习、阳光大气、关心社稷、勇于担当的国家栋梁。

有人说"育英学校的校风是理性思考、感性表达，启迪是深刻的"。虽然它显得那么安静、那么低调，但这正是尊重教育规律、遵循学生成长规律的具体表现。"非淡泊无以明志，非宁静无以致远。"这样朴素的校风更蕴含着一种强大的生命力，在这种环境中陶冶、浸润、养成的习性将使学校的所有师生一生受益。

"十大热词"热了人心

每天晚上，我都要坐在书桌前梳理、回顾这一天乃至这一段时间以来的工作。有一天，我的脑海里高频地出现了很多词汇，列出来一看，竟然都是学校这一年来的重点工作的关键词。看着这些词语，我内心涌动起一道暖流，是激动和兴奋。但这些工作是否得到了同事们的认可，在他们心中是否也留下了深刻的印象？我给当时的工会主席毕海英拨去电话，请她从工会的角度去"探听"消息。

毕海英创造性地开展了这项工作。她面向全体教师征集了这一年来发生在学校里的"十大热词"：学校不推荐候选热词，每一位教师都可以从自己的角度列举，重合率最高的十个词汇就是本年度的"十大热词"。

令人期待的时刻终于到来了。在 400 多人参与的投票中，OA 办公系统、诊断、反思、整合、小组合作、改革变化、抗震加固、快乐午间课程、绩效工资、中小衔接十个词汇跃然纸上。这与我前期所列的词汇有着高度的重合。那一刻，我释然了，也坚定了下一步学校前进的方向。

此后，我们每一年都会在年末评选育英学校年度"十大热词"，这也成了教师特别期待的一项活动。

2015 年的"十大热词"是静静挂在枝头的桃子、中高考再创佳绩、化学奥赛双金牌、"以身示范，做学生健康成长的引路人"、和谐年级组、常态教研、综合素质评价、集团化办学、五年品牌行动规划、追寻属于未来的自己。

2017 年的"十大热词"是学习党的十九大报告、教育家办学实践研讨会、学校课程一体化建设（内涵发展）、校园安全（节能减排）、纪念"好好学习"题词 65 周年、教育思考（故事）、育英教育品质、综合素质评价、教师专业发展、"人人有事做，事事有人管"。

2020 年的"十大热词"是个人业务成长年、文明的受社会尊敬的学校、名家讲坛、化学奥赛两金一银、线上教学及教学感悟、育英小桃桃、学科资源库建设、"光盘行动、垃圾分类"、四个动力要素、"归零，再出发"。

2021 年的"十大热词"是建党百年、疫情防控、"双减"与作业、课后服务、科学城学校成立、业务成长、"研教材、研项目、研之乐"、德育工作主张、志趣课程、做强航天和西翠。

2022 年的"十大热词"是党的二十大胜利召开、疫情防控、高中特色发展、"教育，风景这边独好"、毛主席题词"好好学习 好好学习"70周年、育英护照 - 景观印章、居家办公与线上教学、"暑期改造，校园焕新貌"、"课题研究、项目研究、综合性学习研究"、高考佳绩。

2023年的特别热词是习近平总书记到我校视察和慰问，"十大热词"是"努力，再往前走一步"、建校75周年、育英龙马精神、三个"基于"、"教育，风景这边独好"、深研教材、五育并举、我的课堂我负责、经验传承、办学理念进一步辐射。

综观每一年度的"十大热词"，它们都涉及学生学习、学生活动、学生成长、教师发展、学校改革等方面。这既说明学校这几年"以学生为中心"开展的各项工作得到了教职工的充分认可，也反映出学校课程建设更具体、更多元、更具选择性的特点，彰显了"学校是学生的学校"的教育理念及"做中国最有价值的教育"的办学追求，鲜明地体现了学校的办学特色。

"十大热词"不仅反映出育英学校的办学理念与价值追求，而且成为学校发展历程中一种高度凝练的文字记录。它是育英学校的年度大事记，也是教职工的奋斗史——解读每年的"十大热词"并将其连起来就是育英学校的校史。

连续十年，热词评选都是育英工会每年参与度高、关注度高、获奖度高的一项经典活动。

历时十年，一年一度的"十大热词"已成为一种育英纪念、一件育英人共同参与的幸事、一种共同创造的育英文化。

校园年度"十大热词"的背后是这所学校的思维特点与行为特征，贯穿于学校教育工作的主线，实践着育英学校的育人目标。

每一年的"十大热词"都是这一年度育英教育的十大烙印。沉淀"十大热词"，就是沉淀我们的历史；铭记"十大热词"，就是铭记我们的昨天；传播"十大热词"，就是传播我们的教育信念。

对校训"好好学习 好好学习"的认识与思考

水调歌头·育英校史

马背摇篮苦，峥嵘岁月艰。越吕梁过太行，一九四八年。寒窑木桌读写，飞机炸弹周旋，战地育英缘。进京赶考日，师生气宇轩。

平蒺藜，植花木，安家园。好好学习，劳动锻炼多欢颜。碧桐殷殷垂爱，雏凤阵阵清声，春雨又冬雪。尺牍终有尽，大爱意绵绵。

育英学校的前身为中共中央直属育英小学，1948 年建校于西柏坡，1949年在解放战争的隆隆炮火声中跟随党中央一起迁入北京。"好好学习 好好学习"是学校的校训，出自毛泽东主席之手，曾影响了几代人的成长，其丰富的内涵对中小学生很有教育意义。在新时期，我们更要解读好其内涵，以更好地鞭策和激励师生的成长和发展。

一、题词的背景及意义分析

1952 年六一国际儿童节前夕，育英学校（时为中共中央直属育英小学）号召全校学生以实际行动向节日献礼，可以自己制作，也可以小组共同制作，还可以请家长帮助，但是一定不要花钱，不然就失去了意义。当时毛泽东主席的女儿李讷在育英学校五年级 2 班上学，她的班主任是高尔怿老师。李讷拿来了一张长 35 厘米、宽 11 厘米的宣纸，上面写着"好好学习 好好学习"八个大字。她说："昨天我央求爸爸给写几个字，爸爸写了'好好学习'四个毛笔字，但不小心被水滴弄了水印。于是爸爸又在这个'好好学习'的左侧偏下写了'好好学习'四个小字。"

"好好学习 好好学习"是毛泽东主席以家长的身份为育英学校撰写的题词。从此，它成为育英学校的校训，深刻地影响和推动了学校的改革与发展，塑造了一代又一代育英人的观念，激励着育英人努力学习、不断进取。

"好好学习 好好学习"包含着毛主席对女儿李讷的希望，更包含着毛主席对全国青少年的深厚情怀和殷切期望。为什么毛主席在祝贺儿童节时写下的不是祝福而是一种嘱咐呢？追溯历史，我们发现毛主席在不同时间、不同场合为少年儿童和学校教育反复题写"好好学习"这四个字。20世纪50年代初期，新中国刚成立，百废待兴，社会的各个方面都需要恢复与重建。经历了抗日战争和解放战争，我国经济面临崩溃，更谈不上文化建设。国际环境方面，美苏争霸开始，世界局势紧张，美国对我国实行政治封锁和军事威胁，我们只有靠自己做出成绩才能真正地站起来。这一时期除了需要勤劳、踏实、肯干的劳动人民，更需要知识性人才，他们是国家的希望。毛主席作为国家最高领导人，心中对人才的期望可以说是非常殷切的。另外，作为亲身带领人民经历革命的国家领袖，他自己在颠沛流离中仍然坚持读书，深知宁静的书桌来之不易。因此，他以这样一种特殊的方式关心全国少年儿童的教育学习，希望青少年好好学习，向书本学习、向实践学习、向人民群众学习，树立正确的世界观，努力成为堪当国家建设重任的栋梁之才，当好社会主义接班人。育英学校与新中国一起走来，在六一儿童节嘱咐孩子好好学习是他作为家长、更是作为国家领袖的期盼。

"好好学习 好好学习"饱含着毛主席对学校培养人才的谆谆告诫，饱含着毛主席高瞻远瞩、胸怀天下的视野和格局。教育是国之大计、党之大计。教育兴则国家兴，教育强则国家强。抗日战争时期，北京大学、清华大学、南开大学为了寻找一张安静的书桌，长途跋涉后最终西迁昆明，组建西南联合大学，完成了一次伟大的文化长征，保存了抗战时期的重要科研力量，培养了一大批优秀人才，为中国和世界的发展做出了杰出贡献。非常重视人才培养的毛主席，在中国革命的各个历史时期，先后在后方成立了多所学校，为军队和地方培养了大批人才，为新中国的胜利打下了坚实的基础。教育是奢侈品，它需要相对稳定的外部环境，新中国的成立实现了民族独立和平等，为教育的投入提供了可能。面临着新中国教育高潮的到来，毛主席殷切地希望学校教育培养出大批人才，培养出合格的社会主义接班人。

"好好学习 好好学习"是毛主席自身学习实践的总结。毛主席的学习与思考伴随着革命实践的始终，这对新时期推进学校建设具有重要的借鉴意义。因此，"好好学习"虽然是为少年儿童题写的，但却蕴含着毛主席丰富的学习思想，是他多年学习经验和实践的总结。

毛主席非常重视学习，也善于学习，并有专文论述"学习"问题，如《改造我们的学习》。这本书对如何理解"学习"的真正含义仍具有重要的指导意义。毛主席说："学习的敌人是自己的满足。要认真学习一点东西，必须从不自满开始。对自己，'学而不厌'，对人家，'诲人不倦'，我们应取这种态度。"毛主席就是以这种学习态度，从少年时代开始就不断学习、实践、总结，把马克思列宁主义同中国革命相结合，走出了一条农村包围城市的道路，取得了一个又一个伟大胜利。他的学习精神、学习方法和学习成效是我们永远也学不完的精神财富。

二、"好好学习 好好学习"校训内涵解读

自 1952 年毛主席题词以来，育英学校的师生始终牢记"好好学习 好好学习"的教诲，始终坚持党的教育方针，发扬红色文化传统，尊重教育规律，办学规模不断发展壮大，学段也由小学拓展到初中再到高中。70 多年来，学校没有辜负党和国家的期望，为新中国培养了大批人才。特别是自 2011 年以来，学校转变教育观念，更新办学理念，坚守立德树人，以弘扬中华优秀传统文化和红色文化为主旨，积极建设学校文化，发挥学校文化的浸润作用，丰富师生成长与发展的精神之钙。作为学校的校训，全校师生都将"好好学习 好好学习"谨记于心，笃之于行。学校明确提出"让九年一贯、十二年一体制的教育为学生撑起更广阔的发展空间"的办学理念，确立将育英学子培养成"行为规范、热爱学习、阳光大气、关心社稷、勇于担当的国家栋梁"的育人目标。这 25

个字也就成为"好好学习"的新内涵。在此目标下，学校创新管理模式，注重校园文化建设与教师队伍建设，注重课程开发与育人模式变革，注重课堂教学研究与评价，与时俱进，不断创新，走出了一条从普通到优质的发展道路。

目前，育英学校拥有幼儿园、小学、初中、高中，全校师生近万人；成立了育校教育集团，包括万寿路、紫金长安、西翠路、航天四个校区及密云、科学城三所分校。这一切都是育英人始终牢记并践行校训"好好学习 好好学习"的具体体现。

（一）明确的学习目的

对于教师而言，"好好学习"就是爱惜教师这份职业，严格要求自己，做"四有"好老师，做学生成长的引路人，不断丰富和完善自己，静心教书，潜心育人，主动学习，主动发展，将崇高的教育理想和自身的教育才华体现在学生身上，让每一名学生都能健康成长，让每一位育英学子都成为行为规范、热爱学习、阳光大气、关心社稷、勇于担当的国家栋梁。

对学生而言，"好好学习"就是树立远大理想、践行社会主义核心价值观，行为规范、热爱学习、阳光大气、关心社稷、勇于担当，为实现中华民族伟大复兴而勤奋学习。为此，每位育英学子都要注重自身的全面发展，养成良好的生活和学习习惯，努力成为有胸怀、有情怀、有责任感的人，将来实现个人价值的同时也要创造更多的社会价值，为国家甚至是人类的发展贡献一份力所能及的力量。

对于学校而言，"好好学习"就是全面贯彻党的教育方针，把握机遇，深化改革，加快推进教育现代化，打造一支敬业乐学、善于改革创新的教师队伍，把育英学校真正办成学生向往、教师幸福、社会满意的中国名校。为此，2016年，学校进一步阐释了育英教育品质：在关注学校教育社会化功能的前提下，更加尊重学生的丰富性、多样性，更加注重发现、发挥学生的潜能，帮助每一位学生追寻属于自己的未来！

（二）多样的学习方式

新颁布的课程标准在继承传统的接受式学习的基础上，增加了研究性学习、探究性学习、体验性学习和实践性学习，体现了学习方式的多样化。多样化的学习方式需要多样化的教学方式，为此，育英学校做出如下探索。

第一，基于学校的历史背景和文化，不断创新和完善教育理念。不论是办学宗旨还是办学使命，工作原则还是培养目标，校风还是教育品质，在德智体美劳全面培养的教育体系基础上，育英学校通过构建具有逻辑感的课程哲学，形成了更高水平的人才培养体系，对学校课程建设起到了具有渗透性的方向性指导作用。为了将抽象的课程哲学形象地呈现在学校师生面前，育英学校在环境文化建设上进行探索。以红色文化和中华优秀传统文化为学校文化建设的主旨，注重学校文化的传承，注重学校育人目标的实现，注重社会发展的需求，形成了独具特色的校园环境文化。不论是物质环境还是精神环境都充盈着高品质的文化内涵，育英学校也被称为"公园里的校园"。

第二，树立新的课程资源观，转变学习方式和教学方式，即由传统的"被动性、依赖性、统一性、虚拟性、认同性"向现代的"主动性、独立性、独特性、体验性与问题性"转变。在德智体美劳全面培养的教育体系基础上，学校遵循课程改革精神，梳理课程结构，进行课程建设，构建了属于学校自己的课程体系，以满足全校学生综合发展的需求。其着眼点是变革学校课程结构，提升课程品质，让学生持续地、更好地发展。育英课程体系引领着育英人从课程视角开展学校的各项工作，使育英学校走上了内涵式发展的道路。

第三，进行课堂教学改革，为思维而教，即在深研教材的基础上精心设计，努力引导学生在学习方法、学习思维上有所改变。广大教师经常以自己的学科教学为例，通过 OA 办公系统分享自己对思维培养的看法。学校也会组织不同年龄的教师进行教学观摩，互相学习，共同进步。此外，学校还组建了特质学生培养团队，在基础学习之外，鼓励学生动手动脑，灵活运用知识解决实际问题。为更好地利用好宣传平台，学校公众号会及时发布探究性学习的相关消息，让同伴的力量激励更多的学生去思考、去学习，让思维之花不断绽放。

（三）丰富的学习路径

毛主席非常重视学习，多次强调要向书本学习，更要向生活学习。在《毛主席论教育革命》中，他就明确反对注入式教学法，强调让学生自己研究。可见毛主席对学习路径的理解是丰富的、多元的。

近年来，育英学校尽己所能、不遗余力地创造条件，为师生搭建了丰富的学习路径。

环境文化建设。为了帮助学生获得终身发展的能力，学校在校园文化建设上非常用心，努力将中华优秀传统文化与红色文化中的教育元素植入校园，以优美的校园环境培养学生对美的感知力。"英雄墙"让学生理解岁月静好是有人替我们负重前行，"汉字墙"让学生了解中国文字的发展演变，毫不设限的开放式书架让学生随手就可能打开自己的兴趣大门……

课程文化建设。育英学校以基础课程、修身课程、发展力课程为三大支柱，构建了独具特色的育·英课程体系。这些课程在注重学生全面发展的同时，也充分尊重学生个性。以丰富的兴趣选修课为例，从甲骨文到英语趣配音，从数学之美到物理实验探究，无不希望学生能更广泛地定义学习，无不鼓励学生从书本之外的世界去发现学习对象。除了学校和教师的"给予"，我们更鼓励学生勤动脑勤动手，为此，学校给学生搭建了丰富的平台。大学先修实验室、高铁实验室、西翠国学书院等满足了不同类型学生的需求，国际化学奥林匹克竞赛金牌获得者刘静嘉同学就在化学先修实验室中完成了若干化学实验探究。我们还为昆虫爱好者刘开太同学建立了昆虫研究实验室，这不仅有助于他观察昆虫习性、记录一手数据，而且也极大地鼓舞了其他同学；育·英大讲堂活动开设至今，众多学生获益，因为他们可以通过大讲堂表达和分享自己的研究心得，并寻找志同道合的研究伙伴。

活动文化建设。在众多活动中，最具育英学校特色的要数跨学段的交流了。

每年9月的"寻宝乐"活动课程让小学生和中学生都参与进来，中学生看到小学生竟也因有了对他们天真无邪的羡慕与感慨而更加珍惜自己的花样年华；若是穿着蓝校服的中学生和穿着红校服的小学生在校园相遇，中学生则会自动礼让。在高二年级的小学段课程，为了让学生习得工作技能，获得对职业的了解，学会对劳动者的尊重，学校利用九年一贯、十二年一体制及校园岗位多样的办学优势，给学生一周时间去体验"工作"和生活。高二学生或精心备课后做起了小学生的老师，或整理图书馆里被人乱拿乱放的图书，或凌晨五点就来到学校食堂准备食材、给同学们盛饭和收拾碗筷，或蹲下来给学校的树木穿上冬衣，或每天打扫学校卫生……通过这不一样的"学习"过程，同学们深感教师、食堂师傅、保洁阿姨等工作人员的不易，多了一份对他人的理解和尊重，也多了一份对自己的约束以带给他人更多的便利，这样的学习又哪里是书本知识能够直接带来的呢？目前，这样的活动正在常态化地开展，比如，每天中午的学生食堂都有学生志愿者收拾餐桌和餐盘。我们希望学生能在其中获得更多的感悟，学到做人的道理。

"人人有事做，事事有人管"则是全校各班级"过日子"的常态。不论班里有多少学生，每一位都能在"不一定"的岗位上发光发热。说"不一定"，一是因为岗位类型不一定，教师或学生总能发现意想不到的"岗位"，从心理联络员到班级星探，从图书管理员到公众号美编，各有特色，没有做不到，只有想不到；二是因为任期短，岗位轮换快，每位学生不能只在自己擅长的岗位上"做庄"，还需要尝试其他工作内容，认为自己什么也做不好的学生在多种岗位履职中也总能找到适合自己的一款。学校通过这种方式培养学生的责任感和工作管理能力，让班级充满爱，让校园充满爱，也希望他们走上社会后让社会充满爱。

在育英学校，教师的学习路径也是丰富多元的。学校从四个视角进行课程实施：一是以教材研究为切入点，二是以课堂研究为核心，三是以教学常规与教研机制研究为路径，四是以学习效果研究为反思点，在此基础上，做好学校课程评价。上述四个视角，需要多角度、多层次地提高教师的教育创新能力。对此，学校构建了外引内培、以研代训的工作方式，即引入一批优秀教师，充实教师队伍建设；加强科研力度，强化对教育教学实践活动的不断反思和探究。例如，学校为全体教师指定专业书籍，要求教师阅读并且定期交流分享，阅读的书籍包括《教学七律》《教学过程最优化》《为思维而教》等。学校还打破了过去长期遵循的教师培养模式，相继组建了多种学习型组织，每年暑假进行封闭式研讨，为教师的专业成长提供了新鲜的土壤；尤其重视对年轻教师的培养，通过引导和组织他们交流学习心得，扩展教育视野，创新教育教学方法，使之逐步形成自己的教育教学风格。

此外，为了激励教师发挥主观能动性和创造性，勇于用先进的教学方式改革原有的教学过程与结构，学校规定了如何开展教研活动，即每年每位教师都要上研究课，并于每学年进行评教评学。

三、新时期，我们要进一步挖掘校训的丰富内涵

"好好学习"是时代和国家发展的需求。当今世界，各国之间激烈的经济竞争和科技竞争归根结底是教育的竞争、人才的竞争。

2018年9月10日，习近平总书记在全国教育大会上发表了重要讲话，明确提出了"五育并举"和"三全育人"的教育理念。他还曾深刻指出："'国势之强由于人，人材之成出于学。'培养社会主义建设者和接班人，是我们党的教育方针，是我国各级各类学校的共同使命。"

从1952年到现在，如果说20世纪50年代的"好好学习"蕴含了毛主席对人才的热切期待，那么如今的"好好学习"则强调了人才应该具备的基本素质和精神状态，即培养什么人、怎样培养人、为谁培养人这一根本问题。因此，当前"好好学习"的目的就是培养德智体美劳全面发展的社会主义建设者和接班人。这是一个长期的历史使命。纵观学校的文化理念，不论是文化环境建设还是课程建设，我们始终把立德树人放在首位，建立并实施全员育人、全过程

育人、全方位育人，倡导"祖国、真理、责任"，坚定理想信念，厚植爱国情怀，强化责任担当，在增强综合素质上下功夫，让学生珍惜校园生活的美好、追求属于自己的未来。

"好好学习"是中华民族学习精神、进取精神的总结与传承。2013 年 3 月 1 日，习近平总书记提出"依靠学习走向未来"的战略思想。之所以把学习型放在第一位，是因为学习是前提，学习好才能服务好，学习好才有可能进行创新。习近平总书记说："学习的目的全在于运用……'空谈误国，实干兴邦'，说的就是反对学习和工作中的'空对话'……读书是学习，使用也是学习，并且是更重要的学习。"其实，习近平总书记本身就是"好好学习"的典范。他到梁家河下乡时带的最多的东西就是书本。有时候上山干活，兜里还装着一本书，中间休息的时候他就拿出来看，晚上也经常点着油灯在窑洞里看书。2020 年世界读书日公布了"习近平的书单"，这是习近平总书记始终把读书学习当成一种生活态度、一种工作责任、一种精神追求的体现。

重温毛泽东主席为育英学校题写的题词，回顾学校走过的教育历程，"好好学习 好好学习"的校训始终指导着学校不断创新发展，走向辉煌。让我们铭记领袖的殷切教诲，在实现中华民族伟大复兴的道路上不忘初心、牢记使命、砥砺前行。

班级管理要追求科学、民主、高效

学校的快速发展期正是追求卓越、塑造品牌的时候，这需要每一位教师的努力和付出，尤其是班主任。

爱心、责任心和激情是做好班主任工作的前提和基础。班集体是一个小社会，班主任是组织者和管理者，因此，班级管理应该追求科学。

科学管理的第一步是制定行为准则。在制定行为准则前，班主任应先思考班级管理的理念与目标、方法与策略等。只有班主任有了清晰的管理思路，班级管理才能走向科学。

班级管理必须坚持以人为本，民主管理。"公家的事商量着做"，讲的就是民主管理。育英的问道就是从民主管理的角度来开展的，我们制定的班主任工作常规就有这个导向。例如，班干部的管理不仅要有选举的流程，而且要明确职责、建立培养与监督机制。

我做班主任时的经验是：一个班遴选7位班委、12位课代表、8位小组长，加起来就是27人。班级前后左右的同学组成一个微观环境，每个微观环境里都可以有1~2名班干部，这样的班级管理就会既有效率又有效果。

育英学校在班主任工作常规里明确提出：制定班干部选拔机制和流程，重视班干部培养和使用；和学生共同研究制定座位的安排原则和流程；严格执行学校、学部、年级工作安排，和学生共同制定明确的班级建设总目标和阶段目标……

这些是班主任统一学生思想、凝聚学生向心力的过程。科学管理需要智慧地工作。因此，育英学校的班主任工作常规明确提出：做好推优前期各种资料的准备工作；每学期召开两次班主任与任课教师联席会，及时沟通情况，研究措施……

再让我们一起来学习、借鉴特级教师魏书生对班级民主管理的四点理性思考。

第一，树立为学生服务的思想。

学生不是班级发展的手段，而是班级发展的目的。每位教师都要关注课堂、关注每一位学生，从学生实际出发，为学生服务。只有这样，一个班集体才会充满活力，每位学生才会充满自信。

第二，建立互助的师生关系。

班主任最要紧的是要把所有的学生都变成自己的助手，形成"人人有事做，事事有人管"的班级风气。此外，班主任还要带领学生定标准，建立监督机制。

第三，发现每位学生的优点。

发现学生的个性，发展学生的特长，这是班主任必须坚持的原则。管理学中有一句话，改变可以改变的。我们要把学生的优点不断放大，因为每一个人都是特别的。

第四，决策过程要民主。

班主任在做班级决策时千万不要一拍脑瓜门就决定，而是要经常跟学生一块商量。隔一段时间就向学生询问学生对教学和班级管理的意见，是非常必要的事情。没有什么事情是不可以商量的，没有什么事情是不可以沟通。管理的最终目的是实现高效。决策民主是实现高效的重要途径。

谈谈班级建设的三个"存在"

学生的学校生活主要是以班集体为单位进行的，学生 70% 的在校时间都是在教室里度过的，班级生活呈现了每一名学生的成长。因此，对学校特别是基础教育学段的学校而言，班级建设处于学校各项工作中的首要位置。今天，我想从基础教育的使命和学校功能的视角谈谈班级建设的三个"存在"。

第一，让每一名学生都感受到在班级中的存在。

在对学生进行的"你最渴望什么样的教育"的调研中，排在第一位的回答是"渴望成为集体中有用的人"。在学生眼中，最让他们感到自豪和满足的并不是成绩，而是在集体中实现自己的价值。

首先，作为班级建设的关键人，班主任要努力营造彼此关照、相互温暖、积极向上的班级文化。

其次，班级要给每一名学生提供"感受到在班级中的存在"的载体和实现路径。比如，我非常赞同"人人有事做，事事有人管"的班级建设举措。每名学生在班级中都有一个岗位，在这个岗位中，学生不仅提高了能力，而且在为班级、同学服务的过程中深刻地感受到自己在班级中的存在价值。这一举措，育英学校实施了多年，收到了很好的教育效果。在实施过程中，学生之间要轮换岗位。岗位轮换使得学生既可以认识到每一个岗位需要承担的不同责任，又学会了理解别人。不仅如此，我们每学期还组织全班学生从服务态度、服务质量、服务技能三个维度对每个岗位的学生进行评价，引导每一位学生立足岗位、尽职尽责。让学生感受到在班级中的存在，不是简单的"为存在而存在"。学生感受到存在的过程其实是教育的过程，也是成长的过程。

最后，班级建设不仅仅是班主任的事情，任课教师也要努力参与班级管理，与班主任形成教育合力。对此，北京市十一学校的田俊老师有一个很好的做法：每周按名册检查课堂上是否有被忽视的学生，是否有学生还没有回答过问题。如果有，他就会在下一节课给他一个机会。班主任也要按名册梳理一遍，看看这段时间还没有找谁谈过话，哪怕是一次"偶遇交谈"。实际上，教师在点名回答问题时容易在不经意间将回答者固定在一部分学生身上。梳理名册可以有效避免对部分学生的习惯性忽视。如果课堂上有的学生没有表现的机会，那么教师一定要在课后用激励性的话语让他感受到自己同样被关注。

第二，让每一名学生都感受到班级在学校中的存在。

班级是学校的基本行政单位，学校这个大集体就是由一个个班集体组成的。班级是实现学校办学理念、文化建设、育人目标的重要阵地。客观地说，日常的班级工作是有其独立性的，作为班级的重要管理者的班主任也因其对教育的理解而有着独特的班级管理理念和实施路径。我们强调"让每一名学生都感受到班级在学校中的存在"，就是为了凸显学校的办学理念对班级工作的引领，强调学校办学理念在学校最基本的行政单位的落地。这样，学校的发展就会更聚焦、更有力量！当站在"学校"这个更大的"集体"的角度看待问题的时候，学生就会更加体会到教师对学校的爱、对班级的爱、对工作的热忱，这就是"桃李不言，下自成蹊"。

在日常教育中，班主任要用有形的方式让学生感受到班集体存在的重要价值和意义，如组织班级承担一次升旗仪式、组织学生到学校图书馆做志愿者、在校园里以班级的名义栽一棵树、在全校进行一次主题展板展示、组织班级学生给学校提出发展意见等。

第三，让每一名学生都感受到学校在社会中的存在。

"两耳不闻窗外事，一心只读圣贤书"是曾经的教育理念，"风声雨声读书声声声入耳，家事国事天下事事事关心"才是对现在仍有积极意义的教育理念。我们的学生终将要走向社会，成为社会人，"让每一名学生都感受到学校在社会中的存在"的第一要义就是坚持立德树人，坚持用社会的主流价值观教育和引导学生。

这三个"存在"中，第一个"存在"是班级建设的基础，后两个"存在"是在第一个"存在"基础上的拓展，是学校教育品位的提升。这三个"存在"在真正实施的过程中并没有先后顺序，是相互交融的。教育者的教育智慧、教育艺术和教育的创造性在后面的两个"存在"中有更大的施展空间。

学生培养要处理好三个关系

多年的教育实践让我们得出这样一种认识：遵照党的教育方针，学生培养需要关注知识、技能、身体、心理等诸多要素，但其中最为重要的是要处理好三个关系。

一、全面发展与志趣发展之间的关系

习近平总书记强调，要坚持中国特色社会主义教育发展道路，培养德智体美劳全面发展的社会主义建设者和接班人。这是对全面发展作出的明确指示。全面发展是教育实施的目的与追求，也是学校教育内涵的体现和诠释。

何为志趣发展？"志趣"可以理解成是"行动或意志的趋向，是志向和兴

趣"。本文所言的志趣发展更多地是指个人在学术研究领域的发展。

可见，全面发展为志趣发展奠定了坚实、宽厚的基础，保证了志趣发展的品质；志趣发展是全面发展基础上的选择性发展、多元化发展，展现了全面发展的内涵。

对培养学生而言，学校对学生的培养应该在注重学生基本素质全面发展的基础上支持、鼓励学生的志趣发展，同时以志趣发展推动学生的全面发展。全面发展与志趣发展是相辅相成、辩证统一的。

对学校管理而言，全面发展要求学校在管理上实施相对整齐的统一的管理，学校促进学生全面发展的重要标志是确保开足开齐国家规定的课程，坚持五育并举，以使学生在德智体美劳各方面达到国家课标规定的一般性要求。志趣发展则要求学校实施弹性管理，即在统一管理之外给学生的志趣发展留有相应的空间。学生的志趣发展需要相应的课程和资源作保障。例如，育英学校为痴迷昆虫的学生专门修建昆虫研究实验室，并以学生的姓名命名实验室；为思维发展超前的学生单独开设特质学生发展课程，同时设立特质学生发展办公室进行专项管理；为潜心研究社会热点问题的学生聘请相关专家做学术指导……

为了更适当地处理全面发展与志趣发展之间的关系，育英学校采取了强有力的举措，即学生综合素质评价采取积分制以对全员学生进行全课程评价。基础课程评价、修身课程评价及发展力课程评价三者相得益彰，既是学生全面发展的保障，又为学生志趣发展保驾护航，促进了育英学子的全面发展与志趣发展的和谐共进。

学校是学生走向社会前的实践基地，学校生活是学生社会化的重要阶段。培养全面发展的学生，是在培养决定未来国家核心竞争力的坚实力量；培养志趣发展的学生，是在培养引领国家专项领域发展的精英人才。二者同等重要。

二、知识学习与思维培养之间的关系

"知识就是力量"，这是我们讲了很多年的一句话，也足以说明知识在人们心目中的地位与价值。柏拉图曾经给"知识"下过这样一个定义：一条陈述能称得上是知识必须满足三个条件，即被验证过的、正确的、被人们相信的，这也是科学与非科学的区分标准。可见，知识是人类发展不可或缺的要素。

关于思维，人们普遍的认识是，思维最初是人脑借助于语言对事物的概括和间接的反应过程。思维以感知为基础又超越感知的界限。通常意义上的思维，涉及所有的认知或智力活动。它探索与发现事物内部的本质联系和规律，是认识过程的高级阶段。

根据知识和思维的定义，我们可以看出：知识是一切科学活动的基础，思维是以知识为基础的高层级活动；知识虽然是思维的基石，但是有知识不一定能够形成思维，思维是需要系统训练和培养的。

今天，科技发展日新月异，"互联网+"已渗透到日常生活的方方面面，知识已呈现出高度膨胀的状态。教育面临着前所未有的挑战，以掌握知识为目的的传统的教育形式早已不能满足现在的人才培养需求。现在的教育对能力培养的需求超越了以往各个时期。无论是学生的学习活动还是人类的一切发明创造，都离不开思维。思维能力是学习能力的核心。思维的深刻性决定着能力迁移的空间，思维的敏捷性决定着能力迁移的速度，思维的创造性决定着能力迁移的品质。布鲁姆的认知目标分类理论把教育目标分为六大层次：记忆、理解、应用、分析、评价和创新。前三项侧重的是知识的学习，后三项侧重的是思维的培养。

当今社会发展对学校教育特别是课堂教学提出了更高的要求，使得教育不仅仅要关注学生知识的习得，更要注重学生思维能力的培养。二者虽同等重要，但后者普遍缺失。对此，育英学校深研教材，深研学生，以开放性教学为抓手，引导广大教师建立开放的时空观、内容观和评价观，严格落实《育英学校对六个教学基本问题的理解和实施要求》等，努力在学生的知识学习和思维培养之间搭建起桥梁。

三、真实生活与价值体认之间的关系

学生在学校的所有活动包括上课、劳动、交友等都是学生的真实生活。学校是育人的地方，育人是教育者对受教育者的影响，这种影响主要体现在教育者自身对受教育者的影响及教育者营造的教育氛围对受教育者的影响。

党的十九大报告指出，要全面贯彻党的教育方针，落实立德树人根本任务，发展素质教育，推进教育公平，培养德智体美全面发展的社会主义建设者和接班人。因此，学校教育的影响一定要落实在学生的价值体认上。

价值不是一种实体，而是泛指客体对于主体表现出来的积极意义和有用性。就学校教育而言，客体往往指教育者及其创设的教育氛围，主体一般指受教育者——学生。帮助学生建立正确的价值观需要学校在具体的教育活动中引导学生去体验、去认同；需要学校在不同的学段设计有指导意义和针对性的教育活动，引导学生在实践中去体认。对此，育英学校的探索是这样的：对小学低学部的学生，学校提出"好好吃饭，自己的书包自己背"，引导小学一、二年级的学生逐渐建立起自己的事情自己做的意识；对小学中高学部的学生，学校则侧重彼此关照、相互温暖的教育，引导学生学会关心、学会关爱；初中侧重尊重教育与尊严教育；高中则为更深刻的价值认知开设小学段课程，用一周的时间真实体验基层岗位的劳动，引导学生对保安、保洁员、食堂阿姨等社会基层劳动者从事的职业进行价值体认，引导学生学会感恩、学会担当等。

学生到学校不仅仅是向教师学习，也是在向周围的同伴学习。后者的学习方式往往发生在闲暇时光，往往发生在志同道合的同学之间。学校可以借助这一积极资源，开设与之匹配的"同伴教育""同伴影响"等课程及组织相关的教育活动，建立教育者引领的除自身价值体认之外的同龄人价值体认体系。此种教育效果不可小觑。

朱小蔓教授曾说过这样一段话：如果人缺少彼此的依恋和安全感、缺少人与人交往的美好感觉、缺少爱和被爱的感受，道德的种子就不会苏醒和萌芽。人如果没有自尊，没有获得起码的尊严，不能获得社会认同，就不能悦纳自我，

不能获得自我的同一感和整体感。这强调的是对学生内在自觉的唤醒，也是学校育人的本质要求。

从人生"三大问题"看育英学校德育工作的六条主张

德育就是对学生进行道德教育的过程，具体来说是有目的、有计划、有系统地对学生进行思想、政治和道德等方面的教育，并通过学生积极地认识、体验与践行，使其形成当今社会所需要的品德的教育活动。育英学校积极推进育人方式变革，提出了德育工作的六条主张。这是学校开展育人工作的根本遵循，是贯彻落实立德树人的总体要求，是为党育人、为国育才，培养德智体美劳全面发展的社会主义建设者和接班人的积极探索。

一、育英学校德育主张表述

2021年，学校在问道教师的基础上，六易其稿，形成了关于德育工作的六条主张，具体内容如下：

1. 教育者要有平民情怀，要跳出教育看教育。

2. 对未成年学生不要轻易上升到"德"的层面去评判。

3. 学生和校园环境的交互能使学生更具精神品质。

4. 积极支持学生同龄之间、混龄之间的健康交往和志趣交往。

5. 在学生真实而丰富的校园生活中，习惯、目标、体验、榜样等应成为学生成长的主要动力要素。

6. 学生培养要处理好三对关系。第一，全面发展与志趣发展之间的关系；第二，知识学习与思维培养之间的关系；第三，真实生活与价值体认之间的关系。

纵观德育工作的六条主张，不难想到一个著名命题："人的本质是一切社会关系的总和。"不论是自然人还是社会人都是通过人的内外矛盾关系形成自我解放的主体矛盾关系。由此，在教育领域内，有人曾经提出"教育学首先是关系学"。透析育英学校的德育主张，不难看出，学校实则是在构建一种德育文化，引导学生学会处理身边存在的各种关系。

二、育英学校德育主张释析

梁漱溟先生提出了人的三大问题，即人与人、人与环境、人与自我的关系问题，并指出，人要幸福，就要解决好这三大问题。此后，关于三大问题的解决性探索成为众多专家关注和研究的问题。教育的终极目标是让人幸福地生活。中小学校是为学生铸就底色的地方，学校教育的价值及路径对学生未来发展会产生重要的影响。育英学校的德育主张，就是对人生三大问题的基础性探索。

（一）引导学生学会处理人与人之间的关系

引导学生学会处理人与人之间的关系，集中体现于德育主张中的第1条、第2条与第4条。

第1条：教育者要有平民情怀，要跳出教育看教育。

"平民情怀"是这一条主张的核心关键词，直指人与人之间关系的基调。何为"平民"？《现代汉语词典（第7版）》上的解释是：泛指普通的人（区别于贵族或特权阶级）。所以，平民情怀是一种真诚地关注普通百姓的生存状态，自觉地尊重并维护普通百姓的各种权利，以提升普通百姓的生存质量为己任的情怀。由此，放到教育领域中，平民情怀显然是尊重、关注每一位学生，不遗余力地为每一位学生的成长搭建平台。学校教育如果要葆有平民情怀，就需要坚持朴实性和真实性两个原则。

第一，坚持朴实性原则。

育英学校于1948年建校于西柏坡，1949年随党中央迁入北京。1952年六一国际儿童节前夕，毛泽东主席为学校题词："好好学习 好好学习。"今天，这八个字是学校的校训。毛主席虽学富五车,但对学校的题词却没有选用华丽的词句。作为家长,作为国家领袖,他把对子女、对全国青少年的期待都融于这八个字中。70多年后,我们再看毛主席的题词,仍能感受到其语重心长和谆谆教诲。毛主席的题词为我们做出了朴实的示范,这八个字虽很朴素,很接地气,但也内涵丰富、言近旨远。

因此,学校开展各项工作都秉承朴实之风。例如,在梳理校风时我们没有选取华丽的辞藻,而是结合学校校情,在征集广大师生、校友和家长的意见后,将"静静挂在枝头的桃子"确定为学校校风。校风体现的是学校的办学品位与格调,对校风的诠释凸显了学校的价值诉求。育英学校的校风是用朴实的语言呈现出了学校在办学过程中长期积淀而成的具有德育意义的风气。

第二,坚持真实性原则。

只有真实的教育才有说服力,才有穿透力。

2014年5月的一天,一阵大风吹倒了学校的一棵大柳树。站在学生的角度看,这棵大树曾陪伴他们走过春夏秋冬,承载着很多故事与记忆,是忠实而亲密的伙伴。于是,学校请木工师傅将大树处理后做成了树雕,并使其"躺"在它原来生长的地方。学生每每走过,都会看看、摸摸这位"老伙伴"。同时,学校还将四年级7班谢司特同学写的与之相关的随笔《和时间赛跑》刻印在一块石碑上,伫立在树雕旁。然而就在大家还在为谢司特同学的励志文字倍感兴奋的时候,一位患有孤独症的韩姓同学却写了一篇《时间到底去哪儿了?》的文章反驳了谢司特同学的观点,并从相对论的视角说明了时间是怎么回事儿。而另一位被称为"小小昆虫学家"的刘开太同学又基于韩姓同学的文章撰写了一篇新的《时间到底去哪儿了?》。对此,学校把这两篇文章都做了防雨处理并张贴在倒下的大柳树旁边。

育英学校很多的文化符号均来源于学校的真人真事。在这个案例中,学校没有因为韩姓同学患有孤独症就否定他的思想,而是平等地对待、充分地鼓励。对特殊学生群体的关爱,是平民情怀的重要体现,是衡量学校德育效果的重要价值标尺。

第2条：对未成年学生不要轻易上升到"德"的层面去评判。

什么是"德"？最通俗的解释是：准则和规范。在对学生进行教育的过程当中，我们不是靠这个准则和规范来评判他们，而是引领他们朝着这个准则和规范去努力。在努力的过程中，如果失之偏颇，或者不够到位，我们需要不断地引导与矫正，帮助他们改进和提升，而不是直接定性为德行问题。德育是一个过程，我们需要谨记两点：

第一，学校是允许学生犯错误的地方。

学生犯错是完全正常的。学校或教师在评价学生的过失时，不可以用评价成人的标准去衡量，应该站在学生未来发展的角度充分考虑其可塑性。学生犯了错误，学校应当考虑如何使其成为学生健康成长的"补给"，而不是给学生贴上各种各样的"标签"。

学校是学生的学校，是为了让学生受到良好教育的地方。学校和教师都应建立面向学生的思维方式，尽可能地了解学生的需求并想办法满足；对待犯错误的学生，要从服务学生的角度处理，既要使问题得到解决，又要使学生认同、接受、满意，以助其形成健全的人格。只有允许学生犯错并帮助学生改错，学生才会更健康地成长，这样，学生走向社会后，才会少犯错或者不犯错！

第二，让学生成为自己教育自己的主体。

2012年，学校进行改造，置换了所有卫生间的门。第二天，一扇新门就被学生敲出了11个凹坑。学校的一草一木都代表着学校，门上出现这11个凹坑，不管是学生有意为之还是无意为之，都是对学校教育资源的损坏。于是相关工作人员在门旁贴了一张塑封的A4纸，上面印有"门的脸面，你的尊严"八个字，并请班主任组织学生围绕这扇门开展了一系列的主题教育活动。高一年级王泽龙同学听说这个故事后，写了一篇文章《永远的第11个凹坑，永远的文明》，并粘贴到每个卫生间的门上。自此，学校再没有发生过类似的事情。

回顾整个工作，学校可以按照常规的管理方式，调查"肇事者"，让学生反思自己的品行，照价赔偿损坏的公物。但是，如果真的采取了这种方式，按照心理学上的"破窗理论"，我们可以肯定：这个门上将不只是 11 个坑，可能会是 21 个甚至更多。当然，也不会出现王泽龙同学的《永远的第 11 个凹坑，永远的文明》。这个案例，是引导学生影响学生的一次探索，最大的价值是没有用成人意义的"德"去评判学生，而是让学生成为自己教育自己的主体。

第 4 条：积极支持同龄学生之间、混龄学生之间的健康交往和志趣交往。

在育英学校有这样一种认识：学校不仅是学生学习知识的地方，而且是学生寻找同伴、学会交往和合作的地方。学生到学校来不仅仅是向教师学习，同伴也是重要的教育资源。学校要帮学生寻找志同道合的伙伴，让其生活更有意义。对此，学校应该做好如下两方面的工作。

第一，创建开放的校园空间。

育英学校在重新规划和改造校园布局时，不仅拆掉了将学校分成"豆腐块"的冬青树围和区分中小学运动场地的高耸铁丝网，而且将学校小花园内的一个环岛改建成森林音乐广场、将图书馆前的松树树围设计成写字台兼靠椅、将围绕山楂树的 1.5 米高的小墙改造成了 50 厘米的矮墙。此外，学校还在校园里安装了各式各样的座椅，学生可以随时坐在一起谈学习、谈生活、谈古今、谈世界。一起交流的可能是同龄人，也可能是跨越学段的学长学姐。这样的同伴交往更符合学生的年龄特点和身心发展规律。

第二，构建同伴支持课程。

在育英学校，"大孩子带小孩子"的景象随处可见，这也是学校最为动人的风景。学校围绕"大带小，小促大，共同成长"的理念，为学生设计了众多的同伴课程。

"寻宝乐"活动课程是最活泼的同伴课程。三至五年级的学生打破年级界限，分成 100～200 个小组，每个小组 6～8 人，组长由五年级学生担任。组长绘制小组招新海报，利用午间时间邀请三至四年级的学弟学妹加入自己的小组。活动当天，组长带领学弟学妹在校园内的 20 个地点寻宝。大家一起研究地图、设计最佳路线，快速、安全且全员完成寻宝任务。寻宝过程中，有的同学鞋带松了，大家要一起等着他系完再走；低年级同学中间跑"丢"了，高年级学长要回去寻找。最感人的是找到"宝"后，大家要一起分享，每到这个时候，学长学姐一定会让学弟学妹优先挑选，剩下那份无论自己是否喜欢都会欣然接受。而学弟学妹也会将这份分享的经历传承到下一届自己当组长的"寻宝乐"活动课程中。

此外，还有中小学生一起参与的大讲堂课程、社团课程、校园采摘课程、快乐午间课程等。这些打破班级、年级界限的同伴课程，为育英学子创设了混龄交往和志趣交往的平台，满足了学生的生存需求、安全需求、社交需求，让学生与学生之间拥有了更多的生命相遇，引领学生在共同成长中感受责任与担当、感恩与关爱、志趣与发展。

（二）引导学生学会处理人与环境之间的关系

引导学生学会处理人与环境之间的关系，集中体现于德育主张中的第3条。

第3条：学生和校园环境的交互能使学生更具精神品质。

大音希声，最优美动听的音乐是自然的音乐、无声的音乐；大爱无痕，最影响深远的教育是朴实的教育、无声的教育。校园环境就是一种无声却深远的教育，它"默默无语"却"循循善诱"，陶冶学生的道德情操，美化学生的心灵，激发学生的灵感，启迪学生的智慧……我们要发挥教育智慧，完善校园环境，创设利于学生形成健康人格的校园空间。

学生和校园环境的交互体现在两个方面：与学校自然环境的交互和与学校人文环境的交互。学校可以从以下两方面开展工作。

第一，将学校建成世界上最美的地方。

刘易斯·芒福德在谈到美好的环境对居民的教育作用时说："这种耳濡目染的熏陶和教育是以后较高形式教育的最根本的基础……哪里缺少这样一种环境，哪里即使是合理的进程也会半窒息：言辞上的熟练精通、科学上的精确严密，都弥补不了这种感觉上的贫乏和空虚……因为城市环境比正规学校更能经常起作用。"他强调了环境育人的重要作用。学校是育人的地方，"美"要依靠"美"来塑造。

在这一思想引领下，育英学校不遗余力地打造美丽的、充满生命气息的校园：2011年起，不仅在原有校园布局的基础上改建了七个广场、五座花园，而且对校园的每一个角落重新做了设计和改造，如在小学部广场上设计了专门供小学生攀爬和玩耍的人造小山，又如在世纪林里用整块石头雕刻成精美棋桌，并用白石沙代替原来丛生的杂草，以便学生自由出入其间，快乐嬉戏。此外，学校还在教学楼中陈设了钢琴、吉他等乐器，让学生在闲暇时可以感受艺术的美好……

第二，努力建设学校文化符号。

育英的校园虽然被誉为"校园里的公园"，但校园毕竟不是公园。自然景观是学校自然环境的美，对学校管理者而言，真正美的学校还要创造适合学生生活、顺应学生天性、充满生命气息的人文环境，如此才能够培养出具有精神品质的学生，育英学校将其定义为学校的文化符号。

在学校思明楼大厅的显著位置，悬挂着杜亦森同学八年级时撰写的一篇文章《尊重 尊严》，这是他有感于学校保洁阿姨的遭遇而写，希望同学们能"咬紧牙关，为她们努力"。学校之所以将学生的文章放在学校最显眼的地方，是因为想引导学生在敬重拥有光鲜亮丽的职业的人的同时，也能尊重普通而平凡的劳动者，理解他们的艰辛，明白是他们让我们的城市更光鲜，是他们让我们的生活更美好，是他们让我们的社会发展地更快速。因此，青年学生的责任与担当就是为每一个劳动者创造更美好的生命空间。这是育英人的理性、善良、平等与博爱，也是育英学子家国情怀的彰显。

在这样的文化符号的感召下，真善美的种子在校园里开出了美丽的花朵：为雨中的保洁阿姨撑起一把伞，帮食堂师傅收拾不小心散落在地的餐桶，为保安叔叔送上自己制作的日用品……来自学生的尊重与温暖，感动着校园里的每一个人：保洁阿姨情不自禁地记录自己在育英学校工作的体会与感悟；外包服务公司的主管深切地说:"育英学校的孩子教会了我们很多,我们要尽一切可能做好校园服务保障。"

实践证明,美丽的自然环境和充满教育意义的人文环境,是学校德育工作的有效手段。

(三)引导学生学会处理人与自我之间的关系

引导学生学会处理人与自我之间的关系,集中体现于德育主张中的第5条和第6条。

第5条:在学生真实而丰富的校园生活中,习惯、目标、体验、榜样等应成为学生成长的主要动力要素。

卢梭说过,世上最没用的三种教育方法就是讲道理、发脾气和让学生刻意感动。而这三种方法恰恰是当下许多家长和教师最热衷运用的。它们操作简单、耗时短、技术含量低,因此也就难以达到授之以渔的效果。对此,育英学校认为,习惯、目标、体验、榜样等应该成为学生成长的主要动力要素。这是学生处理自我关系的起点。那么如何在学生真实而丰富的校园生活中塑造这四个动力要素呢?

第一,尊重学生是开展教育的起点。

在学校里,让学生知道"我"将学到什么及"我"将如何被考核是尊重学生的第一要务。育英学校通过制度的制定来对教师做一些价值的引领。例如,在《教师教学基本工作常规》中明确提出:"教学计划要在开学后第1~2周通过适当方式让学生了解,以便学生安排自己的学习计划和配合教师的教学。"

多年来,我们的教学计划都在教师手里,学生是不知道的。这门课程具体要学什么、怎么学、怎么考,学生也是不知道的。教育改革是需要师生双边同时进行的,我们研究了这么多年的教与学方式的变革,学生却不知道教师的教学计划是什么,教学改革自然难以有成效。告知学生教学计划,其实也体现了教师对学生的尊重。

在育英学校的《教师教学基本工作常规》中还有这样一条要求:"倡导起

始年级教师在开学第一个月内，课间提前进入教室和学生交流，以尽快熟悉学生，增强师生间的情感交流。"起始年级的学生来自不同的班级和学校，组成新集体之后，每个人都渴望了解别人并被别人了解。良好的师生关系是提高教学质量的前提和基础。怎么建立良好的师生关系？正式场合比较困难，课间等闲暇时间是很好的机会，所以我们有了这样的要求，这对后面的教学工作是有重要价值的。

第二，引导学生学会自我规划。

"人无远虑，必有近忧""凡事预则立，不预则废"，讲的都是规划的重要性。育英学校特别注重培养学生的规划能力，从学生进入校园后就创造各种条件引导学生学会规划、善于规划。

学校的快乐午间课程是非常丰富的，如何合理地规划自己的午间生活呢？教师会手把手地教学生制订午间规划方案。这是三年级魏心怡同学的规划内容：

> 周一：去筑梦苑玩滑梯，散步。（注意事项：写完作业再玩，做完值日以后再去，玩滑梯的时候要注意安全）
> 周二：去校园农场观察植物生长。（注意事项：爱护植物）
> 周三：去世纪之林玩。（注意事项：写完作业再去玩）
> 周四：去听大讲堂，大讲堂的时间分别是 9 月 28 日、10 月 22 日、11 月 16 日和 11 月 30 日（特别注意事项：听大讲堂的时候别忘了带卡，要刷卡）
> 周五：去阅乐廊看书。

习惯是如何养成的？目标是怎么确定的？有了这样的规划，一切就水到渠成了。

第三，学校德育工作要放得开。

在育英学校，所有高中生都有一门小学段课程，学生可根据自己意愿，或是到食堂去择菜、分饭，或是去当保洁员打扫卫生间，或是当保安守护校园安全，或是到小学做志愿教师。这门课程是学校做出的一个大胆尝试：凌晨四五点钟学生要到食堂做准备，晚上十点钟学生还要巡视校园安全……这是需要教育魄力和管理魄力的。小学段课程后，吴玥同学这样写道："短短一周，我们既感受到了工作的艰辛，也对基层工作者有了更深入的了解。每一份职业都不应被轻视，而应当得到尊重、理解和感恩。"这些学生毕业以后几乎不会从事这些工作，但这份体验将教会他们尊重每一份职业、尊重每一个人。

第6条：学生培养要处理好三对关系。第一，全面发展与志趣发展之间的关系；第二，知识学习与思维培养之间的关系；第三，真实生活与价值体认之间的关系。①

学生既是生命个体，也是社会中人。面对未来，除了知识之外，他们还有许多能力需要习得，许多品质需要涵养，但无一例外都是和人与人、人与环境、人与自身的关系紧密关联。因而学校教育必须在这些方面有所作为，这才是学校应该追求的恒久性、终极性价值。

"唯一的母校"：一贯制学校的一贯性探索

实施一贯制办学，是政府缓解义务教育阶段择校难题、促进教育均衡发展的重要举措。从学校角度来看，学生在一贯制学校受教育时间长，使得学校可以围绕人才培养目标，按照一定的计划对学生的品格和个性进行科学、持续的影响，从而保证基础教育阶段人才培养目标的同一性和连续性。此外，一贯制学校教育资源较为集中，便于学校从教育一体化和规模集聚效应的角度探索学校的发展模式与实践路径，将学校打造成一个规模适当、结构合理、连接紧密、功能突出的资源集聚体，从而更好地实施素质教育，提高学校育人质量。

---

① 注：详见本书的《学生培养要处理好三个关系》。

育英学校从西柏坡走来，是一所九年一贯、十二年一体制的学校。学校从1980年开始进行一贯制办学实践探索，经过四十多年的探索与积累，形成了对一贯制办学的独特理解和思考。

一、目标贯通，奠基学生人生底色

实施一贯制办学，学校可以从整体上规划未来的发展方向与培养目标，避免小学与中学教育的割裂，保证培养目标的同一性。育英学校把深厚的历史传统与时代发展对人才的需求相结合，确立了一贯制的培养目标——行为规范、热爱学习、阳光大气、关心社稷、勇于担当的国家栋梁。培养目标的同一性，保证了育英学生的全面发展、全体发展和可持续发展。

其一，坚定学生的价值取向。对于一贯制学校的学生来说，他们要在一所学校里生活和学习少则9年，多则12年甚至15年。对于很多学生来说，这所学校是学生上大学以前"唯一的母校"。学生在这个阶段养成的习惯和形成的品质往往会伴随其终生。因此，学校需要借助强大的文化力量，为学生的成长与发展打好人生底色。育英学校文化建设立足红色文化和中华优秀传统文化的传承和弘扬，凸显其对学生的熏染、浸润，如建设问道路、西翠国学书院等，使学生在潜移默化中获得心灵的滋养。

其二，为学生提供持续的习惯培养。围绕学校的育人目标，针对社会上无视规则、违反规则等失范行为，育英学校利用一贯制的办学优势，根据学生身心发展规律，构建了"育英学校学生阶梯性行为习惯培养指标体系"，明确了一至十二年级每个年级重点培养的行为习惯及具体内容，目的是有针对性地培养学生的行为习惯，鼓励学生一以贯之地坚持并内化。

其三，保证学生个性化发展的延续性。对那些具有特长的学生来说，育英学校一贯制培养的优势为他们提供了特长发展的理想平台。在育英学校，管乐团、合唱团、舞蹈队、头脑创新项目团队、DJ实践团队等的成员们不会因小学毕业而失去"组织"，因为中学也设有这样的团队，可以让他们继续发展自…

己的特长。在育英学校，改变的是学生的年级，不变的是学生特长的延续性发展，这为学校特色的形成奠定了坚实的基础。

二、管理变革，优化学校管理机制

在基础教育课程改革深入推进的今天，培养全面而又个性发展的学生成为学校教育的重要目标。为此，育英学校于 2011 年制订了新的学校发展规划，确立了"让九年一贯、十二年一体制的教育为学生撑起更广阔的发展空间"的办学理念，致力于将育英学校真正办成学生向往、教师幸福、社会满意的中国名校。基于新的发展规划，学校需要构建一个充满积极的组织文化氛围、充满激励与创新精神、能够更好地实现教师专业发展的平台与机制。

（一）组织重构，谋求最佳管理效益

针对学校原有的多层级管理模式存在的标准化、固有性、效率低、效益低等缺陷，2012 年，学校建立了小、初、高一体化的扁平化 - 矩阵式管理，进行了由学校校务委员会领导的包含"四中心一院六学部（校区）"的学校管理组织重构（图 1-1）。

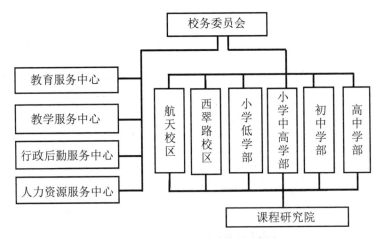

图 1-1　扁平化 - 矩阵式管理示意图

校务委员会，是学校的重要决策机构，由校长、书记、工会主席、副校长、学部主任、中心负责人等成员组成，主要职责是进行集体领导和民主决策。

教育服务中心、教学服务中心、行政后勤服务中心、人力资源服务中心，对教育教学没有指挥权和决策权，主要负责为学校各方面的发展做好服务保障，满足一线师生和家长的需求。例如，教育服务中心与教学服务中心都采用了政府一站式办公管理模式，凡家长、学生、教师有教育或教学方面的需求，都可以在这里得到一站式解决。

课程研究院，是超越矩阵横纵边界的一个机构，由校长任研究院院长，试图建立一种以课程建设为中心、用学术影响力引领学校发展的新型治理文化。

各学部（校区）的主要职责是做好教育教学的实施、管理及校内的人事聘任工作。基于学校近些年持续不断的研究，综合考虑学生的生活条件、信息来源、认知水平等因素，在划分学部时，我们将小学一、二年级设置为小学低学部，三、四、五年级设置为小学中高学部。

实践证明，扁平化－矩阵式管理有利于减少无效劳动，使师生的需求以最快的速度得到回应；有利于构建学部与学科共同对教育教学质量负责、各有侧重、协同作战的机制；有利于促进各学部（校区）资源的整合，实现管理效益的最大化。

（二）师资融通，优化配置人力资源

一贯制办学使教师不再拘泥于固有的小学或初中学段，而是可以在各学段之间顺畅流动，从而使教师获得更大范围的学习、实践与交流的空间。

一是干部轮岗。为了培养能胜任一贯制管理的干部，育英学校建立了行政干部轮岗机制——原小学行政干部到中学担任管理职务，原中学行政干部到小学担任管理职务。目的在于通过轮岗、拓宽工作职责范围等方式给予干部更大的挑战与信任，在实践中提升其一贯制管理的水平与能力。

二是教师贯通。育英学校根据教师的专业及特长，优化教师组合，使之成为能通晓小学—初中或者初中—高中的复合型教师，实现其专业的可持续发展。目前，育英学校的科技教师、音乐教师、美术教师、体育教师已经在修身课程、发展力课程中打通使用，他们可以根据课程设置在最擅长的领域开展教育教学活动。而属于基础课程的语文、数学、英语等学科，学校则选择一些素质较高的教师实现循环教学，比如，把小学教师安排到中学执教，同时选择中学教师到小学教学。这样的安排便于教师把握学科教材间的内在联系，更加系统地设计和实施教育教学活动。

三是教研打通。育英学校建立了一贯制的教研机制，包括学段小教研与学科大教研，其中学段小教研每周一次，学科大教研每月一次。这样既保证了教研工作的针对性，又形成了贯通整个学科的全局观，有利于教师围绕小学和中学的教学与管理形成系统化的知识体系和开阔的研究视野，建立学科大教学观。

三、课程整合，让育人目标完整落地

人的发展是一个连续的过程。学校应该遵循学生的成长规律，从人的整体发展的角度推进学校的各项工作，落实学校的育人目标。2014年，育英学校以全国教育科学"十二五"规划课题"小、初、高一体化课程建设与育人模式变革研究"为突破口，构建了具有学校特色的育·英课程体系，着眼于变革学校课程结构，提升课改品质，促进学生连续地、更好地发展。

（一）课程资源整合

以体育学科为例：育英学校体育设施齐全，学生活动空间较大，便于体育特色课程的建设，于是体育教师整合现有的课程资源，开发了适合一至十二年级学生发展的"5-4-3"体育三段式课程，以提高学生的身体素质和增强终身体育活动的意识。

（二）课程内容整合

以数学课程校本化实施为例，我们通过"用好教材、超越教材"的主题研讨，形成了体现单元内部整合、单元之间整合、学科间整合、与综合实践课整合等多重整合理念的数学课程整合方案，同时强调三点：整合课依然要体现数学味，要让数学课"活"起来；整合课目标要明确，活动设计要贴近学生；课堂评价要跟上，要让学生明白自己要做什么、正在做什么。这样的"经历式"学习给学生带来了不一样的学习体验。

（三）课程实施方式整合

以语文学科为例：育英学校语文学科立足一贯制，遵循学科学习规律及学生身心特点，以自主阅读为切入点，建构和实施基于自主阅读的"3+3"语文课程。具体而言，把语文课程分为基础课程、阅读课程、活动课程三部分，在每周的6课时中有3课时用于基础课程，剩下的3课时用于阅读课程，活动课程一般不占用具体课时。整个课程以单元整体教学为主要途径，以阅读课程建设为特色，以系列活动为载体，形成了具有育英特色的一贯制语文课程体系。

这样的整合实现了学校课程真正意义上的共享。同时，我们也在教师配备、学校文化、教育理念、教育方略等方面进行了整合与贯通，实现了学校教育资源利用效益的最大化。

四、活动"跨界"，营造开放生动的教育生态

学校不仅是学生学习知识的地方，而且是学生寻找同伴、学会交往和合作的地方。学生往往能够在伙伴关系中不断认识、发现、发展甚至超越自己。因此，学校在关注学生特长培养的同时，更应注重对学生社会化发展的促进与引领。

其一，助力"成长伙伴"，让更多的生命在校园相遇。从2011年开始，育英学校悄然实施"成长伙伴计划"，通过发挥同伴的教育力量，培养学生的责任感与担当意识。例如，三至六年级的"寻宝乐"活动课程，小学生跑进中学生的教室、实验室去寻宝，大同学要照顾小同学，就连奖品如何分配都要协商解决；六年级学生参加"学生互助就餐计划"，照顾低年级的学弟学妹用午餐；在育·英大讲堂活动中，小学生给中学生当观众，中学生为小学生的讲堂捧场；高一年级的学生走进小学，在一、二年级课堂上成为志愿教师……这些打破班

级、年级界限的"成长伙伴"行动，为学生提供了尽可能多的结交伙伴的机会，让学生与学生之间拥有更多的生命相遇。

其二，合理布局空间，为跨龄交往消除障碍。除了组织各种交流活动，学校还在空间布局上为学生的跨龄交往提供便利。例如，移走冬青，打掉铁丝网，为学生增加活动和交往的空间，使得小学生和中学生能够一起在校园里听音乐会，一起参加吉尼斯挑战赛，一起参与快乐午间课程……

同伴教育搭建了学生之间相互交流、相互沟通的平台，使学生在活动中成为彼此心灵上的小伙伴；跨年级的同伴交往，使高年级学生肩上多了一份责任，低年级学生身边多出一位榜样，形成了"大带小，小促大"的责任与担当意识，营造了开放、互动、尊重和理解的教育氛围，促进了教育资源的充分融合，实现了教育效果最大化。

学校德育一体化"自砺模型"的建构与应用研究

一、问题的提出

（一）立德树人任务的落实亟须实践突破

中共中央办公厅、国务院办公厅于 2017 年 9 月印发了《关于深化教育体制机制改革的意见》，指出要健全立德树人系统化落实机制。习近平总书记在 2021 年全国两会上发表重要讲话，强调要把立德树人融入思想道德教育、文化知识教育、社会实践教育各环节。通过这些政策可以看出，立德树人是新时代中国特色社会主义的教育目标，其关键和难点在于学校如何落实。育英学校从建立立德树人系统化落实机制出发，力求实现学校德育一体化模型构建与实施的突破。

（二）学校德育一体化面临现实困境

当前学校德育中普遍存在着诸多问题，如功利化倾向，德育过程缺少交互且与生活疏离，育人方式形式化、碎片化、外在化等。育英学校作为一所一贯制学校，学生在校少则生活 9 年，多则生活 12 年，对于很多学生来说，这里是"唯一的母校"，学生在这里形成的习惯和品质将伴随其终身。基于此，育英学校有使命与责任开展学校德育一体化的研究与实践。

（三）"自砺"作为破解问题、取得突破的路径

育英学校以文化建设落实立德树人，主张学生不是"管"出来的，而是要营造一种文化，让学生在学校文化润物无声的熏染与熏陶中，潜移默化地接受教育的影响。成人对"德"的理解过于沉重，对于天真烂漫、懵懵懂懂的未成年学生而言，不能轻易用成年人标准去教化他们，而应努力尊重学生身心成长的规律。在管理中，学校应给学生自我修正的机会，引导学生修身修为，使学生成为自己教育自己的主体。同时作为一所有着红色基因与优秀传统的学校，继承与发扬中国共产党不屈不挠的磨砺精神与忧国忧民的家国情怀，是育英学校应有的使命。为此，学校确立了"让九年一贯、十二年一体制的教育为学生撑起更广阔的发展空间"的办学理念，以"自砺"为突破口，通过为学生创造更多自我磨炼的空间，提高其适应社会的能力和素质。

二、解决问题的过程与方法

（一）研究思路

育英学校围绕以下三个逻辑递进的问题展开研究：如何构建学校德育一体化的"自砺模型"整体框架？如何构建学校德育一体化的实践系统？"自砺模型"对促进高质量育人方式变革的成效如何？

1. 选取整体理论，构建"自砺模型"框架

育英学校有着红色基因，以"与时俱进、传承红色基因"为坚守。为了适应学校一贯制的德育一体化的实践需求，通过查询相关文献资料，按照习近平总书记关于"基础教育是立德树人的事业，要旗帜鲜明加强思想政治教育、品德教育，加强社会主义核心价值观教育，引导学生自尊自信自立自强"的指示

和教育部《中小学德育工作指南》的相关精神，借鉴威尔伯（Wilber）的整体理论，学校构建了"自砺模型"。

威尔伯的整体理论整合了心理学的行为主义、精神分析、人本主义等理论流派，将心理学、哲学等领域的知识融合成指导个人成长的学说。它不仅关注个体的自我实现，而且将自我与个人以外的世界和意义联系起来，与学校"激发学生向上内驱力"及"学校教育始于善良，终于责任担当"的价值诉求十分契合，可以为学校德育一体化提供"自砺模型"的整体范式。

基于此，育英学校构建了"行为规范、热爱学习、阳光大气、关心社稷、勇于担当的国家栋梁"的"自砺"育人目标体系。其中"阳光大气""热爱学习"属于个人内在层面的"自我修身"，"行为规范"属于个体外在的"自我管理"的行为外显，"勇于担当"属于群体内在的"自我反思"，"关心社稷"属于群体外在的"自我规划"。

2.学校德育一体化实践体系建构

以"自砺"为整体框架的学校德育一体化实践体系的构建与实施，是育英学校"普通校实现优质发展""激发学生向上发展的动力"的价值追求得以实现与落地的关键。基于此，学校开展了十多年的实践探索。

依照支持关系理论，学校教育的本质在于，每个成员都能够按照自己的价值准则和期望，从自己的亲身经历和体验中确认与学校之间的关系是支持性的。育英学校在十多年实践探索的基础上，逐步形成了修身课程与评价系统、横纵贯通的自我管理系统、提升自我反思的学校文化标识系统、同伴支持理念系统、阶梯性行为指标系统五大实践支撑系统，显示出学校系统化落实立德树人的强大生命力。

3.完成阶梯性行为指标系统

为了实现对学生的"自砺"发展水平的有效评估，学校基于科尔伯格道德认知理论进行了系统设计。科尔伯格认为人道德成熟的标志是做出道德判断和提出自己的道德原则，而不是遵从周围成人的道德判断。一个人道德判断的发展一般要经过"三个水平六个阶段",是一个按照由低到高的顺序发展的过程。三个水平,即前习俗水平,包括以惩罚与服从为价值取向的阶段和以个人的功利主义目的与交换为价值取向的阶段;习俗水平,包括以协调人际关系为价值取向的阶段和以维护社会秩序和履行个人义务为价值取向的阶段;后习俗水平,包括以社会契约为价值取向的阶段和以普遍道德原则为价值取向的阶段。

根据科尔伯格道德认知阶段及育英学校一贯制的办学实际,育英学校将自我教育划分为小学低年级、小学中高年级、初中年级、高中年级四个阶段,并明确了各阶段的行为养成指标,完成了阶梯性行为指标系统构建。

(二)研究方法

1. 文献分析法

文献资料主要包括以下两类:一是国内外有关立德树人方面的纲领性文件,把握教育改革与发展的方向;二是近年来国内外有关自我教育、学校德育一体化的重要文献,经过阅读与提炼,获得研究的理论基础与实践启示。以文献资料为基础,在全面深入地比较、评价、分析、整合中提炼出学校德育一体化"自砺模型"的内涵与实践体系。

2. 行动研究法

学校德育一体化"自砺模型"构建主要是基于学校办学管理实践和教育教学实践,是以提高学校德育一体化的质量、解决教育实践中面临的问题为目标的研究,是以学校教职工对学校德育一体化实践进行持续反思为基本手段的行动研究。

3. 实证研究法

运用实证主义方法,通过问卷、观察、访谈、量表等方式,分析学校德育一体化"自砺模型"的育人目标达成度,确定学校立德树人系统化落实的优势与不足,以期进一步改进和提升。

三、研究内容分析

（一）学校德育一体化的"自砺模型"框架

"自砺"由"自"和"砺"两个词构成，"自"即"自我"，指在自我意识的基础上，产生强烈的进取心，进行自觉的思想转化，向自己提出任务，并主动采取行动。"砺"即磨砺，指一个人经过自我选择、自我规划、自我反思、自我校正与自我践行的磨炼，提高适应社会的能力。

"宝剑锋从磨砺出，梅花香自苦寒来"。重视"自砺"品质养成，是育英学校对红色基因与中华优秀传统文化的继承与发扬，是对"让九年一贯、十二年一体制的教育为学生撑起更广阔的发展空间"的办学理念的践行。

在立德树人的背景下，培养什么样的人及如何培养人，是亟待解决的重大问题。针对这一问题，育英学校提出将"自砺"作为学校德育一体化的突破口，形成了"自励模型"（图1-2）。首先，详细分析和研究学校育人目标，在对全

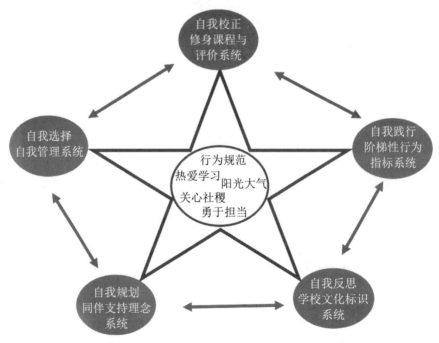

图1-2 育英学校德育一体化的"自砺模型"框架图

校教师进行调研的基础上，整理出培养"行为规范、热爱学习、阳光大气、关心社稷、勇于担当的国家栋梁"的育人目标。其次，查找相关文献，确定以整合理论作为"自砺"育人目标的依据，以学生"自我校正"和"自我管理"为基点，逐步拓展到在同伴关系中确定"自我规划"，再到与学校环境支持互动中深化"自我反思"，最后到个体行为"自我践行"，循环往复，形成良性循环。接着，在持续实践探索基础上，构建并完善"自砺"课程体系、管理体系、环境体系、文化标识体系等。最后，研制育人目标达成度测评问卷，把握好试题的信度、效度、难度和区分度，对育人成效进行预测、验证与改进。

总而言之，"自砺模型"是教育者引导、帮助、指导和激励受教育者自我校正、自我选择、自我规划、自我反思、自我践行的教育模型。该模型建构过程合理、完整且符合科学逻辑，经过实践证实，其可操作性强，应用面广。

（二）学校德育一体化的实现路径

学校围绕红色历史及当今社会对人才发展的需求，基于办学使命与育人目标，构建了贯通的课程体系、环境体系、管理体系、文化标识体系，形成了一贯制学校的育人模式及实现路径。

实现路径1："自我修身"课程体系

学校遵循课程改革精神，确立了以基础课程、修身课程、发展力课程为三大支柱的以满足全校学生综合发展需要的育·英课程体系（图1-3），其着眼点是变革学校课程结构，提升课程品质，让学生连续地、更好地发展。

基础课程：指向国家课程校本化，强调学生基础知识和基本技能的落实。

修身课程：指向学生人格与品性的培养，重在为学生注入成长发育的精神之钙。

发展力课程：指向学生动手能力和创造能力的培养，是实现学生成长发育的强固之本。

为了实现学校的育人目标，我们构建了"育英学校学生综合素养积分评价体系"。此体系基于育·英课程体系，包括基础课程评价、修身课程评价和发

图 1-3　育英学校育·英课程体系图

展力课程评价。

实现路径 2："同伴支持"环境体系

同伴支持，彼此温暖。在问道教师、问道学生的基础上，育英学校秉持"还给学生所有校园空间"的理念，拆掉校园里的冬青树围，打通中小学生活动区域。

小学生、初中生、高中生经常在校园中遇见，或相互切磋棋艺，或在图书馆一起阅读，爱心在这样的环境和空间中得到传递和培养。小学和中学没有了明确的界限后，打篮球时的"霸篮"现象没有再出现，校园中其他以大欺小的事情几乎也没有发生过。打通校园空间，建设同伴支持与开放融合的校园环境，为学生的和谐交往提供了便利条件，整个校园呈现出彼此温暖、互相关照的支持氛围与人文气息。

师长相伴，引领提升。育英学校校风在教师层面的要求是"桃李不言，下自成蹊"，学校提出做学生健康成长的引路人的工作主旨，教师就是学生的一面镜子，引领学生成长。同时，育英学校充分利用红色资源，开设校友课程，由革命后代或杰出校友为学生讲党团队课，与学生座谈，每年带领学生走进南京、合肥、重庆等地开展红色研学，现场还原革命历史，验证红色基因，激发学生责任意识与担当意识。

自然相伴，身心疗愈。育英学校修建了九个广场，包括两个体现学校特有的红色基因的江山社稷广场和校史广场及七个用校园植物命名的广场，还修建了五座花园，甚至对每一个角落都做了重新设计和改造。富含美丽元素和教育要素的校园，引得学生们在这里探索、游戏，乐此不疲，流连忘返。

圣贤相伴，关心社稷。学校修建了问道路，由66条名言组成，分为修身篇、励志篇和学习篇，这是育英学校学子进入学校学习的第一课。问道路的顶端是江山社稷石，寓意为师生关心社稷、勇于担当，始终坚持国家的利益高于一切。此外，学校还成立了西翠国学书院，用孔子的"九思"重新命名学校的九栋楼宇，在世纪之林修建了古代"六艺"门档和琴、棋、书、画等传统文化符号。这些传统文化精髓，使得学生在潜移默化中获得心灵的成长。成人门、毕业门、同窗门、育英时评、英雄墙等，都激励着育英学校学子要树立担当意识。

实现路径3："自我管理"管理体系

扁平化 - 矩阵式管理。育英学校坚持从问题出发，走动管理，问道教师、问道学生、问道家长的工作原则，以完成教职工的目标认同与价值认同为核心，采取了以校为本、自我诊断的组织变革策略，通过"人事与机构解冻—组织与制度重构—师资培养、协同发展"，实现了学校组织变革，构建了扁平化 - 矩阵式管理体系。扁平化 - 矩阵式管理体系有利于每个人主动性和首创精神的发挥，形成了淡化行政权力、淡化人际关系、风清气正的育人氛围和用学术影响力超越行政影响力引领学校发展的新型治理文化。

自主管理的学生社团。从小学三年级开始，任何学生都可以自愿提出创办社团的申请。学生社团完全由社长自主管理，从提出申请、设计社团章程、协调场地到招新社员、开展日常活动、处理日常管理中的各种问题都由社团自主解决。学生社团完全由社团联合会按照学生社团管理流程（图1-4）进行管理、监督与评价。学生社团实现了学生的自主管理，使学生在社团活动中丰富体验，在担当与责任中健康成长。

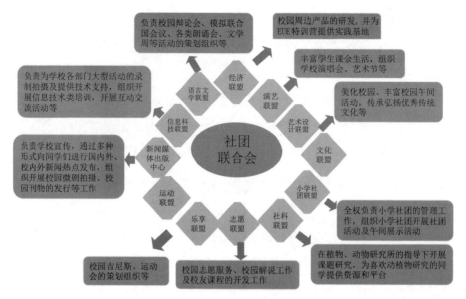

负责校园辩论会、模拟联合国会议、各类朗诵会、文学周等活动的策划组织等

校园周边产品的研发，并为EUE特训营提供实践基地

负责为学校各部门大型活动的录制拍摄及提供技术支持，组织开展信息技术类培训，开展互动交流活动等

丰富学生课余生活，组织学校演唱会、艺术节等

美化校园、丰富校园午间活动，传承弘扬优秀传统文化等

负责学校宣传，通过多种形式向同学们进行国内外、校内外新闻热点发布，组织开展校园微剧拍摄、校园刊物的发行等工作

全权负责小学社团的管理工作，组织小学社团开展社团活动及午间展示活动

校园吉尼斯、运动会的策划组织等

校园志愿服务、校园解说工作及校友课程的开发工作

在植物、动物研究所的指导下开展课题研究，为喜欢动植物研究的同学提供资源和平台

图1-4 学生社团管理流程

定义可能的团委学生会。学校团委以聚似一团火、散作满天星作为团队精神理念，在团代会广泛征集意见的基础上，形成了"我们定义可能——用行动改变看不惯"的育校团委核心价值观与文化标识，构建了育英学校团委学生会组织（图1-5）。学生充分利用电视台、宣传栏、校报校刊、公众号等开展自主管理、自我教育，起到榜样引领的作用。

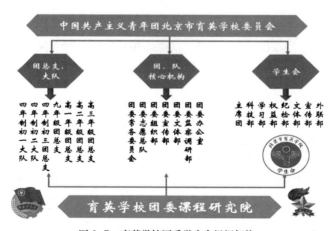

图1-5 育英学校团委学生会组织架构

实现路径 4："自我反思"文化标识体系

学校的文化不仅仅是一两句口号，不仅仅彰显在显眼的文化墙上，而应该体现在学校的一草一木中，一个一个鲜活的自我反思故事承载着学校的文化，一个一个鲜明的文化符号凝聚成学校的精气神。

无论是学校主楼思明楼大厅上悬挂着的《尊重 尊严》，还是王泽龙的《永远的第 11 个凹坑，永远的文明》，抑或是学生随笔中倒下的大柳树，都凝聚成了学校独有的文化标识。

四、成效分析

评价是方法，也是激励。建立和应用自我践行评价系统是"自砺模型"建构的助推器和动力源。经过长达十年的实践探索，学校各方面都取得了丰硕的成果。通过对学校四至九年级的 2178 名学生进行问卷调查，结果发现：

第一，学校德育一体化"自砺模型"育人目标达成度高。学生在行为规范、热爱学习、阳光大气、关心社稷、勇于担当等方面的得分均较高（每项满分 5 分），学校德育一体化育人目标达成度呈较高态势，"自砺模型"育人成效显著。

第二，"阳光大气""热爱学习""行为规范"与学生创新行为有正向相关。通过对"行为规范、热爱学习、阳光大气、关心社稷、勇于担当"五项育人目标分别与学生"创新行为"进行相关分析发现，"阳光大气""热爱学习""行为规范"三个指标与之呈现显著正向相关。

第三，学校德育一体化整体水平可正向预测学生创新行为。数据分析发现，学生的阳光大气、热爱学习、勇于担当、关心社稷及行为规范所表现出来的整体水平能够直接预测出该校学生的创新行为。"自砺模型"的育人功能真正地实现了"静静挂在枝头的桃子"的育人理想。

此外，本研究成果产生了深远的教育影响与社会反响。

2012年9月起，湖南省郴州市永兴县五星学校、北京市延庆区十一中学、北京市育英学校分校等学校纷纷与育英学校建立合作关系，将本成果第一时间在各自单位进行实践，促进了这些学校在课程、教学、文化等方面的建设与发展。

2016年1月8日至9日，育英学校协助中国教育学会举办"基础教育一贯制办学模式创新"研讨会，成果完成人做了大会主发言，四位干部教师作了分论坛发言。

2017年5月9日，北京市海淀区教委召开成果完成人"教育家办学实践研讨会"。

2019年1月25日至26日，北京市海淀区教委召开了成果完成人"普通学校优质发展：理念与行动"研讨会。

2012年3月至2016年12月，育英学校接待来自广东、山东、贵州、四川等省市的兄弟学校同人来访6000余人次。

此外，成果完成人多次受邀在市区乃至全国做一贯制办学专题报告。

2013年9月5日，《城市周刊》报道《育英学校探索中小学一体化路径》。

2014年4月17日，《北京晨报》报道《探寻小初高一体化课程建设与育人模式变革》。

2015—2016年，《中国教育报》《新京报》《北京晨报》分别报道了我校的办学实践与探索。

2016年3月12日，北京电视台以《静静挂在枝头的桃子》为题做我校专访。

2021年7月28日、29日，《中国教育报》在头版头条以"重大典型报道"的方式推出我校育人探索，这是"双减"背景下对学校育人成果的高度认可。

五育并举理念下
中小学生综合素质评价的体系建设与实践探索

一、问题的提出

（一）实施教育综合改革是增强国力的时代需求

国家的强大与否取决于各类人才的质量和数量，综合国力竞争的实质是劳动者素质的竞争，教育是综合国力的基础。随着我国经济建设的加快，国家发展模式已经从知识驱动转为创新驱动，要求劳动者具备劳动能力和创新精神，实现科技强国、人才强国的梦想。在这样的时代背景下，旧有的教育体制已不能满足全面提高劳动者素质的需求，传统的应试教育因其知识灌输式的特点，在一定程度上阻碍着学生的成长，影响了国家发展的速度。要走出现有困境，必须进行教育综合改革，推行素质教育，发展劳动者多方面潜能。这是实现中华民族伟大复兴的必要之举，是教育必须响应的时代需求。

（二）注重五育并举是人才培养的正确方向

培养什么人、怎样培养人、为谁培养人的问题是教育的根本问题。毋庸置疑，教育为国家建设和社会发展培养人才，而立德树人是教育的根本任务。2019 年中共中央、国务院印发的《关于深化教育教学改革全面提高义务教育质量的意见》中指出，要突出德育实效，提升智育水平，强化体育锻炼，增强美育熏陶，加强劳动教育，促进学生全面发展。这对教育者有重大启示：劳动者不仅是知识的掌握者，而且是责任担当者和问题解决者，教育须对智力因素和非智力因素同等重视，只有五育并举地发展各类人才，才能培养出合格的社会主义建设者和接班人。

（三）综合素质评价是教育改革深入的必然选择

评价是教育事业发展的指挥棒。在我国，唯分数、唯升学的评价观曾经深入人心，表现为重视考试分数而忽视综合素质和个性发展、重视最终结果而忽视进步和努力程度、重视选拔功能而忽视育人功能，这严重影响了学生的全面发展和健康成长。要解决这些问题，必须大力推进中小学教育质量综合评价改革，针对德育、智育、体育、美育、劳动教育，综合学生思想道德、学业成就、身心健康、艺术素养、社会实践等素质，以德为先，全方位地评价学生的发展，通过评价引导学生把促进个性化发展作为自己的价值追求。推进综合素质评价，促进学生全面发展，是深化教育改革、促进国家长远发展的必然选择。

（四）综合素质评价面临的瓶颈问题

我国综合素质评价改革已取得一些成就，但片面的评价观仍然存在。要真正破除根深蒂固的陈旧观念，不能只部分地改变评价办法，只有建设科学的综合素质评价体系，以评价促发展，才能实现教育的根本任务。基于目前教育改革的进展，学校面临的瓶颈问题是：什么样的综合素质评价体系能够实现德、智、体、美、劳五育并举，引导学生全面发展？如何通过综合素质评价体系促进育人模式的革新？在这两个核心问题之下，应厘清四个问题：一是综合素质评价都包含哪些内容；二是怎样以综合素质评价促全面发展，引导学生把个性化发展作为自己的价值追求；三是探索如何借由综合素质评价促发学校育人理念的与时俱进；四是怎样用评价推动学校教育治理能力和水平的提高。

二、解决问题的过程与方法

（一）基本过程

育英学校于 1948 年建校，具有悠久的红色历史，经过不断的发展，逐渐发展为一所九年一贯、十二年一体制的学校。从 2012 年至今，学校形成了独具校本特色的综合素质评价体系，全程共经历三个阶段。

1. 决策与筹备

2012 年至 2013 年，校务委员会确定建设学生综合素质评价体系，初步确定理论学习和情况调研的阶段性任务。教师研读建构主义、多元智能等相关理论，学习国家相关政策文件，分学科梳理国家课程标准，在这过程中逐步认识到综合素质评价的重要性，对学生的成长特点、课程建设和评价也有了更深的了解，为建设综合素质评价体系做好了准备。学校还对全体教师、三至八年级的学生及家长进行问卷调研，掌握教师、家长、学生三方的课程需求和建议。

2. 实践与完善

2014 年至 2019 年，学校完成综合素质评价体系的初步建设，建成基础课程、修身课程和发展力课程三类一体的课程评价系统，信息化平台也在同期投入使用。学校多次组织教师赴各地名校学习先进经验，不断改进和完善综合素质评价体系，逐步形成了有利于学生综合素质发展的扁平化组织管理架构，出台了一系列规章制度，保障综合素质评价体系有序运行。

3. 固化与推广

2016 年 9 月至今，育英学校的综合素质评价体系不断完善，各项有效措施和科学方法得以固化。学校一方面陆续在各类教育刊物发表改革成果和成熟经验，另一方面在北京、山东、湖南等多所学校推广育英综合素质评价体系与育人模式，促进了这些学校在多方面的发展，也令学校对自身的综合素质评价体系和育人模式更加自信。

（二）研究方法

1. 文献研究法

教师系统学习国家关于综合素质评价的政策文件，分批研读《教育学原理》等理论著作数十册，学习十几家教育类期刊上有关综合素质评价的文章百余篇。各学科教师认真研读国家课程标准，以一贯制的视角编订了各学科课程标准在育英的实施办法。

2. 调查研究法

学校在 2012 年 12 月和 2013 年 5 月对全体教师、三至八年级学生及家长进行与课程和评价相关的问卷调研，共获得有效问卷两千余份，有效反映了师生和家长对课程的需求。据此，学校在三大课程类别之下创设了丰富多样且具有选择性的课程，激发了学生的学习兴趣，挖掘了学生的个性化潜能，促进了学生综合素质的可持续性发展。

3. 行动研究法

综合素质评价体系的建设和实践按照总体计划有序推行，教师既是研究者又是实践者，不仅掌握基本理论和研究技术，而且进行课程及评价改革，进而改善学校的育人生态，推动学生的全面发展。此外，教师还根据实践评估综合素质评价体系的科学性和有效性，总结经验教训，不断完善，形成良性循环。

三、成果的主要内容

（一）成果的主要内容

1. 建构了五育并举的课程·评价系统

课程是教育思想、教育目标和教育内容的主要载体，体现国家意志，直接影响人才培养质量；评价则显示课程的效果，是教育发展的指挥棒。没有课程建设，评价改革无从谈起；没有评价实施，课程的育人功能无法有效落实。要实现全面育人，课程和评价的改革须并驾齐驱。育英学校建构的课程·评价系统（图1-6）分为基础课程、修身课程、发展力课程三个相互关联、相互渗透的课程类别，涵盖学生德、智、体、美、劳五个方面。基础课程依托国家课程，

图 1-6　课程·评价系统示意图

教育的价值

突出整体性和贯通性，各学科在全学科德育为先的前提下，以一贯制的视角制订校本课程实施办法，有重点地指向学生的智育（语文、数学、英语等学科）、美育（音乐、美术学科）、体育（体育学科）的发展，保证学生在各方面达到国家课标规定的一般性要求，并探索分层培养。修身课程强调引导性和自主性，一到二年级以教师引导为主，三到九年级逐步激发学生的自主行为。发展力课程主要指选修类课程和社团类课程。

依托课程，科学多元的综合素质评价得以实施。教育部《关于全面深化课程改革落实立德树人根本任务的意见》指出，要激励学生积极主动发展，通过多方式、多主体的评价推动评价参与者的自身反省。育英学校的课程评价并不弱化分数，但特别强调过程性评价的占比和实质性，且在表现性评价、展示性评价中倡导自评和互评的多主体评价方式。基础课程综合素质评价框架（表1-1）适用于全学科，评价注重学生的课堂表现、活动参与、小组合作和展示过程，重在激发兴趣、提升自信。学科学期评价由过程性评价和终结性评价结果相加，再分段赋1～10分等级分。发展力课程和修身课程则采取过程性评价的方式，课程出勤、常规表现、活动参与等项目也赋等级分。课程·评价系统全面评价学生，引导学生关注学习的过程，努力降低每一次具体得分对学生的评价影响，避免"分分必争"和"重主科"等功利思想，促进了学生的全面发展。

表1-1　基础课程综合素质评价框架

评价类别	评价内容	参考占比	评价细则的参考内容
过程性评价（占比不低于50%）	课堂常规	10%	学具带齐，按时出勤，不扰乱课堂秩序，能够记录课堂笔记等
	日常作业	10%～20%	按时完成，及时改错，书写整洁等
	平时练习	10%～20%	按实际成绩分为优、良、达标、待达标4个等级
	合作展示（阅读、交流、实验、展示等）	10%	积极参与活动，有合作与展示，有成果

续表

评价类别	评价内容	参考占比	评价细则的参考内容
终结性评价（占比不高于50%）	期中检测（小学没有）	不超过 20%	按实际成绩分为优、良、达标、待达标 4 个等级
	期末检测	不超过 30%	按实际成绩分为优、良、达标、待达标 4 个等级

说明：日常作业和平时练习两项允许选择较好的成绩进行登录。比如，在 10 次作业中选择 8 次最好成绩，在 6 次练习中选择 5 次最好成绩。

2. 建设了完备高效的管理·支撑系统

课程·评价系统需要完备的管理制度和便捷的信息工具进行管理和支撑（图1-7）。学校采用了现代的扁平化管理方式，以年级为中心开展一切教育教学工作。各年级直接向校务委员会汇报工作，各行政中心淡化领导意识，尽力为一线教育教学提供服务和指导，学校的科研中心不间断地指导行动研究，所有部门共同辅助一线教学，为一线教师减负，为学生创造全方位的发展条件。除了构建先进的组织架构，配套制度也是管理的重要手段。学校有详细的教育教学制度，如《教师教学基本工作常规》《对常态教研活动的要求》等，要求教师在教学中注重多维度培养学生，重视过程化评价，帮助学生开展具有实践性、开放性、探究性的活动，致力于学生的全面发展和个性化发展，落实立德树人根本任务。学校有科学的调研制度，每学期围绕课程、课堂、作业等内容进行学生问卷调查，切实了解学校的教学情况，引导教师

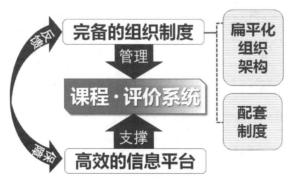

图 1-7　管理·支撑系统示意图

理性分析，推动课程育人水平的提高。学校还有健全的公开制度和申诉制度，学期初公示各学科教学进度和课程评价方案，帮助学生合理规划学习；学期末"两日申诉"制给了学生说话的机会，不仅避免成绩的登统错漏，而且也帮助学生反思成绩，促进后续成长。有效的管理制度保障了课程·评价系统的平稳运行。

为了保证课程·评价系统运行的科学、公正和高效，学校开发了数字化信息工具——育英学校学生成长服务平台。学生的发展力课程和修身课程中的志愿服务等都通过平台自主选定；部分混龄课程采用刷卡签到，刷卡后积分立刻计入电子成绩单，准确且节省人力。该平台还提供学生从三年级开始的所有成长记录，只有学生本人和班主任可以查看，既保护了学生的隐私，又有助于聚焦学生自身成长。网络选课、即时评价、全面查询这三大功能全方位地满足了师生选—评—查的需求，大大减少了评价者的工作量，支撑了课程·评价系统的有序运行。完备的组织制度对信息平台进行指导和管理，平台收集的大数据结果又反馈给各部门，指导组织制度的改进和完善，二者形成良性循环，推进高效管理，保障了综合素质评价体系稳定、可持续的发展。

3.形成了双线并行的发展·规划系统

学校是学生成长的重要场所，学生发展需要学校精心规划、持续培育，学校的规划也要根据学生的成长需要来制订和完善，二者相辅相成。育英学校综合素质评价体系着眼于一贯制的人才长线培养，目标是学生的全面发展和个性化发展。截至 2021 年 2 月，育英学校学生成长服务平台已经记录学生成长数据 170 余万条。数据反映了学生连续性的成长和潜力，便于学校因材施教，也便于学生发展独特的自我。以八年级学生 A 为例：该生基础课程成绩不出色，缺乏自信，小学班主任注意到该生在体育和音乐方面的潜力后（图1-8），推荐其加入校级篮球队和北京市金帆乐团，该生在几年内大幅提高了自信，并在体育和音乐方面得到了长足的发展。学生的连续成长数据还能及时地反映问题，便于教师发现和干预。五年级学生 B 的基础课程和发展力课程成绩优异，但修身课程成绩持续走低（图1-9），随着年龄增长，担当能力没有得到足够的发展和提升。班主任发现后立刻跟进，通过家校共育帮助该生树立正确的价值观，协助其在接下来的生活中逐步改善，引导其全面发展。

选修课程

一级指标	二级指标	年级	学期	课程名称	等级	积分
发展力课程	选修课程	五	2017-2018学年第一学期	管乐团1(社团课)	优秀	5
发展力课程	选修课程	四	2016-2017学年第二学期	女子篮球4(社团课)	优秀	5
发展力课程	选修课程	四	2016-2017学年第一学期	女子篮球3(社团课)	优秀	5
发展力课程	选修课程	四	2016-2017学年第一学期	合唱团1(社团课)	优秀	5
发展力课程	选修课程	四	2016-2017学年第一学期	合唱团2(社团课)	优秀	5
发展力课程	选修课程	四	2016-2017学年第一学期	田径社团1(社团课)	优秀	5
发展力课程	选修课程	四	2016-2017学年第一学期	田径社团2(社团课)	优秀	5
发展力课程	选修课程	四	2016-2017学年第一学期	田径社团3(社团课)	良好	3
发展力课程	选修课程	四	2016-2017学年第一学期	女子篮球2(社团课)	优秀	5
发展力课程	选修课程	三	2015-2016学年第一学期	合唱团小班(社团课)	优秀	5
发展力课程	选修课程	三	2015-2016学年第一学期	拉丁舞1(社团课)	优秀	5
发展力课程	选修课程	三	2015-2016学年第一学期	田径短跑(社团课)	优秀	5
发展力课程	选修课程	三	2015-2016学年第一学期	五子棋中级(棋类)	优秀	5

图1-8　八年级学生A综合素质评价单"发展力课程－选修课"三至五年级成绩

自主管理

一级指标	二级指标	年级	学期	班级职务	等级	积分
修身课程	自主管理	五年级(8班)	2020-2021学年第一学期期末	思品课代表	合格	3
修身课程	自主管理	五年级(8班)	2020-2021学年第一学期期中	思品课代表	合格	3
修身课程	自主管理	四年级(8班)	2019-2020学年第一学期期末	组织委员	良好	4
修身课程	自主管理	四年级(8班)	2019-2020学年第一学期期中	组织委员	良好	4

图1-9　五年级学生B综合素质评价单"修身课程－自主管理"四至五年级成绩

学生的成长数据对学校发展也意义重大。年级主任和班主任可以根据数据分析发现年级和班级中的问题，规划未来目标和发展路径，给学生提供更多机会，推动学生个性化发展。任课教师通过分析网络选课数据发现学生的兴趣点和潜能，根据需求调整课程和教学，激发学生的学习热情。学生的成长数据不断地考量着学校规划的科学性和有效性，学生素质的全面提高也对学校的未来规划提出了更具体的要求，不仅提示学校要固化合理的做法，而且提示学校要不断改进不足和补救偏差。在综合素质评价体系中，学生发展和学校规划双线并行，形成了和谐的发展·规划系统。学生在这一系统中被视为整体的、独特的、发展的人，每一项发展都能得到学校的回应和帮助，而这才是更广义的全面发展。

4.创造了普适易构的评价育人模式

评价的目的不是选拔而是育人，育英学校从五育并举的理念出发，以评价促发展，以评价提升学校治理能力，革新了评价育人的模式，构建了"要什么就评价什么，评价什么就推动什么"的综合素质评价体系（图1-10）。课程·评价系统是体系的核心，用"基础、修身、发展力"三类课程落实课程育人，通过课程和评价推动学生在道德品质、公民素养、学习能力、交流与合作能力、运动与健康、审美与表现等方面的全面发展，引导学生关注自身成长的过程，发现和发展自己的特长；管理·支撑系统为课程·评价系统提供管理服务和技术支持，保障课程·评价系统平稳、有序地运行，还在自身运行中孕育学校独特的育人文化；发展·规划系统不仅仅是课程·评价系统的延伸，更是评价育人模式的最终意义和方向。发展·规划系统为学校提供更具体的规划方案，以期能为学生创造更适合发展的育人环境。整个综合素质评价体系是一个内在联

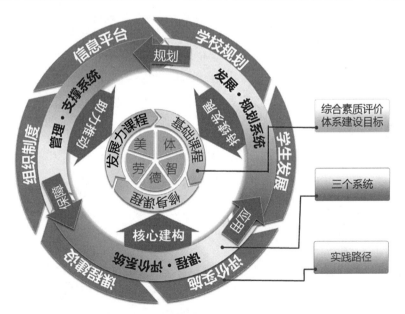

图 1-10 育英学校综合素质评价体系示意图

系的有机整体，围绕着五育课程螺旋式上升，科学且有效地实现了有价值的评价育人。

除科学性和有效性之外，育人模式的价值还涉及综合素质评价体系是否易于构建及育人模式是否值得推广。育英学校义务教育阶段的学生都是就近入学，实行九年一贯的培养方案，各年级学生素质均呈常态分布，这首先就令育英学校的育人模式成为具有普适性的模板。其次，从易构性来看，学校的"基础、修身、发展力"三类课程紧紧围绕五育，涵盖的是基础教育阶段学生所有必备品格及能力，课程评价标准底线明确，简单直观，本着"宜粗不宜细"的原则给予不同评价者充足的创新空间，绝大部分学校都可结合实际情况在此框架下衍生出具有自身特色的课程·评价系统。最后，育英学校的管理模式和制度具有现代化的特点，简捷有效且具有一定的自由度；信息平台独立灵活，不依赖学校的制度运行；管理·支撑系统具有较强的易构性，与课程·评价系统相结合，能够帮助很多学校发展立德树人的长线育人模式，提升学校的教育治理水平，促进学生全面发展。目前，育英学校的育人模式已经在各分校推广，育人效果显著，切实地显示出了这一育人模式巨大的推广价值。

（二）成果的创新点

1.具有校本特色的课程·评价系统凸显了育人价值

育英学校在培养中强调知识学习与思维培养之间的关系、真实生活与价值体认之间的关系、全面发展与志趣发展之间的关系。课程·评价系统的三类课程分别对应这三类关系，把评价的功能从选拔转向育人，关心学生的学习行为，注重学生的社会责任感、创新能力和实践能力的激发和培养，关注学生的全面发展和个性发展，凸显了立德树人的育人价值。

2.综合素质评价大力推动了学校育人模式的变革

综合素质评价指向的不只是评价方式的变化，更是育人理念的变革。育英学校从传统的课程育人拓展到评价育人，借由综合素质评价引发课程、管理、规划、师生理念、家校合作等多方面的革新，集合多方力量培养学生，这是学校育人模式的变革，也是育英学校的创造性贡献。

3. 评价育人模式在一定程度上打破了旧有的评价观念

基础教育阶段仍然存在功利主义教育观，阻碍青少年身心健康发展。育英学校的评价育人模式关注非智力因素，重视全面发展，引导学生把促进个性化发展作为自觉的价值追求。学校给学生提供充分的自主培养的机会，助力学生追求独特的自我。这样的育人模式着眼于教育的长远价值，一定程度上打破了陈旧的评价观念，实现了学校的教育目标。

四、效果与反思

（一）实践效果

1. 初步实现了学生的全面发展

育英学校把学生视为整体的人、发展的人、独特的人，从德、智、体、美、劳五个方面全面培养和评价学生。学生得到尊重、珍视、期待，摆脱了"唯分数"的评价桎梏，形成了健康的价值观和学习观。学生关注自己在群体中表现出的道德品质和社会贡献力，逐步形成了强烈的担当意识，能够客观地看待自己各方面的表现，发现自己的优势，积极地进行自主发展，在一贯制的综合素质评价体系中，在思想品德、学习成绩、创新能力和实践能力等诸多方面得到提升，初步实现了全面发展。

2. 有效推动了教师的观念更新

评价方式的转变促进教师重新认识课程，鼓励教师不仅要深研课程，而且要加强对教育教学理论的学习，形成大课程观。这促进了教师跨学段、跨学科的沟通与合作，鼓励教师在教学中不断探索如何通过课程推动学生全面发展和通过全学科育人实现学校整体育人功能的最大化。在课程和评价的改革中，教师更新了育人理念，愿意深入了解学生，从多个维度看待和评价学生，发现和重视学生的个性化发展，想方设法地因材施教，分层培养和帮扶学生。

3.创新发展了学校的文化育人

综合素质评价体系的实施使育英学校的育人方式切实地发生了改变：更新了课程，改革了评价，提升了教学管理能力，改善了学校的育人环境，促进了育人文化的形成。学校提出培养"行为规范、热爱学习、阳光大气、关心社稷、勇于担当的国家栋梁"目标，提出"静静挂在枝头的桃子"这样诗意而意味深长的校风，尽一切努力回应学生的发展需求，帮助学生发现自己，追求更好的自己。

4.辐射带动了更多区域的教育发展

2016—2020年这五年间，育英学校在课程建设和评价等诸多方面累计获得200余项国家级或市区级奖项，举办或承办国家级或市区级教育活动10余次，接待全国各地同人来访10000余人次，多次受邀做学校育人模式变革专题报告。多所学校借鉴了育英学校的育人模式和综合素质评价体系，实现了多方面的建设与发展。育英学校已成为北京市仅有的几所可以使用自主平台进行初中生综合素质评价的学校，这是基础教育评价改革的创新示范，未来也将带动和影响更多的区域。

（二）反思展望

1.综合素质评价要更关注增值评价

2020年10月，中共中央、国务院印发《深化新时代教育评价改革总体方案》，要求"坚持科学有效，改进结果评价，强化过程评价，探索增值评价，健全综合评价"。增值评价能够进一步避免一次的、具体的成绩对学生的影响。综合素质评价要更加健全，须在增值评价上有更多作为，如何科学地评价学生在思想道德、学业成就、身心健康、艺术素养、社会实践几个方面的表现增值，是下一步工作的重点。

2.综合素质评价应更深入地研究过程评价的标准

综合素质评价要求强化过程评价，教师应关注学生的学习过程，重视一切有价值、非预期的学习结果。但多年的实践证明，虽然教师的评价内容和评价目标是统一的，但是过程评价会受到教师个人认知的影响，仍然带有一定的主观性，在实际操作中存在评价标准不一致的问题，影响评价的公平性。如何一方面保证过程评价"宜粗不宜细"，另一方面尽量保证较高程度的标准一致，也应是下一步评价改革的重点。

中小学综合素质评价的实施是教育改革成功的"最后一公里"，教育要培养以德为先、充满创新精神的社会主义建设者和接班人，就要用这样的标准去评价学生，引导学生全面发展。中小学综合素质评价的未来还大有可为，育英学校要进一步探索价值多元和手段多样，深入挖掘五育并举的内涵，在更高层次上实现立德树人。

以综合素质评价撬动学校育人方式变革

2020年，中共中央、国务院印发《深化新时代教育评价改革总体方案》，明确提出"完善立德树人体制机制，扭转不科学的教育评价导向"，坚决破"五唯"，提高教育治理能力。这是新中国第一个关于教育评价系统改革的文件，也是指导深化新时代教育评价改革的纲领性文件，破立并举，旨在从根本上解决教育改革"最后一公里"的问题。育英学校坚持立德树人，坚持五育并举，从2012年开始研发和实践学生综合素质评价体系，走上了以综合素质评价撬动学校育人方式变革的探索之路。

一、开发促进学生全面发展的综合素质评价体系

育英学校于1948年建校于西柏坡，1949年跟随党中央迁入北京，具有悠久的红色历史，经过不断的发展逐渐建设成为九年一贯、十二年一体制的学校。育英学校从2012年开始建设具有育英特色的综合素质评价体系。

（一）厘清综合素质评价的育人逻辑

教育评价是对教育质量效果的评定，评价内容与评价方式的改革直接影响

教育教学的全过程。有了明确的评价标准，教育教学就有了明确的方向，从而促进学校教育从"育分"导向转向"育人"追求。同时，伴随教育评价标准的变革，原有的学校教育教学体系显然不能适应新评价标准的要求，学校必然会围绕新时代教育评价标准，构建丰富多样、可选择的课程体系，构建全员育人的全面培养体系，形成立德树人的落实机制。这是学校育人的核心内容，这一核心内容的改变，就是学校育人方式的变革，这个过程正是以评价改革撬动学校育人方式变革的过程。

（二）梳理育英学子综合素质发展指标

综合素质是指一个人各方面素质的综合，涵盖了个人所呈现的内在的、外在的、精神的方方面面。综合素质评价是对一定时期内综合素质与能力的评定，一般包括五个维度：思想品德、学业水平、身心健康、艺术素养、社会实践。育英学校将综合素质评价内容与学校育人目标相结合，梳理出育英学子综合素质发展指标，即热爱学习（主动、合作、体验、质疑）、阳光大气（乐观、包容、分享、坚强）、行为规范（尊重、遵守、敬畏、有序）、勇于担当（勇敢、机智、进取、负责）、关心社稷（爱国、明理、感恩、珍惜），并在此基础上构建了综合素质评价体系。

（三）构建促进学生全面发展的综合素质评价体系

育英学校综合素质评价体系由课程·评价系统、管理·支撑系统、发展·规划系统构成。课程·评价系统是核心，围绕德、智、体、美、劳五个方面，以"基础、修身、发展"三类课程为载体落实课程育人，通过课程和评价推动学生在思想品德、学业水平、身心健康、艺术素养、社会实践领域的全面发展。整个评价以"北京市育英学校学生综合素质评价积分表"为依托，采取过程性评价与终结性评价相结合的原则，学生本人、班级同学、班主任、任课教师、家长、学校教育教学部门各评价主体根据评价要素进行客观记录和打分，再以不同算法折合成积分，所有积分之和为该学生在该学期的综合素质积分，班级学生积分之和是优秀班主任的评选依据。管理·支撑系统为课程·评价系统提供管理服务和技术支持，保障核心系统平稳、有序运行，培训、申诉等各项制度保证评价结果的客观公正，评价过程全部在育英学校学生成长服务平台完成。发展·规划系统不仅是核心系统的延伸，而且是评价育人的最终意义和方向。班主任依据综合素质评价积分可以一目了然地看出学生的学科优势、兴趣特长、成长偏好及存在的问题，从而更有针对性地引导学生合理规划、扬长补短、全面发展，评价结果成为引领学生前进的方向。此体系的积分制评价方式，打破了"唯分数"观念，引导全校师生从关注"分数"到重视"人的发展"，发挥了评价育人功能，对整个学校育人方式的变革起到撬动作用。

二、以综合素质评价撬动学校育人方式变革

育人体系是学校实施育人工作的载体，变革育人方式实际上就是变革育人体系。学校育人体系一般包括学校文化体系、学校治理体系、课程建设体系、教学研究体系、学生评价体系等内容。以综合素质评价撬动学校育人方式变革，实际上是将评价前置，从评价改革入手，构建促进学生全面发展的综合素质评价体系，再以评价改革成果—综合素质评价体系—反推、优化、革新其他各项体系，以形成促进学生全面发展的整体育人体系。育英学校以综合素质评价撬动学校育人方式变革，即以综合素质评价体系为核心，学校文化体系、学校治理体系、课程建设体系和教学研究体系相得益彰，相互支撑，共同促进学校育人方式的变革（图 1-11）。

（一）构建以"责任担当"为核心的学校文化体系

以德为先、五育并举是育英学校综合素质评价体系建构的指导思想。2011 年以来，学校将红色历史、学制特点与社会主义核心价值观相融合，明确提出办学宗旨与办学使命，并对原有培养目标增加"关心社稷、勇于担当"两个核心词汇，形成新的育人目标，即培养"行为规范、热爱学习、阳光大气、关心社稷、勇于担当的国家栋梁"。同时，将原有的校风、校训、

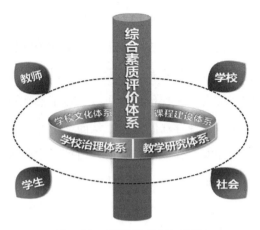

图 1-11　育英学校育人体系框架

学风重新梳理，形成了基于红色文化，凸显爱国、责任、担当的精神文化。为了将这一精神文化更好地扎根于师生心中，学校在校园里植入了丰富的红色文化和中华优秀传统文化元素。例如，刻有"祖国 真理 责任"的江山社稷石，写有"天下兴亡 匹夫有责"的毕业门，刻有民族英雄形象的英雄墙等。师生每天行走其中，感悟其间，成长其中。目前，这一文化体系已经深入广大师生心中，全校师生牢记"好好学习 好好学习"校训，积极践行"静静挂在枝头的桃子"校风，学生努力做到懂规矩、守礼仪、有教养，教师努力做到以身示范、为人师表，校长努力做到心无旁骛、静心办学。

（二）创建以"低耗高效"为取向的学校管理体系

培养全面发展的人，需要学校各个部门、每位教职工都参与其中，建设其中。对此，学校采取以校为本、自我诊断的组织变革策略，通过"人事解冻、机构解冻—组织重构、制度重构—师资培养、协同发展"实现了学校组织变革，摒弃了原来的科层式管理，创建了扁平化-矩阵式管理体系（图1-1）。

此体系由"四中心一院六学部（校区）"组成。各中心主任和各学部（校区）

主任都直接对接校务委员会,避免了以往因层级多导致的消耗现象。"四中心"依据自己的工作属性做好本中心的服务工作;各学部(校区)主任负责本学部(校区)的教育教学和人事聘任工作,享有调动学校各种教育资源的权利;课程研究院面对各学部,探索与之相匹配的课程开发、课程管理及课程评价机制。此体系促使学校各部形成了一种责任共识:每一个人都要对学校的整体育人事业负责,都要对每一位学生的全面发展负责。每一位教职工都有权调动、安排学校的所有资源,都有义务全方位、全过程地参与、组织、管理学校的所有教育教学活动,不断提升各方面能力。学校有责任满足学生提出的个性化发展需求,每一位学生都可以参与到学校生活中来。实践证明,此体系在压缩组织结构层级的基础上,减少了无效或低效劳动,让师生的需求以最快的速度得以回应。同时,此体系构建了学部(校区)与学科共同对教育教学质量负责、各有侧重、协同作战的机制,使学校的治理结构更有利于各学部(校区)资源的整合,更有利于促进学生全面发展。

(三)建构以"生活逻辑"为主线的课程建设体系

综合素质评价的顺利实施,坚定了学校对原有课程建设的信心,也暴露出原有课程结构和课程实施之间存在的问题。对此,学校进一步厘清了基础课程、修身课程和发展力课程的逻辑关系与课程内容设置,明晰了整个课程建设从"学科逻辑"向"生活逻辑"转化的方向,引导教师基于学生成长的真实环境与真实需要设计课程、重组知识,从学生认知规律的角度组织学习活动。三大课程各成体系,各有侧重,但因最终都要作用于学生身上而在逻辑上又有所交叉,基础课程即国家必修课程,指向国家课程校本化,强调高质量落实"四基",同时必须保持学科育人与学生优势能力培养,将修身课程和发展力课程内嵌其中。修身课程以"修仁、修智、修义、修礼、修信"为目标,以践行常规、自主管理、志愿服务为载体,"五修"侧重对应基础课程的五个领域,即"修仁——语言与人文",在语言文字的熏陶中培养仁爱和仁德思想;"修智——科学与技术",在数学、科学中提升思维智慧;"修义——体育与健康",

用身心健康涵养大气大义；"修礼——艺术与审美"，在美育中塑造礼节礼仪；"修信——综合实践活动"，在活动中培养信誉、信念与信心，为学生注入成长发育的精神之钙。发展力课程包括选修、社团、终身技能等，指向学生主动发展、思维优化、实践创造，是实现学生成长的强固之本。三大课程为落实五育并举提供了内容基础、实践路径和价值引领，体现了学校在办学中实现国家意志的过程。

（四）研制以"知行合一"为指向的教学研究体系

教学研究是提高教学质量的根本保证，是实施学生综合素质发展的背后支撑。以分数为导向的传统课堂，侧重知识本身的研究，而以综合素质发展为指向的新课堂，注重的是人的成长的研究。如何构建学校的教学研究体系，王阳明的"知行合一"思想提供了审视和探寻的新视角。此体系的核心内容是教材研究、课堂研究和学习效果研究，旨在改变教学中偏重知识而忽略人的发展的现象。教材研究聚焦知识的来龙去脉、内部结构与外部联系、教材编排的逻辑层次与重点难点，以及辅栏内容和课后习题等，以建立整体的教材观。课堂研究是对教材研究的呈现与检验，重在对学习目标、教学环节、教学原则、教师主导作用的表现、教师课堂管理的新变化及教学价值的体现等问题的理解与把握。学习效果研究主要是围绕作业量、作业收获和课堂效率三要素进行调研与分析，作业量小、作业收获大、课堂效率高是最理想状态。教材研究是"知"，课堂研究是"行"，学习效果研究是"知行合一"的体现，当"知"和"行"统一时，落在学生身上的效果就不言而喻了。

三、综合素质评价的实践效果与反思

（一）实践效果

一是综合素质评价促使学生成长更具发展性。育英学校综合素质评价体系注重发现和发展学生的潜能，了解学生发展中的需求，帮助学生认识自我、建立自信、做好规划，促进了学生在原有水平上的提升，充分发挥了评价的育人功能。此体系以课程评价为中心，基础课程评价引领学生积蓄未来发展的基础能力；修身课程评价引导学生修养道德、心态端正、心意真诚，建立高雅的内在气质与规范的外在行为；发展力课程评价使学生的高阶思维得到训练和培养。整个评价体系有助于学校树立科学的教育质量观、学生发展观、全面成才观，从而培养德智体美劳全面发展的社会主义建设者和接班人，为学生终身发展奠定坚实基础。

二是育人方式变革促使教师育人更具深刻性。以综合素质评价体系为核心的学校育人体系，不仅促进了教师的专业发展，而且激发了教师对如何育人、育什么人的探索。"我为文明代言""为了祖国 好好学习""人人有事做，事事有人管""高中生到小学做志愿教师""为期一周的食堂、保安、保洁体验""打破年级的'寻宝乐'活动课程""鼓励学生多参与社团活动"……这些不仅仅是教师教育智慧的彰显，更多的是教师教育理念的转变与育人方式的变革。这样的改变，使教师摆脱了以往"唯分数"的桎梏，更多地去关注学生综合素质特别是非智力因素的培养与发展。

三是育人体系建设促使学校变革更具系统性。系统论追求的是整体观念及部分之间的相互联系。以综合素质评价为杠杆的学校育人方式变革，从系统论的角度出发，把学生综合素质评价与学校文化、学校治理、课程建设和教学研究建立起相互联系、相互作用的有机整体，将学校中的各要素，诸如宏观方面的各个年级与微观方面的各个年级中的教师与学生、学校管理者相互关联，并纳入整个育人体系中，使之在动态发展的过程中相互促进，共同提升，促进了学校办学的系统化发展。

（二）实践反思

一是综合素质评价的实施是学校素质教育的自觉与内省。素质教育实施多年，但推行起来仍困难重重。应试教育顽疾难除，学校教育过分注重知识传授和应试操练，学生实践和创新能力不足、问题解决能力较弱。教育功利化倾向严重，学生课业负担过重现象尚存……要解决这些问题，关键是育人方式的变革，综合素质评价是撬动育人方式变革的杠杆，亦是学校素质教育的自觉与内省。

二是综合素质评价本身的教育性应该成为教育的一个重要过程。素质教育注重发掘教育的内在价值，综合素质评价是重在体现教育内在价值的评价，评价本身的教育性应该成为重要的教育过程，这应该是综合素质评价最可宝贵的品质。综合素质评价应该做到评价目标育人、评价内容育人、评价过程育人和评价结果育人。

三是综合素质评价注重过程性、形成性，不一定要以结果性、终结性呈现。综合素质评价是为了扭转唯分数、唯升学等弊端而推出的一项具有引导性的改革举措。综合素质是一个人各方面素质的综合，它涵盖了个人所呈现的内在的、外在的、精神的方方面面。综合素质评价标准应当是全方位的、开放的和更具弹性的，评价原则应是立足过程，促进发展，不一定要以结果性、终结性呈现，这样才能真正达到综合素质整体性评价、个性化评价和鉴赏式评价的目的。

教育浚源

学校教育的真正价值是激发学生向上发展的动力。要实现这一目标，学校需要做出大胆的"破"与"立"，这不仅是教育行为的体现，而且是教育理念与教育思想的真正落地。

教育是向学生传递生命的气息

"教育的目的是向人类传递生命的气息"，当我第一次读到印度诗人泰戈尔说的这句话时，很是不解：人类本就是生命的高等形式，为什么说向生命传递生命的气息呢？后来，随着对教育工作的不断理解，我慢慢地领悟到，其实对学校教育来讲，生命的气息就是美的气息，生命的气息就是爱的气息。2011年6月我就任育英学校校长后，我努力地在校园中营造这样的气息。

苏霍姆林斯基说："美是人的道德财富的源泉……学校的任务就是在孩提时期、在身心系统幼年期，使得美成为德育的有力手段。"学校是育人的地方，"美"要依靠"美"来塑造。所以，我们对学校重新做了设计和改造，比如，校园里的石头连廊全部换成木质的，让学生在冬天坐上去也不再冰冷。曾经有人问我什么是学校美，我回答："有树、有花园等自然景观是学校美，但作为学校管理者而言，真正的学校美是学校的建设要适合学生的生活、顺应学生天性。"

历时四年，我们打造出了一座"最美校园"，而一个美丽的、充满生命气息的校园注定能够培养出真善美的学生。

经过五年的探索与实践，2016年我们梳理出育英的教育品质：在关注学校教育社会化功能的同时，更加尊重学生的丰富性、多样性，更加注重发现、发挥学生的潜能，帮助每一位学生追寻属于自己的未来。具体来讲，育英教育品质表现在三个维度上：让师生之间、生生之间的彼此关照和相互温暖充盈在教育的每一个环节里；校园生活是学生当下生活的重要部分，学校教育要积极促进学生的生命成长；课堂不只是为了掌握正确的知识、找到正确的答案，更要激发学生的学习潜能、激活学生的创意与灵感。

又过了五年，我们梳理出育英学校关于德育工作的六条主张：

1. 教育者要有平民情怀，要跳出教育看教育。

2. 对未成年学生不要轻易上升到"德"的层面去评判。

3. 学生和校园环境的交互能使学生更具精神品质。

4. 积极支持学生同龄之间、混龄之间的健康交往和志趣交往。

5. 在学生真实而丰富的校园生活中，习惯、目标、体验、榜样等应成为学生成长的主要动力要素。

6. 学生培养要处理好三对关系。第一，全面发展与志趣发展之间的关系；第二，知识学习与思维培养之间的关系；第三，真实生活与价值体认之间的关系。

在育英的校园里，一些情景日常可见——

中学生给小学生当运动会志愿者；高一2班和七年级2班结成成长姊妹班；中学生到小学生开设的育·英大讲堂去捧场；中学生看到小学生来打篮球，就把场地主动让给他们；高考结束后，五名高三学生自发组织无偿献血；教师把父母不在身边的学生接到自己家里去照顾……

一所充满关爱的温馨学校，注定能培养出富有爱心的学生。我现在可以非常自信地说："在这所学校，不可能发生中学生欺负小学生的问题。"

美丽的校园和育英人充满爱的最美行为，体现了育英学校的精神追求与教育信仰，也自然而然地向学生传递着生命的气息。自然之美与人文之美相谐相成，生生不息地沉淀出最有价值的教育力量。

学校要帮助学生"折腾"

穿过育英学校东南角一扇古色古香的圆拱门，有一个校园书店，名字叫"墨韵阁"。走进墨韵阁，我们会看到米色的墙纸上零散地点缀着字母，让单一的色调多了几分书卷气息。环顾一周，200平方米大小的空间里，错落有致地摆放着原木色的书架和书桌，靠墙的一角还温馨地搭配了舒适的软垫，绿植、鲜花在各个角落更是随处可见。墙面上大小不一的书格里，《呐喊》《红楼梦》等图书与手工艺品放置在一起。

从设计到维护再到运营，墨韵阁完全是由李欣怡同学和白羽同学带领其团队成员一手完成的。她们花了将近一年的时间，在校园中为同学们营造出这样一个书香乐园。

学生为什么要建立墨韵阁？我们又为什么放手让学生"折腾"呢？李欣怡和白羽从七年级开始就担任学校"流动图书馆"的志愿者。在工作中，她们发现了"流动图书馆"存在的一些问题：图书更新速度较慢，容易破损；有同学忘了关上书架的玻璃推拉门，树叶、灰尘等就会落入书架；由于场地和书目限制，"流动图书馆"里的图书不能满足学生的需求。怎么解决这些问题呢？经过思考、讨论，李欣怡和白羽有了一个想法——能不能为同学们提供一个满足各种阅读需求的校园书吧？

2015年3月，两个人抱着试试看的心态，向我递交了一份开设校园书吧的计划书。我为两个孩子的热情和理想感到兴奋，也对她们的方案很感兴趣。第二天，我就面对面地给她们的计划书提了一些意见，并明确表示将学校东南角那块本来打算建便利超市的地方留给她们，让她们实现"校园书香梦"。

在学校的大力支持下，两个孩子花了半年多的时间建成了育英学校第一个校园书吧——墨韵阁。墨韵阁是一个集看书、交流、买书于一体的校园书吧，于2015年12月28日正式"开业"。墨韵阁由李欣怡和白羽自主运营，她们的"生意"很不错，开业第一周就卖空了大半个书架。每天中午，那里都会聚集很多喜爱读书的学生。从此，墨韵阁成了学校一道独特的风景。

有到学校参观的同人曾经问我，为什么让学生这么"折腾"？我说："学校要成就学生的梦想。"

学校应该是一个让学生有梦想的地方，每一位教师都要积极引导每一名学生拥有自己的梦想。有梦想才有未来。从国家层面看，今天的学生是未来国家发展的希望，他们有梦想，国家才有希望；从学生个体看，梦想是成长的源泉，有梦想才有成长的动力。正是因为有了梦想，李欣怡、白羽及其团队才努力地学习设计、运营等知识，学习理解、交往和合作，在实践中提升自己的综合素养。

学校应该是一个帮助学生实现美好梦想的地方，每一位教师都要主动帮助每一名学生实现美好梦想。在实现美好梦想的过程中，学生可以更好地认识自我、认识他人、认识社会，更好地成长、成才。对于李欣怡、白羽及其团队来说，修建一个书吧是她们当下的梦想。而这个梦想是关于阅读的，是关于为其他同学提供服务的，这个梦想是美好的。每一个美好梦想都值得被呵护，每一个美好梦想的实现都能让生命更美好。在学校的帮助下，她们靠着自己的努力实现了梦想，这个过程必将为她们未来树立更大的梦想并为之努力奠定实践基础。

现在，墨韵阁从最初两个学生的想法已经发展成学校的一个品牌社团，社团中有高中生、初中生、小学生，他们既是书店的"店员"，又是成长的同伴，更是志同道合的伙伴。他们共同设计、规划、运营，共同体验成功的喜悦和挑战的压力。在"折腾"中，他们不断认识自己、发现自己、发展自己、超越自己。

墨韵阁是学校的一道美丽风景，更是学校教育的一个小小缩影。学校是学生走向社会之前的实践基地，是学生走向社会的必经之地，必须让学生在这里"折腾"，在"折腾"中成功，在"折腾"中犯错，在"折腾"中体验成长。

因此，学校要努力让校园里的教育元素丰富起来，让更多学生在校园生活中为未来奠基。墨云阁社团只是育英学校百余个社团中的一个。为了帮助学生发现自己的特长与优势，主动地挖掘潜能，承担学校和社会责任，学校尽可能地为学生的发展搭建平台，引导学生自主创建社团、发展社团，在参与社团活动的过程中习得多方面的能力与素养，并进行迁移，助力其成为"行为规范、热爱学习、阳光大气、关心社稷、勇于担当的国家栋梁"。

阶梯性行为习惯培养指标体系：给成长照镜子

2014年9月15日，我听了七年级和高一年级的两节班会课。因为都是起始年级，所以班会课的主题都是围绕"习惯"二字展开的。更为巧合的是，两节班会课都是基于学校的育人目标，引导学生分析、归纳出相对应的应该养成的良好习惯。在最后的展示分享环节，两节班会课都列出了几十条须在日常的学习和生活中遵守或培养的好习惯。

在这些好习惯中，给我留下深刻印象的是，两个年级都提到了"别人讲话时要认真倾听，不要打断别人""遇事冷静思考，选择合适的方法解决，要考虑自己行为对他人的影响"。班会课研讨环节，我将给我留下深刻印象的两句话写在了黑板上，请研讨教师指出发生这两种现象的适合年龄。很显然，"别人讲话时要认真倾听，不要打断别人"适合七年级学生的认知和心理特点，将其放到高一学生身上去看，标准显得有点低。而"遇事冷静思考，选择合适的方法解决，要考虑自己行为对他人的影响"显然是针对高中学生的年龄特点提出来的，对七年级学生来说，标准提得有点高了。

出现这样的问题，源于我们对学生良好行为习惯的培养没有一个渐进的、有梯度的指标体系做依据，到了教师和学生层面，就会出现重复或不符合学生年龄特点的判断标准。

育英学校是一所一贯制学校，逐次递进、持续不断地培养学生的良好行为习惯是我们的优势。所以，我们需要为师生提供一套基于不同年段、学段学生的行为习惯培养指标体系，这样我们的教师和学生才能有据可依，才能有的放矢地开展工作。由此，我们组建了育英学校行为习惯培养项目组，主要成员包括学部主任、年级主任、部分班主任及学科教师，项目组由教育服务中心负责人统领，核心任务就是研制育英学校阶梯性行为习惯培养指标体系。

功夫不负有心人，经过历时一年的学习、研讨及专家指导，项目组围绕学校培养"行为规范、热爱学习、阳光大气、关心社稷、勇于担当的国家栋梁"的育人目标，针对目前社会上无视规则、违反规则等失范行为的出现，根据学生身心发展规律，构建了"育英学校学生阶梯性行为习惯培养指标体系"，明确了一至十二年级每个年级重点培养的行为习惯及具体内容，目的是在不同年段、学段有针对性地培养学生良好的行为习惯，并保障这种良好习惯能够一以贯之地坚持并内化。

2015 年 7 月，"育英学校学生阶梯性行为习惯培养指标体系"交由全校师生讨论。2015 年 9 月开始正式实施。

在这个阶梯性行为习惯培养指标体系中，七年级的"别人讲话时要认真倾听，不要打断别人"这项指标，在高一年级表述为："与他人交流，用心倾听，尊重不同意见。"显然，高一年级的指标层次是高于七年级的。对于高一年级的"遇事冷静思考，选择合适的方法解决，要考虑自己行为对他人的影响"这一指标，我们对七年级学生给出了这样的表述："受到他人批评时，推迟三分钟再做解释。"这样反复推敲后的指标设定，明晰了学生行为习惯培养的层次性、递进性和价值性。阶梯性行为习惯培养指标体系是一个自我认知体系，体系中的各项指标都可以引导学生随时随地对自己的所作所为进行自我观察、自我评价及自我修正；阶梯性行为习惯培养指标体系是一个目标方向体系，无论是教师还是学生，看到这个指标体系就看到了前行的方向；阶梯性行为习惯培养指标体系是一个任务驱动体系，指标中的各个细目就是教师育人的核心工作，就是学生规范成长的驱动力；阶梯性行为习惯培养指标体系是一个成长发展体系，它尊重人的成长规律，给出了成长过程中的发展期待，既脚踏实地，又仰望星空。

学校要引导学生更好地把握业余时间

"进一步减轻义务教育阶段学生作业负担"是"双减"内容之一，也是学校落实"双减"工作的切入点。"双减"政策为什么是从作业切入呢？我们不妨看看"作"字的写法和"业"字的含义。"作"字左侧是"亻"，是"人"字的变形体，意为"站立起来的人"。"业"字更多地是指职务、工作岗位、学习的功课、重大的成就或功劳，常用词语为职业、事业、学业、创业、业绩等。两个字合在一起，意为立足本职，做好本职，不断取得新的成绩，这个过程就是从"人"到"亻"的过程。

对学生而言，最为重要的是"学业"，这既包括常规意义上的学习任务，也包括个人的学术志趣与特长爱好，前者主要指上学期间的学习，后者则是放学后对业余时间的把握与处理，二者对个人成长同等重要。但前者因有学校规则的约束和教师的督导，学生之间差异不大，真正使学生之间形成较大差异的是放学后的业余时间。

如何引导学生利用好业余时间，促进学生从"人"到"亻"的转化，应该是"双减"落地的旨归。

第一，要引导学生认识业余时间的重要性。

有计划地、充分地、持续地利用好业余时间，是人与人之间产生差距的关键。课堂上学习的专注度、参与度等因素固然会在一定程度上影响学生的进步与成长，但真正导致学生之间产生较大差距的一定是放学后的业余时间。很多学生包括一些家长都认为完成作业是一天学习的结束，这样的认识往往会导致作业拖拉、作业质量低效，进而影响睡眠时间，甚至影响第二天的校内学习，长此以往就会形成"作业拖拉—睡眠不足—课堂低效—作业拖拉"的不良循环。

对学生而言，认识业余时间重要性的外在表现就是制定业余时间目标。这里介绍一个SMART目标设定原则。S：Specific（具体明确的），M：

Measurable（可衡量的），A：Achievable（可达成的），R：Realistic（实际的），T：Time limited（有时间限制的）。依据这一原则，设定实现目标的因素包括人员、内容、策略等。值得注意的是，这个目标的设定，一定是基于两个方面设计的：一是课堂学习的重温与拓展，二是自身学术志趣的推进与发展。

第二，要督导学生做好业余时间的规划与管理。

"双减"之后，学生的业余时间明显增多，如何安排这些业余时间？对学生而言，最简单又最行之有效的利用业余时间的方法是专时专用，即将业余时间分段，不同时间段设定不同的任务，到了相应时间段即使没有完成本时段的任务也要停下来，按照计划实施下一时间段的新任务。在所有时间段结束后，总结各时间段里任务完成的情况，特别要反思未完成预定任务的原因。长期坚持，既能合理、充分地利用业余时间，又能提高做事情的专注度和效率，对学生未来的工作和生活都将大有裨益。

管理学上有一个四象限时间管理法。这个方法是将所有的事情分为四大类，即重要且紧急事务、不重要但紧急事务、不重要不紧急事务、重要但不紧急事务。四象限时间管理法最主要的观点是要将精力和时间放在那些重要但不紧急的事情上，其他事情则只要事先做好准备，都可以很好地完成。从长远来看，业余时间的管理与利用就是重要但不紧急的事务，要做好这类事务，最需要未雨绸缪。

第三，要指导学生掌握业余时间的学习方法。

关于业余时间的学习方法，更多的是指做作业的方法。如何做作业呢？我曾经做过一项关于完成作业的问卷调查，其中有这样一道题目："关于课后写作业，你通常是：a.打开作业本直接写作业；b.复习课堂内容后再写作业；c.边写作业边看书，处理作业过程中不会的题目；d.写作业过程中一遇到不会的题目就查阅资料或请教他人。"这是一道多选题，涉及a、c、d三个选项的学生超过90%，涉及b选项的学生不足15%。可见，学生每天都在做作业，但绝大多数学生都没有掌握做作业的方法，一味地为做作业而做作业。

德国心理学家艾宾浩斯的遗忘曲线告诉我们，人类大脑对新事物的遗忘是有规律的，即遗忘在学习之后立即开始，且遗忘进程不均匀，最初遗忘速度快，以后逐渐缓慢。所学知识如不抓紧复习，一天后只剩下原来的 30% 左右。这体现出了"先复习课堂内容后再写作业"的意义和价值所在，这恰恰就是业余时间做作业的科学方法。

要实现成为"站立的人"的目标，就要不断完成自己遇到的"业"。成年人的世界里主要是职业、事业、产业、家业等，学生更多的是"课业"。学校需要在校内做好"课"的工作，同时也要帮助学生处理好校外"业"的问题。

让校园和谐"感觉百分百"

环境育人是十分重要的。如何用"美"来塑造"美"？育英学校首先明确了环境设计的基本定位：育英的校园既要为师生提供生活的物质环境，也要为师生提供精神家园，让校园因充盈高品质的文化内涵而更美。

校园美了，学生喜欢了，作为在学校教育工作中起着主导作用的干部教师的价值取向、思维方式和言行举止要和校园环境相匹配就成为校园环境建设中十分重要的部分。进一步讲，学校的教育不仅体现在环境建设方面，而且要通过教师自觉的、智慧的、创造性的教育行为来体现。因此，如何最大限度地调动教师的工作热情，是学校管理者必须思考和解决的问题。为此，在全面建造物化的最美校园的同时，育英学校着手建立了扁平化 - 矩阵式管理机制。

也就是说，对于学校而言，校长做好思想引领固然重要，但更重要的是学校必须树立依靠教师来办学的价值取向，引领干部教师成为校园中最美的人、最可爱的人。扁平化 - 矩阵式管理就是一种充分相信教师、依靠教师、挖掘每一位教师的工作潜能的管理方式。实践证明，扁平化 - 矩阵式管理压缩了组织层级，减少了无效劳动，让师生的需求以最快的速度得以回应。学部与学科共同对教育教学质量负责、各有侧重、协同作战。全校教师形成了这样一种责任共识：每一个人都要对学校的整体育人事业负责，都要对每一位学生的全面发展负责。

我们梳理出了塑造最美育英教师的《北京市育英学校工作文化——教职工行动准则"十条"》：

1. 与新中国一起走来，国家的利益高于一切，学校的利益高于一切。

2. 敬畏制度，规范管理；对岗位负责，就是对自己负责。

3. 关心学生，细致入微，主动承担起建立良好师生关系的责任。

4. 在对学生严格要求的同时，必须通过恰当的方式让学生感受到关爱。

5. 靠人格和学识赢得学生的尊重和热爱。

6. 教学业绩体现在学生的成长中。

7. 一次挑战，就是一次成长的契机，相信办法总比困难多，懂得解决问题才能进步的道理。

8. 注重沟通、交流，任何事情都是可以沟通和交流的。

9. 关心同事，传递赞美，为别人的进步与成长喝彩。

10. 包容不同的个性，原谅尚有的缺憾；减少抱怨，以阳光的心态待人处事。

美丽的校园和育英人充满爱的最美行为，存在着紧密的内在联系：在美化了环境之后，我们对处于其中的人相应地提出了更高的标准。这样的导向性与环境本身具备的激发性产生了长效化的叠加效应。扁平化-矩阵式管理和《北京市育英学校工作文化——教职工行动准则"十条"》体现了育英学校的精神追求与教育信仰，有利于营造和谐的人际关系与和美的教育氛围，它与有迹可循、有目共睹的物化建设交相辉映，共同营造出一种充满生机的学校文化。

废旧仓库的逆袭

育英学校东侧有一组气势恢宏、富蕴汉风的仿古建筑，那是学生们钟爱的西翠国学书院。书院的布局由外而内可分为引墙、长廊、正门、讲堂、书房、正厅六部分，在建筑设计上既传承了明清建筑的风格气度，又因地制宜地在合理分区的同时达成了无处不景、移步换景的绝佳效果。但在 2012 年以前，这里还是一座面积 300 多平方米的废旧仓库。

书院的引廊、长廊分别绘制了大小不同、内容广泛、形式多样的彩画，如三国演义故事等，它们就像一扇扇中国历史文化的小窗口，既散发着艺术价值，又传递着教育意义。引导学生了解这些故事，就是要将故事中所蕴藏的中华民族传统美德浸润学生的心间，润物无声地成就育英学校培养"行为规范、热爱学习、阳光大气、关心社稷、勇于担当的国家栋梁"的育人目标。

书院不仅是建筑设计别具一格，而且装饰与内部陈设也处处彰显着中华优秀传统文化的内涵。匾额与楹联、隔扇与花罩、具有汉风明韵的家具陈设、为书画服务的文房四宝与清供等陈设，荟萃长物，博雅大观，将中华优秀传统文化的点滴精髓蕴含于内。徜徉其中，瞬息之间，便可窥民族文化之一斑，瞥华夏国粹之惊鸿。身临其境，如步汉唐；寓教于游，观复宋明，尽显育英华风，国学致美！

设立西翠国学书院更为重要的是对其教育价值的挖掘。为此，我们梳理出了书院的三年发展规划：

1. 建造一个高质量、高品位、民族风韵浓郁且兼具多功能的国学书院。

2. 成立一个由专业素养深厚的教师辅导并具备自主管理与发展能力的学生社团——国学社。

3. 从历史、政治、语文、美术教师中遴选一批有基本的国学基础且具备继续学习能力的国学教师，形成团队与相关机制。

4.设计一套较为完善的国学课程（含授课、讲座、游学等），分别开发针对小、初、高的若干国学校本教材。

5.与相关院校或研究机构建立密切的合作关系，形成可持续发展的长效机制。

书院建筑本身就是最好的国学教育资源。这些特点的存在也使其成为育英学校又一地标性建筑。书院以传承和弘扬中华民族传统优秀文化为己任，面向全体师生普及人文知识，提高国学素养，努力将学校育人目标通过古为今用和教学相长的途径落实到细微之处，力图使其成为全校师生实现可持续发展的文脉源泉和精神家园。书院是育英校园文化建设彰显中华优秀传统文化的集中体现。

课程是育人的载体。书院的修建，把学校的国学课程建设推向了新的阶段，学校也在实践中形成了"诵读—自省—践行"的国学课程学习模式及"学校—家庭—社会"的国学课程组织模式。除学校课程的学习外，学校还为每个学段设计了假期家庭课程和校外名家讲国学课程。这种三位一体的组织形式，成为这一课程实施的坚实基础。

对学校国学素养实验班的学生来说，书院是他们的最爱。在这里，他们以国学基础课程为载体，用中华优秀传统文化精髓引导自身树立正确的工作观、学习观和生活观；在这里，他们在中国式伦理道德标准和哲学思想体系的框架下，探讨中华优秀传统文化与当代社会的深度结合，在内心深处种下民族的根、文化的脉。

教育是一个宽泛的概念，不应仅限于知识的习得，而应为受教育者提供更广阔的天地。走过了风风雨雨的育英学校，大力开展国学教育，既是出于对时代脉搏的把握，也是基于对民族发展、对中华优秀传统文化传承的责任，更是基于立德树人的使命感。修建西翠国学书院，开展国学教育，提升学生的传统文化素养，必将成为育英人未来发展的又一个增长点。

倒下去的成长

2014年5月的一天，一阵大风过后，思聪楼前面的一棵大柳树猝然倒下。第二天一大早，孩子们就发现了倒在路旁的大柳树，纷纷向老师汇报。当时学校正在进行环境建设，一棵倒下的大树，朽木也，既碍眼也不安全，学校的工人很快来到现场，准备尽快搬走。

站在孩子的角度看，这棵大树曾陪伴他们走过春夏秋冬。他们每天都在大树下嬉戏、追逐，这棵树就好像一个忠实而亲密的伙伴，承载着与孩子们的故事与记忆，不能让它就这样悄无声息地不见了。学校的文化不仅仅是一两句口号，不仅仅彰显在显眼的文化墙上，而应该体现在一草一木中。一棵倒下的大树，能告诉孩子们什么呢？

沉思中，我走进四年级。四年级7班的贺爱兵老师正带着孩子们学习"珍惜时间"这一单元。如何让四年级的孩子明白时间的匆匆？每日从我们眼前流过的时间在哪里？大柳树不就是时间流逝的见证吗？于是，我和四年级的语文教师商量，请工友韩明星师傅将大树稍加修整，做成大树标本，"躺"在它原来生长的地方。孩子们每每走过，还能看看、摸摸这个"老伙伴"。"珍惜时间"的单元内容，也主要围绕这棵躺着的大柳树展开。围绕大柳树的故事，孩子们写了很多随笔，其中一篇是这样写的：

前面这棵百年柳树被5月20日的一阵大风刮倒了，它再也不会摇曳着枝条向我们笑了。我知道，它的生命被时间带走了。在伤感的同时，我也深刻地体会到了时间的宝贵。时间对每一个人都是公平的，不多也不少；时间对每一个人又是不公平的，在同样的时间内，每个人的收获却不同。我相信"珍惜时间的人，时间也会珍惜他"，我要做一个和时间赛跑的好学生。

我们把四年级 7 班谢司特同学的这段《和时间赛跑》的随笔，镌刻在了一块石碑上。在六一儿童节这天，孩子们举行了简短的仪式，把这块石碑伫立在树雕旁边。它记下了这棵大柳树的故事，也见证着孩子们的成长。

自此，这里成了学校的一道文化风景。路过这里的师生经常会停下来，看一看，读一读；每一次客人来访，也会在树旁驻足……

9 月，在育英学校生活了六年的孩子们升入初中。如何开启新学期之旅？语文老师刘向娟以"与校园植物对话"为题，带着孩子们再次走近身边的花草树木，领略校园的美丽。当来到这棵大柳树旁时，学生感悟良多："伫立十余年，饱经风与雪，根断志犹存。"学生读出了折断的是"根"，不朽的是"志"，"化为枯朽的树干，留下的是它在育英专属的印记"。暑假期间，两位即将步入婚姻殿堂的育英毕业生重返母校，在母校拍摄婚纱照时，这棵柳树进入了他们的镜头，同时被唤醒的，还有在育英学校求学时的那段难以忘怀的成长时光……

我们提出"在最美丽的校园，做中国最有价值的教育"，什么是最有价值的教育？有人说，"当学生把学校教给他的所有东西都忘掉之后，剩下来的就是教育"。我们认为，学校的教育力量是无处不在的文化，是学校的一草一木，是师生的举手投足。当一棵倒下的柳树也能成为孩子们的回忆的时候，这所学校的教育就是一切都以学生的成长为出发点的教育。

荣誉墙"变脸"

在进行校园环境建设时，几乎每所学校都会在一些显眼的位置，用心做一些独特的设计与装饰。更多时候，这些地方会成为宣传学校的一个窗口：张贴学校获得的各种荣誉牌匾，或者是重要的通知和公告。

进入育英学校的大门，穿过江山社稷广场，在思明楼正门两侧最显眼的位置，曾经就是学校的荣誉墙，上边贴满了学校获得的各项荣誉，如北京市科技示范校等。荣誉代表着学校为之骄傲的历史，常常是给外人看的，而当学校文化建设立足于学生成长时，我们是否应该思考，这些曾经的辉煌跟学生现在的学习、生活到底有多大的关系？基于这样的思考，我们给荣誉墙"变脸"，让这块显眼的宝地成为展示学生的窗口，成为学生成长的教育资源，成为育英学校校园文化建设中的一项创举。

育英学校在培养目标中提出，要培养"行为规范、热爱学习、阳光大气、关心社稷、勇于担当的国家栋梁"，其中，尤其关注学生"关心社稷、勇于担当"的品质。那么这块荣誉墙的"变脸"能否与育人目标联系起来呢？那时，刚刚毕业任教高一政治的齐老师正在兴致勃勃地组织学生做"新闻展播"活动，活动引来了学生的热捧。趁着这股热乎劲儿，我决定把这块显眼的位置交给政治教师和学生。经过一段时间的设计、招标、论证和改造，由学生时评社团负责的"育英时评"问世了。明亮的橱窗里展示的是育英学生时评社团的最新作品，或是活动见闻、或是最新评论、或是热点争议……很多经过思明楼的师生都会在时评橱窗前驻足。

时评橱窗不仅是学生展示的平台，而且带动了时评社团的发展。时评社团以"关心社稷、关注社会的发展、关注当下"为办团宗旨，因活动丰富、宣传到位、阵地显要受到了学生们的欢迎，成为全校 160 多个社团中人气最高的社团，获得了北京市海淀区颁发的优秀社团奖，并连续两年获得学校颁发的"勇于担当奖"。时评社团的活动不断拓展，常常邀请《中学时事报》学通社的老师参与活动；时评社团不断壮大，从刚成立时的 3 名同学发展到 27 名成员。一批学生迅速成长起来，社团成员张天骥就是在主讲老师到校做讲座的互动环节中被"相中"约稿，之后他的文章登上了《中学时事报》的头版。

时评社团的活动丰富多彩，屡出新招。它"抢占"了学校每周的早广播，面向全体学生，在固定时间播报校园新闻、讨论热点动态、热议最新时事，为关心新闻时事的学生打造了一个触摸社会、放眼世界的平台。钟鼎文同学作为社团主席，经过层层选拔成了学通社海淀分社的社长，她自信地说："我们不仅充分利用校内平台，而且在《中学时事报》上刊登作品，更有优秀社员成为北京市中学生新闻人的主力。新学期，时评社在放眼世界的同时也将回归校园，争取成为育英学校最出色的校园媒体。"

育英学校作为红色学校，荣誉墙可以让来访者看到育英学校的很多荣誉。把荣誉墙"变脸"为育英时评的橱窗，这一变一换中是教育理念的转变。我们希望通过学校管理行为的转变，培养学生"家事国事天下事事事关心"的胸怀，培养学生关心社稷的意识与行动。

荣誉墙"变脸"，不是为了忘却历史赋予学校的闪亮光环，不是让师生忘记已有的荣誉，而是将学校的空间更多地还给学生，引导师生不断展望未来；将学生的需求和发展放在首位，让学生成为学校的主人，不断创造学校新的成绩，这是育英学校对教育的一种理解和诠释。

缺顶少角？八角亭藏着教育匠心

借鉴中国庭院建筑的风格和特色，育英学校修建了五座廊亭，分别取名回乐亭、同乐亭、弈乐廊、乐乐廊和松乐廊。五乐五景，廊亭之间既遥相呼应又各独成一景，为校园的美增添了雅韵与意趣。

松乐廊有一松乐亭，又名八角亭。师生们总是说这个八角亭堪称学校环境建设的一绝，因为说是八角，却分明只见六角，另外两处隐而不易见；说是亭子，却不见亭顶。

没有顶的亭子也叫亭子吗？六个角的亭子怎么叫八角亭呢？藏在育英人心里的疑问飞进了我的耳朵。对此，我从学校教育的角度，回答了师生们的疑问。

一、教育的最高境界是天人合一

近观八角亭，亭子的底座由两个不规则的八角平台相连而成，四周设有木质栏槛，亭子建设时没有人工做顶，而是凭天然之势，借两株高大的雪松树冠为顶，自然与人工精巧融合。远眺，人、亭浑然一体，颇有一种天人合一的气象。

天人合一是中国哲学的基本精神，其本质是人与自然和谐共生。在教育领域，我们可以引申为尊重自然规律，尊重教育教学规律，尊重人的天性和发展规律，让学生在本真的状态下成长。这应该是教育所追求的最高境界。

从西柏坡走来的育英学校，红色的基因与优秀的传统，使得这所学校始终从教育的本真出发，设计了具有鲜明学校特色的育·英课程体系，并在实践中不断调整与完善。2011 年，学校对"育""英"二字做了新的诠释：

"育"——得天下英才而教育之。学校坚持自己的历史传统与办学风格，提出"在最美丽的校园，做中国最有价值的教育""办一所学生放学后不想回家的学校""学校是学生的学校""教育要让学生得以更好地发展"等主张，体现了学校回归教育本真的价值追求。

"英"——智慧才能超群者谓之英。学校集各方力量，创造多种条件，让每位学生都得到真正的发展。为此学校确定了培养"行为规范、热爱学习、阳光大气、关心社稷、勇于担当的国家栋梁"的育人目标，引领着各项工作的开展。

二、教育需要具备开放性和内隐性

八角亭只见六个角；原因在于隐隐内收的两个角，这完全是因地势所建，使得这两个角看不见但却存于内心。六个角的八角亭，非但没有违和之感，反而给人一种通透之灵，打破了封闭，打开了视野，破除了束缚。

在信息化高速发展的今天，学校再也不能紧闭大门做教育，不然培养出来的学生必将与社会脱节。今天，学校需要开门办学，需要吸纳各方意见并适时地将自身的发展公之于世，以寻求学校办学的合力。为此，育英学校近五年接待来访者万余人，每一位育英教师也都完成了外出寻访标杆校的培训学习。走出校门的教师不仅带回了先进的教育经验，而且将育英学校的实践探索带到了世界多地。学校开门办学的姿态深深地影响着育英师生的胸怀：沈卓瑶为了学校的发展，放弃了到其他学校读高中的机会，选择留在育英；李昊宇用自己的压岁钱为学校捐赠了百幅科学家画框；杜亦森用他那悲悯的心关爱着身边的人……

在开放的同时，学校也需要内隐，特别是在育人资源与育人方式上。这需要我们从"人"的角度去设计和实施。苏霍姆林斯基曾经强调，教育者的教育意图越是隐蔽，就越是能为受教育者所接受，就越能转化成受教育者自己的内心要求。学校教育的内隐性目的也就在于此。

八角亭已经成为师生座谈、闲叙、休息的必要场所；八角亭，在人景交融中，涵容天人合一、兼容并蓄的度量，使育英人在潜移默化中得到滋养。其巧夺天工、独具匠心的设计将环境尚美的追求与实用功能和教育元素完美结合，成为育英的一个亮点，在整个学校环境文化建设中起到了画龙点睛的作用。

为什么森林音乐广场最受学生喜欢

育英学校教育服务中心的一份年度调研问卷显示，在育英学校的十二景中，小学生、中学生都不约而同地最喜爱森林音乐广场。这使我的目光也再次投向世纪林中的森林音乐广场：学生为什么最喜欢森林音乐广场？

在森林音乐广场刚建好的时候，我们启动了为期两年的师生演讲课程，地点就在森林音乐广场，所有的语文教师和他们的学生都登上了这个幕天席地的小舞台。一开始是教师讲故事，后来是师生同台演讲。学生们非常有感触："初次演讲，要说不紧张是不可能的。演讲结束，紧张感也逐渐消失，好像刚刚跑完 800 米一样，手心全是汗水。这次演讲对我来说是一次锻炼，不仅锻炼了我的口才，而且让我以后不再怯场。""在得知我将要上台演讲的时候，我有点惊讶，也有些兴奋。这是我人生中第一次在大场合演讲。这次，我的演讲还算成功，但不够完美，我希望在下一次，能够做到完美。期待着下一次的演讲！"

记得有一天中午，我看到一位穿着红白相间校服的小学生正津津有味地听着中学生哥哥姐姐的演讲，她几次站起又几次坐下。我一问，原来是回班的时间到了，她舍不得走。我请她留下来，鼓励她上台为哥哥姐姐做点评嘉宾。小姑娘一点儿不怯场，点评得有条有理。后来我把她送回班级，在班中表扬了这位勇敢、喜欢演讲的小姑娘。

多年的课堂观察，让我体会到浪漫的故事、悦耳的声音、具体的方法是儿童最好的精神滋养，生动的事例胜过抽象的理论。教育者应该依照受教育者的生理和心理特点提醒他们、召唤他们，而不是把自己都没有实现的愿望强加于他们，这是一种无形的戕害和生命的浪费。面对现实生活而无所用其心的人，其实从来都没有真正学习过。兴趣是学习的开始，兴趣是研究的起点。

几年来，在森林音乐广场上的教育是具体的。清晨，语文教师和学生在这里召开诗歌朗诵会、赛诗会、故事会、班队会；英语教师带着学生在这小小的舞台上展演 good English 课本剧，在年级开放日举办"年级好声音"英文歌曲展示会……

受到学生普遍欢迎的，自然更值得我们研究和琢磨——

龟兔听梦石位于听梦苑音乐广场旁。北边一块形似乌龟，浑然天成，质朴古拙；南边一块玉兔造型，人工雕琢，巧夺天工。一龟一兔，一动一静，既会让人想起龟兔赛跑的励志故事，又会以为龟兔陶醉于音乐广场传来的天籁里而忘记了"赛跑"的事情，令人忍俊不禁。

琴棋书画石错落于银杏广场内，是分别以琴、棋、书、画为意象的四组石造桌椅。在古代，"琴棋书画"又被称作"雅人四好"，可悦耳明目，修身养性，是文人墨客所必须掌握的修身技能。广场内置此石造桌椅，旨在以中华优秀传统文化陶冶情操，提高修养，同时，也为师生小憩提供了幽雅的环境。

教育的节奏要与生命的节奏相契合。社会生活的经久不衰需要教育和学习，把最有价值的东西，在最恰当的时机，教给最有希望的人，应成为一切教育的理想。

毕业有"门"

"铁打的营盘流水的兵"，每年一批新生进校的同时，也就意味着一批学生要毕业离开了。如何让曾经生活学习了几年的学校，长久地留存在每一位学生的记忆里？除了潜移默化的日常影响外，毕业季其实是非常重要的教育契机。但客观地讲，在目前中高考的备考激战中，毕业季除了疲惫不堪的应试和焦虑，几乎没有给学生留下什么值得留恋的记忆。

在育英学校文化建设中，我们特别注重毕业课程的设计，如毕业留影等。这虽然几是每所学校、每一届毕业生的"必选动作"，但多数情况是，在学校随便找一块空旷的场地，"咔嚓"一下就结束这个本该有许多意义的活动。而在育英学校，校友广场上专门建有毕业门。每到毕业季，毕业班的合影留念就成了校园里一道亮丽的风景线：成群结队的毕业生在毕业门留下离校前的最后身影，留下友谊，留下笑脸，也留下在母校这段学习生活的美好记忆……

毕业门位于校友广场的东侧，是由大理石质地的长方体组合而成的"门"字型建筑。由毕业门向西，沿着一条铺满青砖的小路，可到达高低错落的三级台阶，台阶面向毕业门呈扇形张开，可以容纳一个班的学生——那便是毕业合影的地方。合影的背景由一面校友墙、三棵芙蓉树（育英学子称之为"毕业树"）和一株凌霄花构成，这三种元素极具文化内涵。一副对联镌刻于毕业门两侧，"风声雨声读书声声声入耳，家事国事天下事事事关心"。浓密的树荫遮盖了整个广场，在炎炎夏日的毕业季中，学生们合影时或站或坐，清凉而惬意。

毕业门的设计思路，源于学校的育人目标。育英学校在国家教育方针的指导下，为了传承其特有的红色传统，结合九年一贯、十二年一体制的办学特点，提出了培养"行为规范、热爱学习、阳光大气、关心社稷、勇于担当的国家栋梁"的育人目标。学生的首要任务是学习，毛泽东同志曾给育英学校题词"好好学习 好好学习"，"热爱学习"是每位育英学子必备的品质；"阳光大气"是在成才之外，对于成人的目标指向，旨在培养身心健康、有涵养、有气度的人；在关注学生个性品质的同时，学校更注重学生"行为规范"的养成，因为学生外在的行为会对其内在的品质产生重要的影响。另外，我们要培养的不仅仅是具有良好品质的个体，更应该是能够继承学校历史传统，"关心社稷"，有历史使命感和责任心的国家未来建设者。

学校的育人目标要落实在每一位学生身上，首先需要以课程作为载体。我们构建了包括基础课程、修身课程和发展力课程三大类的育英课程体系。其次还需要文化环境的建设。我们以"在最美丽的校园，做中国最有价值的教育"为使命，提出"办一所学生放学后不想回家的学校"，着重学校的建筑设计和校园文化环境的营造，让学校的育人理念渗透到每一堵墙面上、每一个角落里。正像苏霍姆林斯基说的："当孩子周围的件件东西都没有显得过于惹人瞩目而是处于似乎不易察觉的情况下，它们便可以和谐地构成环境的总的美学气氛。"所以，教育从来都不应该是赤裸裸的，而应是一种浸透与感染，是一个润物无声的过程，这也是学校过日子的应有内涵。

毕业，意味着一个学习阶段的结束，连接着新的学习的开始。我们希望每一位从育英学校毕业的学生，都能够带着母校的期许，带着优良的品质，成为社会的栋梁之才；我们希望实现《学会生存——教育世界的今天和明天》中所说的："学校的目的应该是：在学生离校时，已经为每一个学生提供了足够的知识和技能，以备他终身之用。"

每位学生都有一份心仪的工作

在某次升旗仪式上，学校隆重表扬了李潇和孟凡两位同学，她们从七年级开始就在学校图书馆做志愿服务，一直到九年级。三年中，两位同学每天中午都去图书馆整理书籍，帮助同学寻找书籍及做一些图书馆的卫生保洁工作。在她们的成长感言中，有这样一句话感动了在场的所有人："在工作中我们发现了自己的智慧，感受到了助人的快乐。如果我们还在育英学校上高中，我们还会继续选择去图书馆做志愿服务工作。"

培养"行为规范、热爱学习、阳光大气、关心社稷、勇于担当的国家栋梁"是育英学校的育人目标，怎样才能让学生一步一步地靠近我们的目标呢？李潇和孟凡两位同学给了我们答案——让学生参与学校的各项事务，让每位学生在学校里都有一份自己心仪的工作。

我们先来做一道计算题，看看我们的学校里，是不是所有学生都有一份自己的工作？

先看学校层面的组织：学校学生会一般由七八位同学组成；学校团委会一般也由七八位同学组成；学校少先队还是由七八位同学组成；学校社团主要是一些社长在做组织工作，这要因社团的数量而定。再看班级层面的组织：班团队干部6至8人，各学科课代表全部加起来15人足矣，而且其中还有重合在一起的。在4000多人的育英学校，有一半多的学生除了完成学习任务，是没有任何工作的。

我们说学校是学生的学校，学生是学校的主人，主人怎么能没有具体工作可做呢？

杜威主张，儿童身上蕴藏着充满生机的冲动，生来就有一种天然的欲望，要做事，要工作。所以，他有了"做中学"的想法。

陶行知倡导，要解放孩子的头脑、双手、脚、空间、时间，使他们充分得到自由的生活，从自由的生活中得到真正的教育。所以，他有了"生活即教育"。

魏书生认为，凡是普通同学能干的事，班委不干；班委能干的事，班长不干；班长能干的事，班主任不干。所以在他的班级里，每个人都承包着自己的一摊事，做到了人人有事干，事事有人做，没有不干事的人，也没有没人干的事。

可见，每位学生都有事做是教育的一条重要通道。

为此，我们开启了"人人有事做，事事有人管"的教育实践探索。在教育服务中心的领衔下，年级主任、班主任、任课教师和学生代表组成了项目组，大家进行头脑风暴，形成了岗位设计、岗位职责、岗位竞聘流程、岗位管理流程、岗位评价细则等规章制度，有效地保障了"人人有事做，事事有人管"这一教育实践的顺利开展。在具体操作中，我们特别注意三点：一是岗位要由学生主动认领；二是岗位要定期轮换；三是每学期结束时，学生要对岗位工作完成情况进行述职，其他同学进行评价。

今天，我们每个班级都有岗位设置、相关责任人及其负责的岗位职责。从课桌椅的摆放到粉笔的整理，从人走关灯到红领巾佩戴，从早读管理到课间操管理，班级生活中的每一项具体任务都由学生负责，真正地建立了"人人有事做，事事有人管"的教育管理机制。

实行"人人有事做，事事有人管"后，学生们个个都以主人翁的姿态为班级负责，改变了以前什么事都依赖班主任的状况，更重要的是增长了才干，锻炼了能力，培养了爱心和责任心。班主任们也可以被解放出来，把更多的时间和精力放到教育教学工作上。

李希贵校长在《学校的转型》一书中提到，随着行政班级的消逝，学校的公共事务由学生来完成，建立了如"卫生天使"等在内的为他人服务的课程，这是全体学生都要参与的必修课程。在此过程中，学生对他人、集体、社会负责的意识和能力得到提升。这也正是我们的教育初衷所在。

让心飞扬的快乐午间课程

2011年9月6日，星期二，中午12：30，我来到小学部的一间教室，看到学生都在埋头写作业。我皱了皱眉头，心里一阵焦虑，这样怎么能行？我问学生："你们想不想出去玩呀？"学生看看讲台前的教师，又看了看我这位新来的校长，很小心地说："想。"我继续问道："你们不用看老师，说出你们心中的真实想法，愿不愿意出去玩？""愿意！"这次学生的回答很响亮。随后，我拨通了小学部主管杨校长的电话，告诉她说："我把你的学生都放出去了，让他们到操场玩吧。"这一时刻成为育英学校小学部课程建设的一个分水岭，之后所发生的变化使午间这本是很平常的时刻呈现出了与之前两种截然不同的状态。

之前的情景：上午最后一节课下课铃响，学生在教师的组织下吃完午饭后，打开作业本，利用余下的半小时来完成一部分家庭作业。认真负责的教师也开始陆续回到教室进行清错和课业辅导，一切都是那样井然有序，顺理成章，师生也都已经习惯了用这种方式来度过午间。

此刻的情景：教室里空无一人，操场上到处都是小学生欢乐的笑声。看着他们无比兴奋的样子，我请党办教师通知小学部所有年级主任以上的干部召开紧急会议，商量小学快乐午间课程的相关工作。

会上，有的干部单刀直入，连珠发问："1000多名学生同时活动，场地够吗？""学生追跑时发生伤害事故怎么办？"我理解干部们的担忧，毕竟保证每一位学生的人身安全是学校工作的第一要务，但也绝不能因噎废食，以学生安全为借口，不尊重学生的成长规律。于是，我讲了这样一番话："小学生正处在活泼好动的年龄阶段，没有哪一个孩子希望自己的双脚总是被禁锢在教室中，没有哪一个孩子不希望能有更多的时间自由地选择自己喜欢的活动。孩子可以在玩中增长知识，在玩中学会交友，在玩中开阔眼界。玩可以让孩子涉猎在课堂和家庭所接触不到的东西。亲近自然,在操场上尽情奔跑、强健体魄是一种玩;参与某项喜欢的活动,培养兴趣是一种玩;学会一个游戏,结交一些伙伴是一种玩;静静地读书,怡然自乐是一种玩;实在没有选择,当一个观众学会欣赏和倾听也是一种玩……也许将来他们大部分都成为普通劳动者,但至少我们能够通过努力给他们留下一段曾经拥有的美好回忆和珍贵体验。玩是孩子们与生俱来的天性,但是玩不是瞎玩,玩也需要后天的培养和引导。我们要'把细节做成课程'。"

此时,有的干部慢慢地舒展开了紧蹙的眉头,有的干部开始频频点头,还有的干部闪现出理解、坚毅的眼神……于是,我又接着说道:"不要因怕出事就把学生禁锢在教室里,学校是允许学生犯错的地方,不能因为个别学生可能发生的问题而让大部分学生得不到锻炼、体验和成长。我是校长,出了事情有我呢,你们就放下包袱干吧!"

当天放学后,小学部的干部教师就行动起来了:

1. 召开全体教师会,征集午间活动方案,规划午间活动方式。

2. 印发学生调查问卷,向学生征集喜欢的活动内容。

3. 汇总师生们的意见,购买活动器具,划分活动场地。

4. 再次召开午间活动教师会,排查安全隐患。

5. 以组为单位安排安全执勤教师和活动指导教师。

6. 每天执勤的教师认真负责,坚守岗位,排除安全隐患。

7. 学校保卫处对重点区域进行了排查,并安排了值班人员巡视。

8. 后勤人员把危险性比较大的攀登架和双杠降低了高度,底下的沙坑也填满了优质细沙。

9. 管理公开,给家长印发信函,争取家长的支持和理解。

一周后,我们就收获了惊喜——

一是午间活动变得有序了，安全了。乒乓球、跳跳球、吸盘球、打板球、篮球，学生玩得不亦乐乎；踢毽子、跳皮筋、跳长绳等活动也井然有序地开展；电影放映厅、卡拉 OK、周末大擂台是最吸引学生的场所……一切恰如预期。

二是在午间活动时，在校园的任一角落都能够看到师生共同参与活动的身影。教师既是玩法的教授者，也是学生的游戏伙伴，迸发着童心，和学生结伴而动，一起分享活动的乐趣。

三是在游戏中，同学之间有了合作的默契、体验的快乐。午间不再是课堂单一学习的延续，而是能够按照自己的喜好选择适合自己的活动，自由使学生变得轻松愉悦，快乐随着歌声一起飞扬。

学生的心声最有说服力。"快乐午间，让我的心都飞扬了！""我每天都等着快乐午间呢！""每天快乐午间的时间都好短啊。"……稚嫩的语言背后是学生溢于言表的快乐，是学生自主管理的开始。

开学典礼上，三年级 6 班的邓欣怡同学说学校是"让学生快乐、让老师快乐"的地方，这也是育英学校的追求。为了追求这一理想，我们从快乐午间课程中总结以下经验。

第一，正视问题，但不做问题的奴隶，办法总比困难多。在行动的过程中出现这样或那样的问题是很正常的，不要被问题吓倒，要积极寻求解决问题的办法。

第二，当固有的思维模式和管理方式不能为学生提供足够的成长空间时，我们如果换个角度思考，换个方式行动，就会发现一切皆有可能。这种变化带来的是学生的释放和教师的主动。

第三，快乐午间课程给予我们的不仅是单纯的内容改变，而且是学校教育理念的一次全面革新，它体现在学生身上就是一种气质——阳光、健康、和谐、大气，体现在教师身上就是一种精神——热情、参与、分享、进取。

成长总动员的"寻宝乐"活动课程

今天下午，我们三至六年级的每位同学都参加了一个活动，名叫"寻宝乐"。玩法和定向越野差不多：先分组，每个组由四个年级不同、班号相同且学号相同的同学组成，这样每个组就有4个人；然后每个组发一张卡和一张地图，我们需要去地图上所有的点刷卡，刷完这几个点就算完成任务，还有礼物哟！

下午1点半，我们来到操场上等老师发卡和地图。分到地图后，我傻眼了，我们去的都是什么点呀？校长室、高中教室、老师办公室……我都没去过呀！真难办！

开始跑了，学校各个角落都热闹起来了，叫喊声、跑步声、欢呼声全都响了起来，有的在催促自己的伙伴快跑，有的在叽叽喳喳地议论路线，有的还在看着地图发呆……

我们队从篮球场出发，然后到大操场。大操场上有两个点，每个点周围都围着一群人正在讨要礼品。三、四年级的"小不点儿"们有点按捺不住自己的激动，冲着队长喊道："快去拿呀！快去拿呀！"过了一会儿，队长拿到礼品了，"小不点儿"们欢呼雀跃起来。

不知跑了多久，我们来到了实验楼，很快又来到了假山，再到了高中教室。途中，"小不点儿"又走丢了，我们又分头去找，唉！耽误了不少时间。这时，活动差不多结束了。

这次活动太有意思了！我们度过了一个紧张而又快乐的下午，我还获得了礼品。我后来反思，要想取得好成绩，首先需要认真阅读地图，分清方位，细心寻找；其次要各个组员默契配合，分工合作。

我真喜欢这样的活动！

这是五年级9班王嘉禾同学撰写的一篇日记（有删减），他从一个孩子的视角记录了育英学校一项颇具特色的体育综合实践活动课程——"寻宝乐"。

这门活动课程将定向运动与趣味寻宝巧妙结合，将体力与智力相结合，将个人与团队相结合，打破年级与班级的界限，以高年级带领低年级的形式进行。每一个小组通过识别地图，找准位置，在规定的时间内按照规定的路线完成任务即为胜利。每个小组由4~8人组成，五年级学生担任队长，三、四年级的同学在队长的带领下走进学校的各个地方，包括书记校长办公室、老师办公室、初高中教室，了解学校的文化内涵及未来的学习环境。每一个环节的设计都蕴含着育人元素。

"寻宝乐"活动课程的目标是以"大手拉小手，健康共成长"校园趣味寻宝为载体，丰富学生的校园生活，激发学生的体育兴趣，增强学生的体质，在团队合作中培养学生的合作精神和担当意识，发挥体育活动课程的独特育人价值。

对五年级的学生来说，这不仅是对组织协调能力与责任担当意识的锻炼，而且是一次提高自己应变能力的机会。对三、四年级的学生来说，这不仅是一次体能锻炼，而且是一次学习的机会，他们要学习识图、识方位及如何解决问题。

"寻宝乐"活动课程，比的是速度。学生要在两个小时内不停地跑动。这磨炼了学生的意志品质，让他们体会到了不抛弃、不放弃的意义，彰显了育英学子的阳光与大气。

"寻宝乐"活动课程，比的又不仅仅是速度。学生知道了要在行动前设计最佳路线；进入教学区要自觉地轻声慢步，尽量不打扰教师办公和同学学习；低年级的小同学跑不动了，跟不上了，高年级的大哥哥大姐姐就送去鼓励，或者相互搀扶；前进中遇到困难了，大家一起想办法解决；发奖品了，大家都自觉做到大让小、男生让女生。

这里面有坚持、有谦让、有合作、有包容、有健康、有快乐，还有成长……

让人难忘的育·英大讲堂

有种"糖"叫育·英大讲堂，

校长亲自推荐品尝，

教育中心不罚没，

课程院还有高分嘉奖。

有种"糖"叫育·英大讲堂，

适合 8 到 18 岁少年郎，

人文艺术，科学实践，

专为学生发展而开创。

有种"糖"叫育·英大讲堂，

做好这块需要大家帮忙，

您做志愿阳光大气，

您来辅导勇于担当。

有种"糖"叫育·英大讲堂，

吃一口让人一生难忘，

育人是有价值的营养，

成全是最伟大的力量。

育·英大讲堂，因你放光芒！

这是育·英大讲堂课程负责人刘畅老师在纪念育·英大讲堂课程开设三周年之际撰写的一首小诗，轻松幽默的文字呈现了育·英大讲堂课程的全貌。

学校是学生的学校，学生到学校不仅要向教师学习，而且要向身边的同伴学习。每一位育英学子都应该充分运用学校的教育资源，学习不同的知识，展现个性的风采，发展个人的潜能，在教师与同学的帮助与关心下健康快乐地成长，最终实现心中的梦想。基于这样的认识，在促进学生全面发展的基础上，育英学校特别注重高雅情趣的培养和学养个性的展示，育·英大讲堂就在这样的背景下应运而生。

"一样的讲台，不一样的精彩！"育·英大讲堂的口号感召了一批批有梦想、爱拼搏的学生站在学校最高的讲台上，分享他们所热爱的领域、所经历的故事与所收获的个人经验。他们或讲国学历史，或谈人文艺术，或讲自然科学，或聊生活技能，无论是哪一项都展现了育英学子的亮丽风采。育·英大讲堂在学生之间搭建了一个互相学习、互相交流的舞台，一方面为学生提供了展示风采与提升能力的机会，另一方面在校园中营造了"人人为师，互相求学，优秀发展，发展优秀"的校园氛围。

育·英大讲堂的课程设置除了参考内容，也要参照主讲人的文化程度与对主讲内容的精通程度。例如，把来自中学并精通某一领域的学生主讲人安排在 A 档课程，把来自小学但具备一定基础的学生主讲人安排在 C 档课程，把来自中学且可以做到知识普及水平的学生主讲人及具备精通水平的小学生主讲人安排在 B 档。这样做的目的就是全盘考虑不同年级学生的学习能力与学习需要。

中学生可以选择 A 档或 B 档课程，小学生可以选择 B 档或 C 档课程，有特殊学习需求的小学生也可以向学校申请旁听 A 档课程。这样的课程设置充分考虑了教育规律与学生发展规律，受到了学生的欢迎。自 2014 年起，育·英大讲堂成为育英学子最关注和最喜爱的课程。课程在开设两个学期之后，又增补了 D 档课程，专门服务于对国学或历史感兴趣的学生，这一课程的调整也符合育英学校传承中华优秀传统文化的办学理念。

育·英大讲堂打破了之前封闭的孤立的学制管理模式，让教育资源实现流动与整合，试图满足小学、初中、高中三个学段学生的学习需要与个人发展需要。

育·英大讲堂真正体现了小、初、高一体化办学的教育特色，教育资源和育人模式得到整合。育·英大讲堂属于课程改革的一种尝试，如今已经成为育英学校的精品课程。学生的学识与勇气成为校园每周的焦点，吸引了越来越多的学生参与育·英大讲堂。

培养中国的"法布尔"①

刘开太，育英学校学生，从三四岁开始就经常满世界找虫子，可谓是一名资深的昆虫爱好者。带着这个爱好，他踏进了美丽的育英校园。

班主任郝老师至今都记得，在小学二年级的一次班会课上，刘开太为大家表演了一个节目——学蝉的叫声。从那以后，同学们就送给他一个绰号，叫"小小昆虫王"。正是这种对蝉的热爱把他引入了生物学的大门，他萌生出了成为一位生物学家的梦想。由此，他一发不可收拾地喜欢上了昆虫等各种各样的动物。在他家的客厅里和阳台上，到处都陈列着大大小小的昆虫盒子，就连他自己的卧室也成了那些小生命的家。他要做中国的"法布尔"。

在学校和父母的支持下，刘开太对生物逐渐形成了自己的思考，写了很多关于昆虫等动物的文章。五年级时，语文教师袁老师帮他向报社投稿，文章陆续发表在《北京日报》《北京晚报》等报刊上。此外，刘开太还和父母一起写了一本书叫《三支笔的家庭旅行》，里面也有很多寻找昆虫等各种动物的趣事。中央电视台少儿频道还拍摄了一部关于他的纪录片，介绍了他研究昆虫的故事。2015 年，在科学教师王娜老师的指导下，刘开太第一次参加了北京市金鹏科技论坛并斩获了生物竞赛一等奖。这次获奖进一步激发了他对生物学等科

---

① 法布尔，法国昆虫学家，代表作有《昆虫记》《自然科学编年史》。

学课程的兴趣，他开始更加踊跃地参加学校组织的科学活动。

在育·英大讲堂，刘开太给低年级的同学开讲座，介绍昆虫的知识，分享学习的体会。他还受邀到育英大兴分校为初中生作报告，影响了更多的同学。

对于这样一名痴迷昆虫研究的学生，学校可以做哪些事情呢？

我们将小学科学、中学生物学科的教师请到一起，为刘开太制定了小、初、高一体化成长计划，并做出一个重要决定：修建一个用刘开太的名字来命名的昆虫研究实验室。

有人说，为了一个学生，有必要吗？人生为一大事而来。刘开太对昆虫研究的痴迷与投入让我心意坚决。哪怕真的只为了一名学生，也是值得的，更何况，我们又不仅仅是一名学生呢？在育英学校，爱好昆虫和动物的学生大有人在，刘开太昆虫研究实验室就是一个平台，就是一个为有爱好、有梦想的学生而设立的研究基地。今天，已经是中学生的刘开太带着他的昆虫社成员在实验室里一待就是几个小时。

榜样的力量是无穷的。学生到学校来学习，不仅仅是向教师学习，更多的是向周围的同学学习。校园中有刘开太这样一名优秀的同学做榜样，教育的力量与效能也就自然而然地形成了。这不，四年级的王佳文也要做中国的"法布尔"呢！

教育需要关键的契机。在恰当的时候做恰当的事情，其效果非同一般。就像刘开太所言："我永远也忘不了授牌仪式上，于校长的眼神和蔼又坚定，他亲手把一块写着'刘开太昆虫研究实验室'的牌子交给我。那一瞬间，我觉得我的梦想完全被点燃了，似乎这种对于生物学的喜爱与追求就像太阳，将永远照耀着我前进的道路！而这条路上，与我相伴的不单单是一只只小生物，而是一支强大的队伍。这支队伍中有全力支持和帮助我们的老师们，有互相帮助、共同成长的伙伴们，甚至还有中国科学院的科学家们。我为自己有这样的队伍而感到激动和自豪！我会为之努力，努力，努力！"

涵养有"阔度"的生命

在育英学校思明楼大厅的一面墙上，镌刻着时为八年级学生杜亦森的一篇文章：

在今天的政治课上，我读了两个励志名人的故事，其中华山的独臂挑山工让我联想到很多：在这个蓬勃发展、日新月异的时代，在这个万众瞩目、生活条件最好的首都北京，在这所京城最美、环境优越的学校……

你曾注意过楼道中每日勤勤恳恳、打扫卫生的阿姨吗？上学期的她来自山西太原，漂泊到北京打工。五十多岁的年纪，终日弯腰低头为我们打扫卫生。可你正眼看过她吗？当你肆意地扔着塑料瓶时，当你在厕所疯狂地打闹时，你是否知道每天晚上面对空幽幽的教学楼，她是如何辛勤地收拾的？你天真地以为每天早上整洁干净的楼道是自行恢复的？

但是，面对同学们的各种低素质行为，她从未抱怨过。她没有丝毫要求，哪怕是每天晚上都要为垃圾分类、挑拣塑料瓶等忙到很晚。当你偶尔一次弯腰帮她捡起塑料瓶时，她会连声道谢地接过瓶子，仿佛受到隆重的礼待一样。她的卑微让我心碎！当你闲来读书于五楼长椅时，她正卖力地擦着楼道，你下意识地抬抬腿以免妨碍她擦地，她竟"受宠若惊"地流露出无比歉意的神情："打扰你读书了！"她的卑微让我羞愧！我们是一群什么样的人，我们有什么资格不尊重她！

每次见到她，你都可以点头示意，她也会给予你最诚挚的微笑。

她走了，默默无闻地来到我们身边，又悄无声息地离去。

直到昨日与新来的阿姨简短交流后我才知道，原来的阿姨年事已高的父亲患有重病，大小便失禁，需要人照顾。新来的阿姨则是她的弟媳妇。

唯有看到她，你才认为自己的存在是有意义的。这时的你可以不为自己努力，不为名誉努力，甚至不为父母努力，但你紧咬牙关，要为她们努力！

请不要被优越的一切迷住双眼。这个世界，这个国家，这座首都，这所学校，都有不少人还在挣扎着生存，在绝望中寻找着希望。她们真的需要倾诉，需要支持与慰藉，哪怕只是一句问候，一个微笑……

新来的阿姨讲述自己的打工经历，也讲述儿女在地方学校的学习环境：没有明亮却被我们随意刻画、踢踹的桌椅，没有现代化却被我们用来做无用之事的电子设备……

北京，不仅仅是现代化、国际化的代言词，更是苦命人悲怆流泪却只能暗自叹息的地方……

你可以不知道她们的苦衷，但请你捍卫她们的尊严！

谢谢您，愿阿姨的老父亲早日康复，珍重，再见。

这篇文章写出了杜亦森的见闻和感受，也反映了育英学子的同情、怜悯、悲悯之心。因此，学校将这篇文章原封不动地嵌刻在了学校最显眼的一面墙上。

你会注意楼道中每日勤勤恳恳打扫卫生的阿姨吗？你会为她的辛勤劳动给予她最诚挚的微笑吗？你会有意识地抬抬腿以免妨碍她擦地吗？你会和默默无闻地来到我们身边又悄无声息地离去的那些阿姨聊天吗？你愿意听她们倾诉，抚慰那些生活重压下的躯体和灵魂吗？一个十三四岁的孩子做到了，用悲悯的心，温暖地关注着这一切，这是怎样的一种情怀？这情怀让忙碌的生活有了丝丝暖暖的温度，让生而平等的人的尊严有了同样的高度！

马丁·路德·金在《完整生命的三个层面》里说，任何完整的生命都包括这三个层面：长、阔和高。生命的长度并不是指它的寿数，而是人对本身福祉的内向关怀；生命的阔度是对他人福利的外向关怀。我们每一个人都对自身的福祉深切关怀，但我们认识到生命的"阔度"是对他人福利的外向关怀了吗？

保洁阿姨、保安叔叔、快递小哥……在北京这座现代化、国际化的大都市中，有许许多多以辛勤劳动换取生存空间的人们。是他们让我们的城市更光鲜，是他们让我们的生活更美好，是他们让我们的社会发展得更快速。然而他们中有许多人却生活在卑微中。为此，我们青年学生的责任是什么？我们青年学生的担当是什么？

杜亦森同学有力地回答："你紧咬牙关，要为她们努力！"

不是无视！不是乐享其成！

为每一个劳动者创造更美好的生命空间，实现生而为人的生命价值；不仅关心自身生命的幸福，而且要为他人的幸福生活努力！这是育英学子的胸怀！因为只有这样，"你才认为自己的存在是有意义的"。

育英学校有很多的杜亦森，他们的胸怀就是要创造社会价值，以期为他人、为社会谋福祉！这是何等耀目的生命光华！其情可期，其行可待！

头顶的苍穹亘古不变，育英人的情怀、胸怀如斯：拒绝冷漠，温暖生命；拒绝自私，用思考与行动光耀世界！

我们应该涵养这样有"阔度"的生命！

救猫

"校长，快去救救那只小猫吧。"

午饭后的食堂门口，几名学生着急地拦住我，让我去救困在学校思明楼南侧一棵大树上的一只小猫。

看着一脸稚气的他们，我笑着问："是不是小猫自己愿意待在树上啊？"

一个小姑娘连忙接过我的话说："不是的，校长。那只小猫昨天就已经在那棵树上了。它想下来，但是树太高了，它下不来。"

看着他们一脸着急，我赶紧给行政后勤服务中心的郭校长打电话，请他组织人员去救那只小猫。

7月的正午，37℃的高温，郭校长和刘主任带着后勤工人扛着梯子来到大槐树下，工人们试图爬上去。周围的学生七嘴八舌，路过的教师也驻足向树上看去，但是什么也看不到。

刚才那个小姑娘大声说道："小猫，在四层楼上才可以看到。它的身体和两只前爪挂在树杈上了，它昨天就在那啦。"

可是，树实在太高了，工人们在烈日下一次次地攀爬都没有成功。

"先停下来吧，咱们得想别的办法了。"工人们听到指挥收了场。刘主任拨通了保卫科的电话，嘱咐他们与消防队联系，请消防员将小猫营救下来。

下午3时许，三位消防员出现在树下，本以为可以借助绳索爬上树后将小猫抱下来，可是这棵大树实在是太高了，他们尝试了几次后最终放弃了爬树计划。

于是，消防员的第二个方案启用了——通过消防救护车来营救小猫。

可是四十多吨的消防救护车开进来会不会损坏新铺的篮球场呢？郭校长和刘主任一时不能做出决定。当刘主任前来询问我时，我丝毫没有犹豫，只是告诉他，安全第一，救助继续。

就这样，四十多吨重的消防救护车缓缓地开进学校，轱辘轧过新铺的篮球场，压痕清晰可见。

小猫还在那里待着，纹丝未动，不喊不叫，像是死了一样。消防员将云梯接好，但还是够不到小猫。无奈之下，消防员用上了喷水枪，水柱之下，小猫像是要死里逃生，使出了自己全身的力气，从树上往下爬……小猫终于得救了。

在最紧张的期末考试阶段，育英学子还能够忙里偷闲关爱一只小猫的处境。这是一种童真的怜悯，一种对生命的怜爱，一种未被忙碌蒙蔽的纯洁的爱心。善良的孩子传递着关爱生命的呼唤，他们需要师长的理解、关注与呵护。

所以，当他们向我提出救助小猫的请求时，我没有任何迟疑；当救助机器可能会损坏新铺的篮球场时，我还是没有任何迟疑。我要用行动告诉他们，在最美的校园中，每一个生命都值得呵护。

大爱无痕，细碎的过往中有多少人忘记了给学生一个微笑，给学生一句安慰的话。燥热的天气下，有谁停下脚步拉一拉学生的手、摸一摸学生的头、听一听学生的声音……忙碌，拼命地向前赶，让我们忽略了最美好的、最圣洁的、最真诚的当下。

还好，在最美的育英校园中，师生书写了校园的爱，爱每一位学生，爱每一个生命。

学校是学生成长的地方，学校是促进学生身心发展的场所。学校因学生而成，学生的求助应该成为教师的心声，校园的生命也应该成为学校的关爱对象。学生在关爱中学会关爱，学生在大爱中感受育英的魅力。救助小猫，何尝不是对育英人大爱的写照呢？

办一所学生放学后不想回家的学校

下午6点，早已过了放学时间，但育英学校的操场上依然是一幅生龙活虎的景象：一群充满青春活力的学生还在球场上运动；图书馆、实验室、学生食堂依旧灯火通明。这是育英学校的常态，也是育英学校取消静校制度后的日常景象。

看着眼前的一切，我想起了初到育英学校时的一次全校教职工大会。在会上，我宣布了一条新规定："学校要用两年的时间，办一所学生放学后不想回家的学校。到那个时候，我们将取消静校制度……"话音未落，在座的教师就忍不住议论开来。我理解大家的苦衷和担忧，但是为了学生的成长，我们需要做出必要的牺牲和担当。

今天，不静校成为现实，学生放学后不想回家也慢慢地在变为现实。

一、不想回家的理由之一：把校园还给学生

学校应该是学生的，我们没有理由不把校园还给学生。两年里，育英学校对校园的每一个角落都做了改造，校园里的一切不再简单地从便于管理的角度进行设计，而是尽量按照学生的年龄特点和成长需要进行设置。把校园还给学生，使原本平淡无奇的校园变得充满生机。学生们在这里探索、游戏，流连忘返。

二、不想回家的理由之二：让学校成为学生学习交往、寻找伙伴的地方

学校不仅是学生学习知识的地方，而且是学生寻找同伴、学会交往和合作的地方。在如此美丽的校园，有一贯制的学生同在一校，这不正是同伴教育的独特资源吗？我们不应该放过每一个教育机会，于是，我们开始了"成长伙伴计划"，以培养学生的责任意识与担当意识。

学校颜逸轩水吧、印天下复印社都交给学生经营，自负盈亏，让他们亲身体验商业经营的苦与乐；种植园里的劳动，让自小生活在城市的学生感受了农耕的艰辛与收获的喜悦；一至六年级开设的围棋课，帮助他们养成坐得住、善谋划、会决断的品性；少年文学院、艺术书院、西翠国学院、少年科学院、经济学院、社会学院六大学院，使学生在校园实践活动中汲取智慧、涵养品性、锻炼才干。学校还支持学生自发组织社团活动，初中生周海娜发挥艺术特长，组织了国学社团，竟然吸引了不少高中生参加；张宇晨成立的梦点花园，和同学一起制作了别具一格的糕点，不定期到附近社区展卖，一次公开销售竟盈利2000多元钱。

在这样开放、大气的校园里，学生自由地舒展着身心，积累着交往的经验，培养着健康的情趣与高雅的品位，并且在不知不觉中养成了阳光大气的育英品格，这也正是育英学校不断追求"在最美丽的校园，做中国最有价值的教育"的重要内容。

学校是学生走向社会的必经之地，必须让学生在这里有经历，并且允许他们犯错误。学校教育就是要努力让校园里的教育元素丰富起来，让更多学生在未来的发展中受益。

三、不想回家的理由之三：这里有学生喜欢和可以选择的课程

2013 年 10 月 23 日下午 4 点半，中央电视台"财富好计划"栏目录播结束。育英学校学生郑睿经过五个回合的闯关，成为央视"财富好计划"新赢家，获得财经频道提供的 2400 万财富本金。此外，郑睿还可从节目推荐的系列理财产品中进行投资选择，当期的投资收益将收归囊中。一公司老板承诺，郑睿寒假和暑假都可以到公司实习，并愿意帮助他实现未来经理人的梦想。这一切，得益于学校"为学生未来而设"的课程理念。

基于对未来发展和人才培养的思考，我们开办了国内首个高中经济学实验班。这是一门涉及数学、政治、地理等多门学科的综合性课程，目前由金融业专家和多所名校的经济学家为学生授课。课程在满足学生学科教育的同时，也提高了学生的综合素养。除此之外，学校还开设了物理、化学、生物三个大学先修实验室，通过近几年的实践已开发出具有育英特色的校本课程。

学校必须坚守课程的育人功能，不能窄化了课程改革的范畴。如果抛开这一点，即使中高考升学率再高，学校教育也会存在明显缺陷。学校必须为培养具有完整人格的人和社会发展所需的人服务。因此，校长必须有跳出学校看教育的能力，在关键环节上把握方向。办学者如果被功利裹挟，整所学校就会被带入一种摇摆不定的状态，这是学校教育最不该发生的事。

学校教育的真正价值：激发学生向上发展的动力

普通校如何实现优质发展？除了需要政府和社会各界的支持，学校尤其是

校长更需要深层次思考学校的实际状况，回归教育常识，遵循教育规律，科学办学。一所学校的发展是制度管理、教师发展、课程建设等各方面综合变革的结果，这些变革因素应该有一个共同的价值指向——激发学生向上发展的动力。

一、熏习：让学生的内心充满"香味"

古代妇女会在衣橱里放置香草，让衣服充满香味，这就是"熏习"。学校教育也要熏习，即让学生的内心充满"香味"，而内心"香味"的来源就是学校的文化教育活动。

走进育英学校，首先映入眼帘的是江山社稷广场，广场上有问道路、江山社稷石、育英时评等。问道路上刻着66句关于学习、修身、立志的名人名言；江山社稷石正面镌刻着"江山社稷"四个大字，背面镌刻着"祖国真理责任"六个大字；育英时评是育英学子关注焦点热点问题、发表真知灼见的阵地。走进校园深处，校友广场、校史广场、银杏广场等也都充满着教育意蕴。学生每天行走其中，浸润其中，感悟其中。这就是熏习的力量。

除了校园环境的熏习，学校还特别注重活动中的文化浸润和精神传承。从2011年至今，学校每周一的升旗仪式的主题都是"为了祖国 好好学习"，教育服务中心及学部、年级、班级都通过不同形式展示积极向上的人物、事件，传递给育英学子主动、努力、坚韧、积极、负责的精神与品质。

二、校正：触动学生内心深处的"柔软"

陶行知先生说："千教万教，教人求真，千学万学，学做真人。"这16个字言近旨远。教育需要求真，教育的目的之一就是求真。

2012年的一天，我收到一名高三学生的短信，行文很有礼貌，反映的问题却很让人担忧。短信的大概意思是，前一晚一场小雨后，塑胶操场上有一些小水坑，但第二天学校还是组织学生跑操，导致部分学生的鞋子都湿了。这位学生希望"学校在细节上对我们更体贴些，能够为我们再考虑得周全些"。

看到这则短信，我自问：在我们一步步改进学校工作时，我们的学生却一点儿苦都不能吃，我们还能为学生准备什么？我们的教育到底缺失了什么？

于是，我们把当年的工作主题确定为"学生可以改变，学生可以这样改变"，决定从观照学生的内心出发开展真实的教育。学生的内心不改变，光靠外部的力量效果是有限的。学校教育只有触动学生的内心，让学生真正懂得敬畏规则，树立正确的价值观，激发其内心深处向上发展的动力，学生的成长才有方向，也才更有力量。

当前，基础教育仍然存在一些问题，从学校教育的角度来说，要解决这些问题，基础教育必须坚守基础，学校必须观照学生内心的健康。

三、夯实：固化学生向上发展的"美好"

多年的教育实践让我们坚信，学校必须回归教育常识，必须遵循教育规律。即使在人工智能时代，人的身心发展规律也不会因技术的发展而发生剧变。回归教育常识和尊重教育规律首先要信任学生。

课程建设是夯实学生向上发展的有效路径。育英学校有一门小学段课程，高二年级学生在每学期期中考试后的一周里要进行校内职业体验。有的学生选择当保安，有的学生选择当清洁工，有的学生选择去食堂择菜，还有的学生会到小学一、二年级当志愿教师。王子一同学在志愿教师课程结束后写了很长的学习感悟，其中有这样一句话感动了所有的人："站在讲台上，踩在责任的肩膀上，却不想和他们说再见。"也是从那一刻起，我们决定永远保留志愿教师课程，固化学生向上发展的种种美好。

有一位心理学教授说："学生的教养若一直依赖于外部评价或物质奖赏，那么其本质和训练马戏团的小猴子并无差异。培养孩子坚毅的品质，推动其内驱力，一定要关注孩子的内心而非仅仅是表象。"这是教育的真正价值所在，也是学校教育效果最大化的实施路径。

教学探微

教学要有理性和品位，理性源于教师的教学主张和学校的教学管理机制，品位源于教师追求的教学目标和课堂中采取的教学行为。这两者是理解知识、发展思维、提高能力、形成素养的保障。

什么是教学？：在语文组教研活动上的即兴感言

今天，王老师上了《寡人之于国也》这一课，语文组已经进行了听评课交流，我就以语文组的教研活动为例，谈谈什么是教学。

在英语中，没有一个单词可以完全对应"教学"。为什么？"教"属于社会学，"学"属于认识论，它们属于不同范畴。社会学中"教"的含义主要是引导与引领。韩愈提出的"传道、授业、解惑"虽然指导着教师的教育行为，但少了"如何"两个字，如何"传道、授业、解惑"是我们教师要思考和实践的。认识论的"学"则强调学习的基本规律和方式方法。

我主要从以下七个方面谈谈什么是教学。

第一，尽可能对学生进行学法指导。

王老师要求学生在发言时做到"勿空谈、勿散谈、勿长谈、发言五分钟"，等学生们发言之后，她再进行一一点评，这就是学法指导。再如，她在点评一位学生的发言概括性不强后，紧接着就板书展示怎么样概括，这也是学法指导。

此外，有学生在发言中提及，自己通过查字典得知"仁政"的含义，这说明教师有方法引导。还有，王老师在备课时阅读了20多篇文章，并提供给学生四篇作为教学资料，这些都是教学生如何学习的方法。

第二，进一步优化学习方式。

大家已经认识到，学生到学校向教师学、向同学学、进图书馆学、查字典学等种种方式都是学习。本节课中，学生发言的时候，其他学生都在记笔记。试问，是否我们所有的课堂都可以做到当有学生发言的时候，未发言的学生已养成了记笔记的习惯？

第三，教师的视野决定学生的视野，教师的高度决定学生的高度。

王老师提到了南怀瑾、李泽厚等学者。我认为教师的视野决定学生的视野，教师的高度决定学生的高度。怎么样拓宽教师的视野？年轻教师有优势，中老年教师怎么办？我们还读书吗？在网络信息化程度已经很高的当下，我们怎么来教现在的学生？

第四，我们到底应不应该相信学生？

今天发言的学生很好。我曾经听过这个班的课，其他的学生也很优秀。学生是怎么变得这么优秀的？

前段时间我就提醒大家，我们教学的起点可能低了，大家一直不明白其中的含义。我们一直没有给学生展示的平台，学生就被教得被动。

当学生的主体意识进一步凸显的时候，我们的常规管理将面临很大的挑战。一直没有出台学生的常规管理办法，就是怕把学生管"死"了。每一位教师都需要研究如何把学生教"活"，越教越"活"。当然这也是提升学生素养的生长点。

第五，课堂容量。

课堂容量主要表现在学生思维的容量上，学生的思维容量有着质量的维度。一节课，讲了 40 分钟的"$1+1=2$""$1+2=3$"，做了一千道这类的题目，虽然容量很大，但毫无价值。

提升思维容量要敢于相信学生，要敢于让学生做出改变，这是对学生的最佳培养。

第六，学习的关键是什么？

学习的关键是激发学生的学习兴趣。兴趣可以培养。同学的掌声与教师的点评虽然都有激励作用，但还仅仅是表面的激励。最重要的激励是让学生在学习中获得成就感。比如，学生通过查资料、参与小组讨论等方式加深了对某个问题的理解，就是一种重要的激励，这样的激励对高年级学生非常有效。

所以我认为，高中的教学起点要提高，不仅仅是知识难度的提高，教学的方式、方法、评价和激励的举措都要改革。

第七，课堂教学中衡量学生学习效果的关键是什么？

学生到底学得怎么样？这是课堂学习的关键。

教育要善于抓住课堂教学的关键，而这需要教师静下心来读书、潜下心来教书。

从"教材"到"教学"

教材虽是教与学最重要的资源，但在实际工作中，忽视教材的现象较为普遍，对教材研究不深入、处理教材不恰当的问题依然存在。在新的形势下，这个问题依然要引起重视。我们怎样才能实现从"教材"到"教学"的转变呢？

首先，重视对教材的深入研究。教材是圣贤先哲历尽艰辛留下的文化精粹，是编写者依据课程标准反复筛选和推敲后形成的精品。编写者编写教材时一定是有宏观思考的，一定是有整体方案的，我们"研究教材""处理教材"就是在和大师们、编写者们"对话学习"。教师通过学习，了解教材编写的基本思路和整体架构，然后再结合本校和本班的实际情况形成自己对教材的宏观把握，制订长期的战略规划。小学可以考虑制订六年规划，初中和高中可分别考虑制订三年规划。当然如果我们能对小、初、高进行 12 年整体规划，那就更加了不起了。

在育英学校关于教学的六个基本问题中，"把握阶段总体目标、章（单元）目标、课时目标的关系"就是战略规划。俗话讲"一将无能累死三军"，"大将"没有"战略"意识，"三军"就会缺乏方向感和成就感，就会劳而无功。对于一个班的几十名学生而言，任课教师就是"大将"，如何"调兵遣将"完全依赖于教师的战略部署。战略是回答"为什么要这么做"，战术是回答"要做什么才能达到设计的目标"。没有战略的考量，战术一定会陷入困顿和盲目。有时候，我们思考目标的时间太少。思考目标这件事很难，我们不愿意去思考，只是一味地埋头干活。其实，我们不过是用战术的勤奋掩盖战略的懒惰。

其次，关注教材的所有组成部分。我们要思考这样一个问题："二十年前教材的编写体例和现在有什么不一样呢？"最直观的变化就是教材在正文之外增加了很多内容，如资料卡片、想一想、做一做、小探究、小实验、阅读材料等。教材为什么要增加这些内容呢？这是教材在告诉师生学习到底是怎么一回事情。骨架使人站立，血与肉让人鲜活。如果把知识点和考点比喻成人的骨架，那么这些增加的内容就是人的血与肉。如果教师在教材处理时，对这些内容淡化甚至置之不理，就如同摒弃了人的血与肉，教学也就变得"很可怕"了。

本来教材是丰满的、灵动的、充满人文气息的，如果经过我们处理后，"血与肉"没有了，就会变得干瘪、苍老。也有人理直气壮地说："课时那么紧，学生还不会做题，哪有时间处理这些东西？"资料卡片、想一想、做一做、小探究、小实验、阅读材料等内容是教材的重要组成部分，绝不是教材的补充，对这些内容的重视和恰当处理，会让我们的课堂充满生命的灵性。只有教师重视这些内容，学生才会慢慢认识到，学习是综合性的。如此，我们才能进一步实现"用教材教而不是教教材"的愿景。

最后，学会恰当地加工和处理教材。同样的教材在不同教师手里处理的结果大相径庭，就像厨师手里虽拿着同样的菜刀但切出来的菜五花八门。名师的课，为什么大家都喜欢听？因为名师在加工和处理教材时融进了自己的思考，融进了对这门学科的热爱，融进了他和教材编写者的对话，融进了他对选入教材的那些经典的人类文化的挚爱。反观有些课堂上，学生只是被动地、机械地听着教师照本宣科，在充满好奇和求知欲的年龄却感受不到朝气，感受不到创造的魅力，很重要的原因就是教师对教材的处理不到位。对教材处理的水平取决于教师自身的学科素养，而对教材的惯性忽视会逐步消解教师的学科素养。可以这样说，教师如何处理教材会影响对学生的学法指导，教学的生命力首先表现在教师对教材的处理能力上。

综上，从深入研究教材，做好战略规划；到关注教材的"血与肉"，让课堂更加鲜活；再到教师自身要丰厚学科素养，学会恰当处理教材，这些大概是我们从"教材"到"教学"需要重点关注的几项内容吧。

回到教学的原点研究教学

走进育英学校的任何一间办公室，我们都会看到一副镜框，里面清晰地呈现出这样的内容：

育英学校对六个教学基本问题的理解和实施要求

1. 学习目标。

（1）把握阶段总体目标、章（单元）目标、课时目标的关系。

（2）学习目标要具体化、问题化、可测量。

（3）学习目标不要多。

2. 教学环节。

（1）每一个环节的设计是否是围绕着教学目标展开的？

（2）还有没有更好的设计方法使目标达成效果更好？

（3）各教学环节的时间分配合理吗？

（4）尽可能地减少教学环节。

3. 教学原则。

（1）尽可能地给学生提供充分的思考时间。

（2）尽可能地给学生提供学法指导。

（3）尽可能地给不同的学生提供与学习内容相匹配的学习方式。

（4）教学的问题来源于学生，问题的解决依靠学生，把评价还给学生。

4. 教师主导作用的表现。

（1）引导学生学会使用各种学习资源，不断创造使用这些资源的平台和机会。

（2）探索科学有效的与学习内容相匹配的学习方式。

（3）注意培养学生在规定时间内完成规定任务的意识。

5. 教师课堂管理的新变化——两条"主线"。

（1）围绕学习目标的达成（教学的理性）。

（2）围绕调动学生参与学习的主动性（教学的艺术）。

6. 注重教学价值的体现，学科教学要向学科教育转变。

对"知识点""考点"的过度关注，必定是以窄化教学视野、消解师生情感为代价的，这种代价的付出降低了教育质量应有的内蕴。

这是育英学校对全体教师提出的对课堂教学基本问题的理解及实施路径，也是每个学期进行课堂教学诊断的依据。

为什么看重这六个教学基本问题并强调要加深理解呢？

近几年，随着课程改革的深入，很多地区都涌现出了很多有效的教学模式，尤以小学和初中居多，但口碑之下却往往架不住"橘生淮南则为橘，生于淮北则为枳"的现状。毋庸置疑的是，教学有教学的基本规律，不管怎么改革，在目前甚至今后相当长的一段时期内，课堂教学仍将围绕学习目标、教学环节、教学原则、教师主导作用的表现等教学基本问题开展。如果一所学校只是在点上进行改革，那么这种教学改革不会走远。

为此，育英学校对教学基本问题提出了校本要求。事实上，这些要求不仅给教师指明了方向，而且给教师留出了弹性创造的空间。如在学生的学习方式上，有的内容需要教师讲给学生听，有的内容需要学生自主学习，有的内容需要小组合作等。

对此，学校进一步理解为，由于学科、教学内容、教师个人特点等诸多因素都存在差异，课堂教学没有一种"包治百病"的模式，但不管哪一种教学方法，都离不开教学基本问题。因而，教师对学习目标、教学环节、教学原则等诸方面的深入理解是教学改革的生命力所在；教学改革的目标不是形成各学科大一统的、千人一面的教学模式，而是鼓励教师尤其是作为学校团体中的优秀教师明确自己和所在团队课程开发和课堂教学改革的方向，努力形成自己的教学风格；每位教师在教学中获得的经验和感受是不同的，要取得教学改革的良好成效，就必须依赖教师，珍视教师已有的经验，充分考虑教师对教学理解的"最近发展区"。

例说教学相长

在高级教师展评课中，王净老师准备带领学生学习《赵普》这篇文言文。上课前，王老师请学生提出阅读后的困惑，汇总后主要集中为四个问题：（1）为什么赵普即使惹怒太祖也要推荐那个人？（2）太祖乃悟，悟出了什么？（3）为什么只写两件事，两件事之间有关联吗？（4）赵普为什么只读《论语》，半部《论语》真的能治理天下吗？

这四个问题中，（1）（2）（4）王老师都想到了，在备课中也准备到了，但（3）是她备课时没有琢磨的，甚至是她万万没有想到的。带着对（3）的思考，王老师开始查找《宋史》，原来对赵普的记录并不止这两段，而是四段。解决了第一点，就该解决材料间的联系，以及它们和主题"以天下事为己任"的关联。王老师又一遍一遍地反复读书，逐渐从赵普读书的起因、读书的内容和读书的效果中找到了答案。虽然课堂上并没有呈现这三点，但有了对教材的足够理解，王老师很快就帮学生解答了这个问题。

这个案例印证了学习是永无止境的，对教师而言，这一点至关重要。爱因斯坦说过："学生尊敬教师的唯一源泉在于教师的德和才。"马卡连柯说："如果教师在工作上、知识上和成就上有辉煌卓越的表现时，那你就自然会看到：所有的学生都会倾向你这一面。"可见学生敬重的是教师的专业素养，而学习是提升教师自身专业素养的不二法门，是教师永无止境的追求。

这个案例也说明学生是重要的课程资源，教师也要向学生学习。在与王老师交流上课感受时，她说要特别感谢学生，如果没有他们的质疑，自己哪里会对文本有这样深入的思考。我们常说，教师的视野决定学生的视野，教师认识问题的高度和广度决定着学生思考的高度和广度，可是教师的视野来源于哪里？不否认有教师主动地汲取，但也不能忽视在课改理念下学生主动学习所散发出来的灵动思维。

这个案例还揭示出，打破常规是创新的第一步。王老师说："教了20多年书，《赵普》这篇课文讲了十几遍，每次都是只讲课本中提到的'两件事'，没有质疑，没有思考，一切都那么自然，一切都那么顺理成章。每次的课堂都可以预期，每次的课堂都无明显新意。这次却有了鲜明的不同——学生的提问唤醒了沉睡多年的我，促使我向自己发出了挑战，所以，我才打破了固有的思维定式，放下了多年的教学经验，开启了依托原文来分析人物及关联事件的教学方法。课堂是学生学习成长的地方，于老师而言又何尝不是呢？"

特级教师吴非老师有这样一些论述，值得我们认真思考与慢慢品味："教师职业的任务，是让学生学会学习，所以教师自己必须是真正善于学习的人。只有教师知道如何去学，学生才有可能跟随着去学习。""教师只有比学生善于学习，他才可能会'教'，因而才可能是'师'；也只有比学生更知道需要学习，他的'教'才可能是有价值的。"

了解自己，是学习的起点。多年来，我深切地感受到，一个人的智慧是有限的，好多领域的知识我不了解，好多应当读的书我没读过，这就让我始终把继续学习当作生活的主要内容。每位教师都可能有自身的教学优势，要敢于扬长，也要敢于不避短，善于向一切可以学习的人学习，当然也包括向学生学习。每个人身上都可能有值得我们学习的东西，学习他不是为了成为"他"，而是为了成就"我"。有了这样的意识，我们就能不断开拓学习的新途径。

我看"先学后教"

近些年来，大家对"学生是学习的主体""以学定教"等观点日益认同。不少学校都纷纷探索适合学生学习、满足学生需求的教学方式，"先学后教"便是被我们熟知的一种。作为实施"先学后教"这一方式的常用载体——学案、导学稿、学研导航、导学讲义（以下统称"学案"）等更是被很多学校广泛使用。与此同时，我们的认识也越来越清晰："先学后教"只是贯彻"以学定教"思想的途径之一，它本身不是一种思想，也不能涵盖"以学定教"的全部内涵，更不是唯一途径。尤其从实践层面分析，我反对"先学后教"这种非常不严谨的提法。由于一线教师没有足够的时间系统地研究教学理论，往往望文生义，片面理解"先学后教"，导致教学中产生了很多问题，我们有必要对此进行探讨。

第一，我们要正确认识"先学后教"的常用载体——学案。

学案是学生学习过程中的"拐杖"，是强化学生自主学习意识的工具。学习是自己的事情，要学会自主地、主动地学习。但学案的编写体例不是一成不变的，每门学科的学案应该有所区别。另外，也不是每个课时都必须有学案。

学案是教师的化身。学案主要由谁设计，又由谁编写？是教师。他们结合学生的实际情况和学习任务（教材）编写学案，让学生的自主学习有章可循。因此，学案要特别关注"导"和"讲"的设计。这里的"导"和"讲"都从"有声"变成"无声"，关注学生自身对知识意义的主动理解和把握。对学生而言，这并不是"先学后教"，而仍然是教师的"导"和"讲"在前，只不过换了一种新的方式而已。学案的编写要突出对学生学习的引导和学法的指导，因此，学案绝不能搞成习题汇编。

教师既要引导学生正确认识和运用学案，也要让学生充分认识到教材的重要性。也就是说，学案只是帮助学生学习教材、深刻领会学习内容的工具而已，并不意味着学案比教材重要。

对学生学习的引导，除了引导学生按照流程自主学习，还应着重引导学生如何自学教材。比如，在学案中要明确提出自学时应思考的问题，帮助学生加深对教材的理解和把握，而不是简单地把教材上的例题和课后题搬到学案上，也不是简单地增加几道习题。至于如何呈现，我们可以在实践中积极探索。

第二，教学是一门科学，有其自身的规律，对教师的教学要求不能搞"一刀切"。

新课改倡导自主、合作、探究的教与学的方式，主要目的是改变过去单一的、机械的、灌输式的教学方法，引导学生在学习中开阔视野、增强自信、提升能力，获得积极的学习体验。这并不是说广大教师在过去几十年的教学实践中积累的行之有效的具有本土特点的经验和方法是不好的。因此，一些教育行政部门和学校，要求全校所有学科必须使用一种教学模式、一种教学方法的做法是值得商榷的。尊重教育规律、尊重学科教育规律是我们应该秉持的基本态度。

基层学校应对本校的教学提出明确的愿景，引领教师回到教学基本问题上来研究课堂、解读课堂。这个要求应有三个方面的内涵：一是学校对教学基本问题的界定，二是学校对教学价值取向的明确表述，三是学校要给教师的教学实践研究创设明确的问题空间。

从课堂教学"满堂灌"说起

在课程改革不断深入的背景下，对课堂教学的研究如火如荼。很多地方和学校都产生了很多经验，丰富了课堂教学的生态，加深了我们对课程实施方式、课堂教学方法的理解。但是，我仍然对一些问题有很多担心。

　　我曾经写过一篇文章《校长引领课堂教学改革不能盲目追风》。如今，十多年过去了，我虽听了上千节的常态推门课，但也不能总结出一节好课的标准，甚至是听的课多了后，更不敢轻易对一节课做出"好"或是"不好"的评价。

　　我们对"满堂灌""填鸭式"的教学方式意见不断，对其弊端也分析得很透彻，但是为什么这样的教学方式还一直大面积地存在于我们的课堂上呢？这种现象在高年级尤其突出。我们既不能简单地认为"存在即合理"，也不能脱离目前的教育实际简单地对这些方式全盘否定。我们应该追问一个问题："满堂灌"在"灌"什么？教师在用什么方法"灌"？

　　在培根时代就有很多关于传授知识的方法的争论。培根在研究之初并没有陷入到具体方法的讨论之中，而是对"传授"的性质作了说明："传授的方法或传授的性质不仅对于知识的应用，而且对于知识的进步也是很重要的。仅靠个人的辛勤和生命是无法得到完善的知识的，传授知识的关键就在于促使人们不懈地探索和前进。"所以有学者感叹："直到如今，我们之中有多少人（包括教师在内）会把自己的知识传授工作看作是为了促使人们不懈地探索和前进？面对五百年前的培根，我们多少有点汗颜。"培根从"授受者"与"接受者"的视角进一步谈道："授受者应对自己获得知识的过程和自己知识与信念的基础有所了解，这样他就可以按照知识在他心中生长的方法，把它们移植到其他人心中。"写到这个地方，我不禁想起了我高中时的语文老师——马力耕老师。

　　马力耕老师是全国优秀教师，也是一位倔强、正直、爱生如子的教师。毕业这么多年了，他的教学理念始终影响着我对教育教学的认知。我清楚地记得学习鲁迅先生的文章《为了忘却的记念》时，马老师在上课伊始就说："刚才老师们在办公室争议'忘却'和'记念'的关系，我的观点是这样的……常老师的观点是这样的……请同学们认真阅读课文，谈谈你对这两个观点的理解。"我们用了五节课的时间学习这一篇课文：第一节课阅读，第二节课到学校图书馆查找资料（有些资料是马老师手刻印刷的），第三节课分小组辩论，第四节课是马老师请常老师给我们讲他的观点，第五节课是马老师给我们讲他的观点。两位语文名师结合《记念刘和珍君》等鲁迅的其他文章引经据典、滔滔不绝，让我们听得如痴如醉！马老师最后说："同学们，本来，在备课时，语文组的老师们一致认为要按照高考的要求统一答案，不要把有争议的观点教给学生，以免学生在答题时混淆。但我觉得，我们的学习不仅仅是为了高考啊！"时隔多年，言犹在耳！

从以上回忆可以看出，第四节课是常老师给我们"灌"，第五节课是马老师给我们"灌"。我现在想，当时的学校也肯定会有教学进度等对教学常规的要求，马老师这样的突破给学校管理带来了什么启迪呢？我以为"灌"或者"填"本身没有错，我们要研究的是怎么"灌"，进而思考教师主导作用的地位如何发挥。我们要理性审视各种理念：不管是"教师中心"还是"学生中心"，都不能"乱花渐欲迷人眼"。

关注课堂、促进学校育人质量的不断提升是校长关注的重点工作之一。校长要对教学有基本的认识：教学是一门科学，有其自身的规律，对各学科的教学要求不能搞"一刀切"。学校要尊重学科教学规律，尊重教师个人的教学特点，鼓励教师形成自己的教学风格。校长引领课堂教学改革不能盲目追风，要对学校教学提出明确的要求，引领教师回到教学的基本问题。在具体操作上，我认为对教学价值取向的引领比给出一节好课的量化标准更重要。

"兵无常势，水无常形"，教学也是这样。"满堂灌""一言堂"有其合理处，也有其弊端。在教学研究如火如荼的今天，我们更要注意"倒洗澡水不要把孩子也倒掉"。在学校层面，对教学要慎用"改革"一词，对此，张文新教授的一段话仍然值得我们思考：教学实践几乎从来也没能像教学理论所描述的那么乐观过，传统的伟力通常都会像一种无形的深在的约束，以各种形态传承延续，既顽强地保持着某种"特色"也同样顽强地保持着某些痼疾。

如何引导学生主动参与课堂学习

发挥学生的主体性是我国课堂教学改革的方向之一，引导学生主动参与课堂学习基本已是大家的共识，但对教师在课堂上的定位到底是"主导"还是"主体"一直争议不断，就此也出现了很多说法，如像教师是课堂的组织者和参与者，是平等中的首席等。我的看法倾向于教为主导，而教师主导作用的发挥又依赖于教师作为主体的人的主观能动性。我们虽然没有必要陷入对此种观点的争议，也没有必要从理论层面做太多的深究，但是可以从对"学生主体"的实践剖析中反观教师主导作用的发挥。

主体性有三个基本内涵：自觉性、自主性、创造性。我认为主体性不是人的本能，即人不是一出生就具备了主体性的。学生主体性主要有赖于后天的培养。在此我们主要谈学校的培养。

第一，育英学校经常提的一个词是"高位引领"，我常挂在嘴边的一句话是"教师的视野决定学生的视野"。这实际上都是在强调学校要对学生进行理想信念教育。作为人的社会属性之一，主体性的核心是精神。"为中华之崛起而读书"就是追求，就是大视野，会产生强大的内在驱动力。对于高年级的学生，远大目标的激励就愈发显得重要，学生受其鞭策会走得更远。

当然，能考上好的学校对学生来讲也是一种追求，这就要引导学生处理好大追求和小追求、大目标和小目标、远期目标和近期目标的关系。

第二，育英学校在常规制度建设方面做了大量工作。为什么做这些工作呢？年龄比较小的学生或者不太自觉的学生的主体意识比较薄弱，需要从制度和做事流程方面加以引导。在制度的保障下，"习惯成自觉"，这是学生主体参与的基础。

第三，教师要在课堂上进行情境创设，这是激发学生学习兴趣的重要手段。以我有一次听的周莉英、冯艳、杨惠苑三位教师的课为例：周老师一上课就引导学生回忆："孩子们，还记得上周我们到校园里去找春天吗？"此时同步播放歌曲《春雨蒙蒙地下》，这是聚焦于学习内容的时间背景是春天；冯老师以谈话导入："……妈妈这么关心我们，爱我们，为了我们这么辛苦，我们能为妈妈做点什么呢？"这是聚焦于学习内容的教育性；杨老师一上课就展示了生活中非常漂亮的各种"吃虫草"，一下子吸引了学生，这是聚焦于美术绘画的审美指向性。三位教师在创设情境时，都既关注到了学生的年龄特点，又注意到了和本节课学习内容的联系，激发了学生学习的兴趣。

三节课都是在导入环节创设了情境，使得学生很快就进入学习状态。一节课不管长短，都是教师教学和学生学习的环节，都是有始有终的。"好的开端是成功的一半"，因此，怎么创设教学情境以导入新课，值得我们重视。

此外，情境创设还有一项非常重要的功能，就是设定学生本节课的思维指向，这也是为达成这一节课的教学目标服务的。就是说，情境创设不能随意。但情境创设并不只是在课堂导入阶段使用。在教学过程中适时地使用情境创设也很重要，它能调控课堂的节奏和调整学生的情绪。

第四，衡量学生参与度的标准关键看学生参与的广度和深度，也就是参与的质量。比如，我们不能片面地认为一节课上举手的人多了，回答问题的人多了，就是学生在积极参与了，因为这只是参与的表象。

总而言之，学习兴趣、学习动机、学习方法是影响学生参与度的重要因素，"教为主导"可以在这三个方面努力。

什么样的知识呈现方式才是学生需要的

教师的教离不开教法，而教法和学法是辩证统一的。针对不同内容、不同学生选择适合的教法，本身就是教师对学生最重要的学法指导，这也是"教是为了不教"的应有之义。因此，教师在教学中选择适合的教法是非常重要的。

受教学习惯、教学进度、教学任务等因素的制约，教师对教法的选择仍然比较单一。教法的立足点之一就是教师对知识呈现方式的选择和设计。每一种呈现方式实际上都是一种具体的教法，呈现方式不同，教学效果也会不同。从大的方面讲，教材、课件、实验室、文本等都是知识呈现的载体，如何在实际的课堂教学中把具体的学习任务呈现给学生并符合学生的认识规律、年龄特点，则更多地取决于教师的智慧和其对本节课教学目标的理解和把握。进言之，我们对所授知识呈现方式的设计，决定了课堂教学的品质。

例如，在一节小学语文课上，甲老师在学生默读课文《儿子们》之前，出示了两个问题让学生思考：想一想，在三位妈妈心中，儿子们各是什么样的？妈妈打水回来，儿子们又是怎么做的？针对这样的呈现方式，我们可以思考：学生默读完后再呈现问题可不可以？为什么在默读前就呈现？哪个效果会更好？这两个问题为什么同时呈现？可不可以先呈现第一个，默读完后再呈现第二个？

同一节课，在学生理解课文这个环节，乙老师是这样处理的：先让学生读课文，读前没有提出具体要求；待学生读完后，她问学生："大家有什么读不懂的地方？"有五名学生站起来说了困惑。然后，教师让学生再读课文来解答问题。

问题来源于学生，实际上是知识的呈现方式之一。不管问题来源于教师还是学生，我们都应该充分地认识到，作为课堂教学的主导者，教师在备课时应该认真研磨教学设计及知识呈现方式，或者说具体的教法。

又如，一节高中化学复习课上，教师要带领学生复习十个典型的有关钠、铝、铁及其重要化合物的化学性质的方程式。课是这样上的：教师说"铝在空气中燃烧"，学生就在笔记本上写出化学方程式，就这样，教师说一个，学生写一个。写完十个方程式后，教师纠错，然后对前五个方程式和后五个方程式的共性分别进行分析。客观地说，这样的知识呈现方式在课堂上很常见，但也有些机械、呆板，很难对学生的思维培养起到促进作用。就复习课而言，知识的呈现不是简单的知识再现，而应该是在学生的最近发展区内设计有一定思维含量的问题，使学生通过对知识的回忆、加工和甄别，实现"跳一跳，摘桃子"，让学习在更高层次上发生。为此，课后我们进行了认真研讨，针对学情提出了如下呈现方式：首先，请学生推荐最能体现钠、铝、铁及其重要化合物的化学性质的十个反应并说明理由；然后，请学生设计制备钠、铝、铁三种金属单质的路线并用流程图的形式把它们表示出来。

教材是学生所学知识的重要载体，也是知识呈现的重要方式，重视教材、深研教材不管对教师还是学生都是重要的任务。著名教学专家余文森教授曾指出："课堂教学的主要矛盾是教材与学生的矛盾，课堂教学是围绕这一对矛盾运动而展开的。其他矛盾都是从属并为解决这对主要矛盾而存在和发展的。在教材与学生这对主要矛盾中，教材是矛盾的主要方面，学生是矛盾的主体力量，解决学生和教材之间的矛盾，主要靠学生自身主动性、积极性的发挥，不能由别人代替。"因此，教师要在理解课标、深研教材的基础上，设计好教材的呈现方式，发挥好解决这一矛盾的桥梁作用。

课本是教师和学生共有的教学媒介，依据课程标准而编，是最重要的课程资源。课本编写者在编写体例上注意到了教师的教，所以称之为"教材"；同时，也注意到了学生的学，因此也称之为"学材"，这和过去有着很大的区别。比如，高中历史教材在正文中就设置了"历史纵横""史料阅读""学习聚焦""探究与拓展"等栏目，这些栏目的设置实际上就是对学生的学法指导，是结合学习内容对不同知识的及时呈现，教师如何指导学生用好这些资源，或将其有机纳入课堂并适时地呈现给学生，是教学设计的一项重要任务。

另外，有一个现象值得我们重视，教师一般只会在新的一章开启时带领学生分析章序，构建整章的知识框架，而后面的教学就是孤立地按节进行。为解决这一问题，我们应该在每节新授课前，以完善知识体系的方式引入新课，让新课的出现不那么突兀、单薄，同时在每节课小结时，再次与章序对接。只有在这样一次又一次有意识的呈现中，学生才能反复体味章序的价值和构建知识体系的意义。

总之，知识呈现方式的设计决定着学生在学习过程中参与的兴趣和质量。只有立足学生思维能力的提高，科学地处理教材、设计问题、呈现任务，引导学生在问题解决的过程中理解知识、掌握知识，才能真正提升学生的学习能力。

课堂管理，从细节入手

在一节课中，几个大的环节是构成这节课的骨架，而充盈其间的细节就成为这节课的血肉。虽然我们不可能把每一个细节都处理得恰如其分，但是细节决定成败，如何处理课堂细节值得我们注意。

细节一，学生纠错、改错问题。虽然教师讲完课后让学生自己批改并订正自己的答案是一种纠错、改错的方式，但有些时候，学生对有些问题容易陷入理解的偏差，导致自己发现不了自己的问题出在哪里。所以，教师还要适时采用同桌、同学之间互批互改的方式。

细节二，教师要养成使用实物投影仪的习惯。教师让学生到黑板上做题，学生一般都写得比较慢，且教师无法预知这个学生会出现什么问题。其实，学生在座位上写的时候，教师可以在教室中巡视，以便发现更具代表性的问题，然后利用投影仪展示这些问题，这样的教学更具针对性。

细节三，当教师布置完任务、学生开始独立完成的时候，若巡视中发现有的学生出了问题，教师一定不要再面向所有学生喋喋不休地提示。其实这个时候的提醒不仅学生一般不会注意，而且会打断大多数学生的思路。教师可以个别提醒、个别辅导。什么问题需要提示、什么问题需要给学生真正留出思考的时间和空间，教师要心中有数，不要总试图用自己的思维或解决问题的方式一统全班学生的做法。

细节四，上课主动举手回答问题的总是那几名学生，随着学生年龄的增加，这个现象愈加突出。我在一个班做过调查，学生不举手并不是学生对教师提出的问题没有想法，他们不举手的原因主要有三点：一是不好意思举手，二是害怕回答错了被同学笑话，三是还没想好。

第一，不管是任课教师还是班主任，都要通过积极评价鼓励学生，做好学生的思想工作，引导学生积极参与课堂学习。

引领一：鼓励学生积极回答问题，包括提醒声音小的学生声音大一点儿。我们要让学生明白，声音大一点儿不仅是让教师听得清楚，而且是让其他同学也听得清楚。学生在学校的学习也包括向同学学习，他们是彼此的老师。另外，积极回答问题就值得鼓励，至于回答的正确与否都是次要的，因为回答问题的这份勇气既锻炼了他们自己又给同学带来了新的思考。

引领二：要让学生明白，他个人的智慧通过回答或者质疑变成了全班的智慧，这就是学校生活，也是学校和班集体的价值之一。如此这般，当同学在回答的时候，其他人就不会窃窃私语，也不会认为他的回答与我无关，而是安静地倾听。倾听既是对回答者的尊重，也是促进自我进一步思考的重要途径，更是一种良好品质的体现。

第二，教师应该认真研究课堂回答问题的机制。举手回答只是课堂回答问题机制中最简单、最机械的一种形式。听七年级刘晓旭老师的课时，有一个现象给我留下了非常深刻的印象：刘老师布置完任务后，并没有给出"会的举手""谁回答"等显性指令，而是等学生思考后，依照小组依次站起来回答问题，全程都很有秩序。据了解，经过半年的适应，刘老师的课堂在回答问题方面形成了机制。

对学生回答问题的处理是课堂管理中常见的细节。如果我们总是叫那几个学生回答，说得严重点，课堂就被几个学生绑架了。其实即使学生没想好答案或思路不明确，站起来讲一讲，也有价值，因为我们会知道学生的思路在哪里出了问题，指导的时候就更有针对性。

课堂管理，从细节入手！

诊出教学的理性与品位

医学术语"诊断"被广泛地应用于教育领域，如课堂诊断。课堂诊断旨在对教师的教、学生的学及师生之间的关系进行判断、分析并做出调整、改进和提升。课堂诊断的目的是直面课堂中存在的现实问题，不断改善和优化课堂教学的运行方式，进而从根本上提高课堂教学的质量。

课堂诊断从哪里做起呢？

一、在问道中明确课堂诊断的方向

"从问题出发，走动管理，问道教师、问道学生、问道家长"是育英学校的工作原则，学校各项工作均据此展开。

2011年，学校从"最希望学生在课堂上出现的行为""最不希望学生说的话""希望老师改正的行为""最不希望老师说的话"四个角度对全校师生进行了问卷调查及分析，并凝练出"育英学校教师课堂教学'十要''十不要'""育英学校学生学习'十要''十不要'"。

2012年，学校组建教师项目组，专门研究课堂教学常规问题，形成了包括学期教学计划、备课、上课、作业、辅导与帮助、教学评价、教学研究、质量评估、教学总结等内容的育英学校《教师教学基本工作常规》。

两次的师生问道，使得学校明确了课堂教学中存在的问题及发展的方向，也明确了育英学校课堂教学诊断应该围绕的核心内容——对学习目标、教学环节、教学原则、教师主导作用的表现、教师课堂管理的新变化、注重教学价值的体现这六个教学基本问题的理解。

基于这六个教学基本问题，五年中，全校教师观摩研讨了4000多节诊断课。全体教师诊断在课堂、进步在课堂、发展在课堂、成长在课堂，以课堂的改变促进课程的改变，继而促进学生的全面发展，提升了课堂教学的效能。

二、在实践中梳理课堂诊断的流程

六个教学基本问题就是育英学校课堂教学的基本标准，就是课堂教学的发展方向，就是保证课堂教学更具理性和品位的基点。如何在具体的课堂诊断中实施呢？我们结合师生特点，创造了如下的"四诊法"：

第一，从备课开始的诊断。加强教研组建设以提高备课质量一直是育英学校努力探索的内容。学校引导教师深刻理解课程标准，科学处理教学内容与教学时间的关系；提倡同一学科不同年级教研组之间的常态化交流，增强教研合力，分享研究经验，提高课堂诊断的质量。同时，学校还组织教师进行跨学科听课等学习活动，帮助教师从学科视野扩展到全课程视野。

第二，从课堂呈现入手的诊断。育英学校倡导教师提高课堂效率，提升课堂品位，把课程理念体现在日常教学的细节中，鼓励教师积极将课程实施中遇到的问题上升为课题，以项目研究的方式加以破解，使科学性和可行性得到统一。比如，针对"教师如何进行课堂提问更有效"这一课堂常态现象，全校教师都积极地以课题研究的方式进行了多学科多角度的深入探索，在4000多节诊断课中，形成了人人做课、时时教研、生机勃勃抓诊断、认认真真悟反思、扎扎实实促发展的良好局面。

第三，从课后反思入手的诊断。反思是一种能力，更是一种智慧。育英学校大力倡导教师反思，在反思中汲取提升的能量。目前，大部分教师已经养成了反思的习惯。王斌老师的《从"弱弱问题"引发的思考》、李晓晖老师的《不能错过每一个"明星"》、李雪老师的《问渠哪得清如许？——"蜀相"教学案例分析》等反思日志都真实呈现了自己对一段时间、一节课、一项研究工作的反思，为自己后面的学习实践明确了新的方向。特别是邵鸿老师，他在每一节课后都进行书面反思，形成了十几万字的反思集。这些都为教师和学生的成长积蓄了能量。

第四，从系列活动入手的诊断。为了把课堂诊断引向深处，学校组织了一系列诊断活动。教师教学个性化切入点诊断活动，促进了教师教学特色的形成；以问道学生为原则的"促进教师改变课堂，提高课堂实效"学生调查，让诊断具有了明确的方向；以学科组、教研组为单位开展的课堂诊断有效地引领了教研的发展；课堂诊断系列研讨会，让全校教师且行且思且积累；课堂诊断增效年教学论坛，为全校教师营造了观点交锋、学术争鸣、各取所需、不做结论的学术研究氛围；"利用课堂诊断工具，开展课堂自诊断活动"，用数据说话，让课堂教学更具理性，实现了课堂效益的最大化。

三、在研究中创造课堂诊断的工具

"工欲善其事，必先利其器。"为了做好课堂诊断，育英学校教师结合学校实际研发了校本化的课堂诊断量表，进一步提升了教学理性。目前，教师常用的诊断量表有影响学生课堂思考效果的因素——教师自我诊断量表、影响学生课堂参与的因素——教师自我诊断量表、教师引导学生阅读教材行为诊断量表、学生深度学习诊断量表等。

以表 3-1 和表 3-2 为例：

表 3-1　影响学生课堂参与的因素——教师自我诊断量表

因素	每节课出现的次数			
课前没有明确学生的学习任务				
小组讨论中，没有对学生进行任务分工				
教学中只关注到了表现积极的学生				
没有给学生充分的思考时间和探究机会				
没有对学生进行参与方法的指导				
累积次数				

诊断说明：

（1）学生参与的范围、程度、质量决定了课堂教学的质量。教师的作用在于引导所有学生都在自己能力水平的基础上，参与到课堂教学中，提高原有水平。

（2）如果一节课中的累积次数超过两次，教师就要注意；如果一节课中的累积次数超过三次（含三次），教师则要从自身寻找原因；如果在连续几节课中，某一因素都重复出现，教师就必须想办法改变。

表 3-2　影响课堂教学气氛的因素——教师自我诊断量表

因素	每节课出现的次数			
课堂过于严肃、拘谨，把控性很强				
教学过程没有关注个体差异				
教学中无法有效引导学生犯的错误				
不允许学生质疑自己的观点				
课堂气氛死气沉沉，学生容易走神				
累积次数				

诊断说明：

（1）课堂气氛是课堂教学的一种心理氛围。民主平等的师生关系、宽松的课堂氛围有利于调动师生的思维积极性，提高课堂教学的效果。

（2）如果一节课中的累积次数超过两次，教师就要注意；如果一节课中的累积次数超过三次（含三次），教师则要从自身寻找原因；如果在连续几节课中，某一因素都重复出现，老师就必须想办法改变。

芒提·尼尔在论述有关美国中学测试改革的文章中说："单纯依靠测试分数来确定学生在阅读或数学等领域中的成功或进展会导致错误的推论，这种行为是无效的甚至有害的，正如一个医生不仅仅需要可靠的血压结果来诊断病人。以诊断为基础的精心设计的课堂教学可以提供更丰富、更一致的信息，能够增强课堂教学效率，增加诊断者的诊断能力，并且对诊断标准起到一定的促进和发展作用。"可见，课堂诊断不仅有利于教师发现问题、总结经验，而且能够激发教师进行课堂教学研究的兴趣，既是教师专业发展的助推器，也是提升课堂教学理性和品位的重要途径。

什么是课堂学习？

2022 年 4 月 13 日，我通过学校的 OA 办公系统向全校教师提出了一个问题：学生每天有百分之七十的时间都是在课堂学习中度过的，您能给出课堂学习的定义吗？一石激起千层浪，又时值育英学校第二届青年教师课堂教学比赛，教师的思维张力一下子被激发起来，他们纷纷做出了回复。这是一次充满理性的、全校教师一起参与的深度教研，是引领教师对自己天天在做的事情的再认识与再思考。对此，我也提出了自己的观点：课堂学习是基于一定情境的集体行为，它和个体行为相互交织，以实现个体获得知识、提升能力、形成素养为目的，是一项复杂劳动。本文就此展开以下论述。

一、课堂学习是一种复杂劳动

（一）对课堂的认识与理解

我们可以从广义和狭义两个方面理解课堂。广义的课堂是指凡是有学习发生的地方，狭义的课堂是指班级授课制背景下由教师指导学生学习的地方。本文研究的课堂学习中的"课堂"主要指狭义的课堂。

（二）对劳动的认识与理解

关于"劳动"一词，《现代汉语词典（第 7 版）》给出的定义是：人类创造物质或精神财富的活动。也有人在此基础上特别强调：劳动是人维持自我生存和自我发展的唯一手段。按照传统的劳动分类理论，劳动可分为脑力劳动和体力劳动两大类；按照新的劳动分类方法，劳动可以分为简单劳动和复杂劳动两大类。

经查阅，脑力劳动是指以大脑神经系统的运动为主，以其他生理系统的运动为辅的主体劳动，如思考、记忆等。脑力劳动是只有人类才有的劳动形式，具体可划分为四种基本形态：创造知识的脑力劳动、传授知识的脑力劳动、管理知识的脑力劳动和实现知识的脑力劳动。

简单劳动和复杂劳动则可以进行如下区分：简单劳动是指不需要经过专门训练和培养，一般劳动者都能从事的劳动；复杂劳动是指需要经过专门训练和培养，具有一定文化知识和技术专长的劳动者才能从事的劳动。

课堂学习的主体之一教师是经过专门训练和培养的、具有一定文化知识的劳动者；课堂学习的过程主要是通过思考、记忆等形式，师生一起探究知识的发生与发展的过程，属于大脑神经系统运动；课堂学习的目的是为师生自我生存与自我发展奠定基础。可见，课堂学习综合来说是一种非常复杂的脑力劳动。

二、课堂学习发生在情境当中

人们对于情境有着不同的定义。《现代汉语词典（第7版）》将其拆分为两个词语：情景；境地。《辞海》将其定义为：一个人在进行某种行动时所处的社会环境，是人们社会行为产生的具体条件。在教育学领域，情境是指由特定要素构成的有一定意义的氛围或环境。杜威"思维起于直接经验的情境"的教育思想及情境教育创始人李吉林老师毕生研究的情境教育，都让无数的教育工作者认识到情境创设与实施的意义和价值。中小学生正处于思维发展的关键时刻，更需要在一定的情境中培养。

关于课堂学习的情境创设，大多课堂是从教学环节进行的：导入环节的情境创设，可以激发学生的学习兴趣，将学生快速带入课堂学习；新授课环节的情境创设，意在帮助学生理解教材，学习新的知识与技能；结课时的情境创设，旨在总结课堂学习内容，检测课堂学习效果。在情境创设的方式上，教师要么采取的是真实情境的创设，要么采取的是虚拟情境的创设。

综观上述内容，创设课堂学习情境要注意三个逻辑：第一，情境创设要符合生活逻辑。学习即生活，校园生活是学生当下生活的重要组成部分，学习情境要源于学生的生活世界，从学生鲜活的日常生活中发现、挖掘情境资源，引导学生理解所学知识在实际生活中的价值，这样的学习才有其真正的意义。第二，情境创设要具有问题逻辑。情境创设的目的是引导学生在形象生动的场景中主动学习知识，深度思考问题，因此教师在创设学习情境时一定要设计好问题，以问题分析和问题解决引导学生的思维发展。第三，情境创设要体现典型逻辑。教师要选择最具典型意义的事件进行学习情境创设，这样才更具有冲击力，更符合中小学生的认知特点，更容易吸引学生的注意力和引发情感共鸣。总之，要想使教师的教与学生的学达到预期的目的，设置一定的情境是不二的选择。

三、课堂学习包含五种需要

课堂学习是一种劳动，自然应该具备劳动的三要素，即劳动者、劳动工具和劳动对象。课堂学习的劳动者和劳动对象是不言而喻的，因此我们需要在劳动工具上多做文章。课堂学习包含五种需要：需要目标引领、需要秩序规则、需要资源载体、需要同伴互助、需要激励关怀。这五种需要都可以理解为劳动工具，只是都侧重于软件方面。

（一）需要目标引领

课堂学习需要目标引领。这个目标既包括广义上"为谁学习、为什么学习"的问题，也包括狭义上的课堂教学目标，应该说前者更为根本。

"为谁学习、为什么学习"？对学生而言，答案是多元的。2004 年，育英学校教师曾对六年级学生做过一次微调查，20% 的学生表现出"为自己学习"，10% 的学生表现出"为父母学习"，30% 的学生表现出"为兴趣学习"，30% 的学生表现出"为梦想学习"，10% 的学生表现出"为祖国的发展学习"；2021 年，又在六年级做了相同的调查，"为祖国的发展学习"的数据达到87%，数据的提升与育英学校的育人目标（行为规范、热爱学习、阳光大气、关心社稷、勇于担当的国家栋梁）及每周一次的"为了祖国 好好学习"的主题升旗仪式是分不开的。有了这样的目标认同与目标引领，课堂教学目标的实施与达成就是水到渠成的事情了。当然，目标引领是为了目标的达成。实现课堂学习目标，需要适当的方法和路径，育英学校提出了六个对教学基本问题的理解和实施要求，即对学习目标、教学环节、教学原则、教师主导作用的表现、教师课堂管理的新变化、注重教学价值的体现这六个教学基本问题提出了具体的实施细则，以提升课堂教学的理性与品位。

（二）需要秩序规则

有人说："一切伟大从外面看都是一种无可抗拒的力量，从里面看则是一种无比智慧的秩序。真正的文明实质上是一种精神秩序。"课堂学习是集体行为和个体行为相互交织的过程，没有一定的秩序规则作保障，这个过程是无法进行的。

如何确定课堂学习的秩序规则呢？首先，要明晰课堂常规。例如，教师提出问题后，学生不要脱口而出就回答；学生迟到后不用打报告，赶紧到座位上坐好，课后再说明原因；课堂上练习时，在教师指定的时间段可以下位讨论；作业实在不会做时，可以写上"不会"二字上交。清晰的课堂常规是学生有秩序地学习的保障。其次，要建立与之相应的课堂评价机制，即做到有要求、有落实、有督导、有评价。为此，育英学校研发了学生综合素质评价体系，各学科的课堂学习都是过程性评价的重要组成部分，由任课教师赋分、登统、发布，旨在引导学生遵守秩序，敬畏规则，建立良好的学习环境，为自身成长和集体发展创造条件、提供保障。

（三）需要资源载体

溯源"载体"这个词汇，我们往往会从化学反应的角度来分析。为了使某种化学反应更充分，让反应物质通过携带某种特殊物质进入反应之中，但这种特殊物质本身不参加化学反应，这种特殊物质就被称为载体。载体有两个作用：一是贮存和携带其他物质，二是促进其他物质之间的反应。课堂学习是师生间进行交互作用的活动，目的是使学生获得知识、提升能力、形成素养。这个过程犹如化学反应，可以表述为：

$$师生＋学习内容\xrightarrow{资源载体}获得知识、提升能力、形成素养$$

由此可见，要实现课堂学习目的，这一资源载体非常重要。教师要在教学过程中设置恰当的资源作为载体，以促进教师的教与学生的学发生相互作用。

资源载体是促进学生学习的抓手和平台。如何设置课堂学习的资源载体呢？首先应该明确课堂学习资源载体的存在形式，然后才是教师基于学习目标采取相应的教学策略，合理地使用这些资源载体。教材，是传统意义上最重要的资源载体，是连接教师与学生的桥梁。教师对教材的使用和处理非常重要。"教材"看似是"物"，核心实则是"人"；"处理教材"看似是"技术"，核心实则是和大师的"对话学习"；教师如何处理教材是对学生最大的学法指导；教学的生命力首先表现在教师对教材的处理上。因此，育英学校要求教师务必厘清本学科教材的编写结构，逐字逐句地阅读教材，教材中的每一处地方都要仔细阅读。只有这样才能充分地、更好地发挥教材这个重要资源载体的价值。新型资源载体一般是指教师设计的教学活动、与所学知识相关联的教学资料及师生所处的学习空间等。历史教师将中国朝代更替创编成朗朗上口的儿歌、美术教师将课堂平移到校园中就都属于这类资源载体。此类资源载体便于学生掌握知识，产生情感。这里需要特别强调：教学媒体不属于资源载体，它是呈现资源载体的一种形式。

（四）需要同伴互助

学生在学校不仅要向教师学习，而且要向周围的同伴学习。学习互助小组、班级成长小组、学友等学习共同体虽然有的侧重学习上的互相提携，有的侧重综合素质的提升，但都是同伴互助的重要形式。育英学校教师在实践中总结的学生进行同伴互助的经验就非常值得分享。（1）同伴互助的对象：不一定是异质组合，水平比较接近的学生组成互助小组更容易收到好的效果；（2）同伴互助的方式：不一定由教师指定，可由学生自己寻找，这个过程本身就是对自己的一次审视。我需要什么，什么样的人会让我变得更好，他身上有什么值得我学习……这些对自己的追问会让学生更加明白他想成为一个什么样的人；

（3）同伴互助的本质：发动学生群体参与班级管理等活动，利用群体的力量转化个别学生，使学生明白规则的作用。

借鉴上述经验，课堂学习中的同伴互助需要注意哪些问题呢？一是不要限制人数，让有需要的学生都能找到适合自己发展的同伴。二是不要限制空间，允许学生在同伴互助环节离开自己的座位或组别，这样就可以与前一个问题相照应。三是不要限制思维，教师在问题设计上要具有开放性，引导学生互相启发，互惠发展。育英学校一直倡导全体教师进行开放性教学研究，本意即在此。

（五）需要激励关怀

卡耐基在《人性的弱点》中有一段非常激烈的论述，表达了他在观看动物表演后内心升腾起来的强烈的思想感受："我们要改变一个人的时候，为什么不用称赞代替指责？即使是最微小的进步，我们也要称赞、激励他人继续进步。"由此，他给出了说服他人的第六条原则"称赞他人的每个进步，即使十分微小，也要'诚于嘉许，宽于称道。'"古今中外，因被激励关怀而获得成功的案例不胜枚举，这是因为激励关怀属于马斯洛需求层次理论的第四层，是人的高阶需求，为第五层的自我实现提供了应然和实然的保障。在学校教育中，教师一句激励的话语、一个信任的眼神、一个友好的动作都可能会改变学生的学习兴趣，甚至会被其铭记一生。因此，教师一定不要吝啬自己的表扬与赞美。

如何在课堂上使用激励关怀呢？这样几个视角的效果往往事半功倍。第一，激励要真诚。以柔软的心灵和宽阔的胸怀面对每一位学生，不做作、不敷衍、不世故。第二，激励要及时。管理学上有一条公认的原则：人们一般不会为很长远的东西卖力。因此，教师的激励关怀要与学生的表现同步，在学生发生学习反应后立即做出激励。第三，激励要有内容。课堂上，我们经常会听到教师对学生的学习进行这样的评价："好，很好，你回答得很正确。"如果教师在此基础上更加鲜明地指出学生的学习"好在哪里""正确在哪里"，就既能体现出教师对学生的激励关怀，又能呈现出激励关怀引导学生知道怎样做更好的目的。

1996 年，联合国教科文组织在《学习：内在的财富》报告中指出：教育应围绕四种基本学习加以安排，它将成为每一个人一生中的四根"知识支柱"，即学会求知、学会做事、学会共处、学会生存。课堂学习的旨归也在于此。

有"板"有"眼"，板书不能撂荒

每次在小学听课，我都会赞赏小学教师的字，不管教哪门学科，教师的字迹都要工整、秀丽，给学生做良好示范。字如其人，工整、秀丽的字迹也反映了教师的美！

曾经有一段时间，由于信息技术引入课堂，课件在课堂上大肆流行（特别说明：课本上已有的内容没必要做成课件，费时费力，直接让学生看课本即可），使得部分学校和教师淡化了板书的功能及设计。就我的理解，板书不可或缺，更荒废不得，它有诸多强大的功能。

第一，教师书写板书的时间是学生理解知识、消化知识、吸收知识的时间，教师书写板书的过程是学生梳理知识、内化知识的过程。教师在引导学生得出一些重要结论时，总会先让学生回答，而学生的回答未见得那么到位和准确，这时候教师边叙述边板书对学生学习效果的影响是不一样的。如果把这些内容提前做好课件直接呈现，似乎节约了时间，其实是减少了感情的韵味。这就好比写信，还有多少人亲笔写信呢？科技发展有积极的一面，也有消极的一面，在是否用课件替代板书的问题上，我们需要谨慎。

第二，下课前，当教师在黑板上写下最后一个字时，这一节课的学习内容、学习过程就会完整地呈现在学生面前。在课堂学习中，仅靠教师语言刺激学生是不够的，视觉刺激是不可忽视的因素。有关研究表明，在人所获得的全部信息中，听觉占 11%，视觉占 83%，触觉、嗅觉等只占 6%。在黑板上呈现重要内容，对学生是一种高效的视觉刺激。教师在学法指导时，也要教会学生记板书内容，使学生听完课后能从板书上看出这节课的学习重点及注意事项等。教师良好的板书习惯可以使学生归纳总结所学的知识内容，也就是说，板书有"板"有"眼"，本身就是学法指导的一部分。

第三，好的板书不仅在内容上恰到好处、自成一体，而且在形式上因内容不同而各具特色。它既指导学生学习课本知识，又以独特的艺术魅力给学生以美的熏陶，是教学艺术的再创造。可以说，好的板书是教材编写者的文路、教师的教路、学生的学路，是教师的微型教案。

板书学专家王松泉老师曾指出："板书教学的作用，在于它是反映课文内容的'镜子'，展示作品场面的'屏幕'，是教师教学引人入胜的'导游图'，是学生学习中掌握真谛的'显微镜'，是开启学生思路的'眼睛'，是读写结合的'津梁'。"这一连串的比喻，不仅生动地指出了板书在教和学两方面的重要地位和作用，而且指明了板书设计的常见方法。

关于板书设计，育英学校的教师做了很多很好的探索。英语教师习惯用简笔画的方式设计板书，很形象，很可爱，还不容易被遗忘，深受学生欢迎，学生往往是想到了哪个简笔画就想起了哪个知识点；数学教师和地理教师习惯用图示的方式进行板书，这是一种感性与理性相结合的板书表达方式；语文教师、物理教师和化学教师用思维导图的方式进行板书，将知识间的逻辑关系一目了然地呈现出来。关键词式、结构图式、学生习得反馈式等多种形式的板书设计也都是教师智慧的结晶，反映了教师对教材和教学内容的深入理解与生动呈现。

板书的功能不言而喻，板书的设计多种多样。无论采取什么样的设计方式，板书都要服务于教学内容，服务于学生学习。

作业要分层布置

减轻中小学生过重的课业负担和校外培训负担，开展作业研究与管理，是当下学校教育教学改革的头等大事。

义务教育阶段的学生一般都是就近入学，因此班内学生之间的差异较大。教师一般是面向全班几十位学生进行教授，难以顾及每位学生理解、掌握的情况。如果教师给全班学生布置一样的作业，那么就很难发挥作业的诊断功能。如果作业布置过于强调基础性，就会有一部分学生感到百无聊赖；过于综合，就会有另一部分学生垂头丧气。总之，"一题难称百人心"，布置作业应分层。

作业分层布置的最大价值，在于激发学生对学科的热爱和对学习的兴趣。研究表明，一个班级里面对教师所教学科有兴趣的学生越多，这个班级的学业水平就会越高。且不说现在中高考试题的变化（很多试题类型在教材上是没有的）要求教师必须重视对作业的研究，实际上教师布置作业、学生完成作业并不只是课堂教学的延续，而是课堂教学的重要组成部分。因此，教师需要树立大课堂的意识。虽然学生完成作业的时间和空间未必在教室里，但这种时间和空间的转换正是教学的重要价值之一：促进学生主动学、持续学。学生在教室之外的学习可能更自由、更自主，综合分析能力的提升也就更有着力点。目前，探究性的、拓展性的、合作性的、实践性的作业还很少，大一统的、"一刀切"的重复性作业还比较多。特别是对学习成绩优异的学生而言，他们如果不能完全自主地学习，就会慢慢丧失学习的积极性，因为他们感受不到学习的挑战带给他们的效能感和愉悦之情。

如何进行分层作业布置呢？这里提供几种常见的形式。一是推荐作业。比如，教师可以布置三个问题，让学生根据自己的实际情况选择其中的两个问题完成；或者除布置统一必做的作业外，也可以推荐学有余力的学生可做的作业。二是合作作业。教师以学习小组为单位布置作业，由小组长根据组内具体情况给小组成员安排相应的任务，小组合作完成。三是商量式作业。这主要是针对不够自觉的或者有特殊情况的学生。教师提出作业要求及达成的目标，跟学生商量练习的数量、达标的途径，允许学生从各自的实际情况出发完成作业，以达到规定的要求。

合理、合情地分层布置作业，能给不同的学生提供选择空间，尊重学生之间的差异。有了选择，得到了尊重，学生就不会把作业当作沉重的负担，就会选择对自己更有效的、更有益的、更喜欢的作业来完成。

分层布置作业也会促进教师专业水平的提高。要实现分层布置作业，教师就需要对学情有科学的认识。分层布置的作业极大地减少了随意性，增强了针对性。如果能够长期坚持做到分层布置作业，教师专业水平的提升也就是水到渠成的事了。

当然，教师在思考分层布置作业时会多花一点时间，但在这里花费时间是有效率的、有意义的。分层布置作业也势必会带来作业批改的难度，可能需要制订不同的评价标准，而这正是当下教师专业发展的重要部分。

设计与实施开放性教学的四个要素

开放性教学强调学生学习的兴趣性、自主性、独立性，旨在培养学生综合分析问题、客观评价事物、主动创新创造的高阶思维能力。设计与实施开放性教学可以从四个要素着手。

一、树立开放的教学理念

育英学校旗帜鲜明地提出了开放性教学研究，并给出了对开放性教学的理解：开放性教学是按照学科课程标准，立足教材，调动一切可以利用的资源，设计并展开教学，为思维而教的一种教学范式。综观近几年的探索，在这样的学习过程中，师生的思维是灵动的，思想是活跃的，长期置身于这样的学习环境中，学生的分析、综合、评价和创造能力都得到了提升。

二、构建开放的学习空间

开放性教学一定要有开放的学习空间。即使在有限的空间里，我们仍然可以构建开放的学习空间。

为此，育英学校做了这样的尝试：拆掉所有的冬青树围，让小学生、初中生、高中生可以在学校的任何地方交往。开放的校园也为教师的教学研究提供了空间。语文教师带着学生在藤萝架下学习《紫藤萝瀑布》，数学教师组织学生在操场上学习关于图形的知识，曾经被围起来的小树林变成了森林音乐广场和美术教学的"打卡"地……开放的学习空间开阔了学生的视野，提高了学生的分析、综合、评价和创造能力。

三、设计开放的教学内容

如何设计开放的教学内容呢？以"三角形内角和"为例，育英学校从横向和纵向两个层面设计开放的教学内容。

设计横向开放的教学内容。教师将课前准备的锐角三角形纸片、直角三角形（等腰直角三角形若干）纸片、钝角三角形纸片随机发给学生一人一张，请学生根据拿到的三角形研究内角和，方法不限。有的学生在撕角，有的学生在用量角器测量，有的学生在做三角形的折叠……由此归纳出，测量、拼角、折叠、旋转等方法都可以证明任意三角形的内角和都是 180°。在这样横向开放的教学内容中，学生打破了固定思维，体验了结论形成的过程。

设计纵向开放的教学内容。在研究三角形内角和的基础上，教师继续引导学生：如何研究四边形的内角和？学生把对三角形内角和的研究应用到四边形内角和的研究中，除了测量、撕角、转动等方法，有的学生甚至想到了密铺（这是之后要学习的内容）。还有的学生发现，研究三角形内角和时，把长方形分割成了两个三角形，那么研究一般的四边形也可以分成两个三角形，那四边形内角和就是两个 180°。由此，学生得出五边形是由三个三角形组成的，其内角和就是 540°。n 边形是由 $n-2$ 个三角形组成的，所以 n 边形内

教学探微

角和为 $(n-2) \times 180°$ 。纵向开放的教学内容除了可以引导学生进行知识迁移，还可以对学生的思考方法与思维方式进行渗透。

四、采取开放的教学方式

开放的教学方式有很多种，选择什么样的方式要依据教学内容而定。以《为了忘却的记念》的教学为例。上课伊始，语文教师对学生说："刚才老师们在办公室争议'忘却'和'记念'的关系，我的观点是这样的……常老师（另外一位语文老师）的观点是这样的……请同学们认真阅读课文，谈谈你对这两个观点的理解。"教师把这篇课文分为五个课时：第1课时为阅读，第2课时让学生到学校图书馆查找相关资料，第3课时让学生分成小组辩论，第4课时请持不同观点的另一位语文教师给学生讲解他的理解，第5课时是语文教师谈自己的理解。两位语文教师在备课时，并没有按照所谓的"标准答案"来设计教学，而是站在发展学生思维的角度让学生查资料、小组辩论，这些都体现了教师的开放性思维。

研究开放性教学是为了更好地实现育人目标，即让每一位育英学子都成为"行为规范、热爱学习、阳光大气、关心社稷、勇于担当的国家栋梁"，这是历史赋予我们的责任，也是时代赋予我们的使命。

进一步提高课程资源的意识

什么是课程资源？如何理解课程资源？如何理性认识课程资源的开发和实施，切实实现由教材概念向课程资源概念转变？这些都是在课程建设中必须要弄清楚的问题。

学校改革的重要工作之一便是课程资源的建设和开发，学校育人目标的实现始终要以课程为核心。

教育无小事。在新的历史时期，如何开展教育？我们要挖掘学校环境中的隐性文化，利用学校历史文化，挖掘学校建设中的国学文化，弘扬育人主流价值的根文化，提升校园生活中的道德软文化。

课程实施的品质，取决于教学资源的丰富性，更取决于开发运用的适切性。课程实施的过程是适合学生个性发展需要的、与学生共同创造的过程。

我们要转变观念，从多个视角认识课程资源，利用多种途径转化课程资源，努力实现由教材概念向课程资源概念转变。

一、认识课程资源

说起课程资源，我们很容易想到的就是教材。毋庸置疑，教材是非常重要的课程资源，是教学实施的重要载体。但要切记，教师的课堂教学是用教材教而不仅仅是教教材。虽然说教材是教学资源的主体，但仅靠教材是不够的。教师不能照本宣科，要基于教材并超越教材，要在一定程度上打破旧有的观念，由教材资源向课程资源转变。因此，我非常赞赏一句话："以前教材是学生的世界，现在世界是学生的教材。"这句话形象地说明了课程资源对当今教育的重要性。

除了教材，教师本身也是重要的课程资源。特级教师华应龙说"我就是数学"，这是对教师作为课程资源的最好诠释，也应是教师追求的最高境界。

让教师成为课程资源，最重要的是提高教师自身的素质。教师的素质状况决定了课程资源的识别范围、开发与利用的程度及效益发挥的水平。所有的教师都应该加强自身学习，每一所学校都应该把教师培训当作第一要务，让教师的专业素养得到不断提升，从而带动其他课程资源的优化发展。

在课程资源建设中，我们往往会忽略学生，学生其实也是重要的课程资源。学校里有成百上千的学生，他们的兴趣、经验、情感、认知水平等都是取之不竭的课程资源。

二、加深对课程的理解

课程不等于教材。教师对课程资源的开发有助于对课程的理解和实施。教师如果只会教教材上的知识点，只会按教材顺序讲一遍内容，只会举教材或教参上的例子，而不会结合学生实际举一些现实生活中的例子，不会设计问题情境引发学生思考，就绝不可能激发学生的参与性。没有了交流与互动，课程的创生也就成了空话。

教师对课程的理解更多地是体现在对学科价值的理解上。例如，数学学科谈一题多解的教育价值在于引导学生从多个角度思考问题，政治学科谈辩证思维的教育价值在于告诉学生事物都有两面性，历史学科谈史料教学的目的是引导学生忠于史实……教学只有真正落实学科价值，才是对课程的真正理解。

三、课程资源的建设与开发

学校课程建设的最大工程之一是课程资源的建设与开发。从教师层面讲，从教材观到课程观的转变，创设贴近现实、贴近生活、贴近学生的教学情境，都是在做课程资源开发。

尤其值得强调的是，学生是重要的课程资源，有学生共同参与的课程资源开发的过程是师生生命共同成长的过程。因而当遇到问题、想不明白的时候，或者不知道怎么做的时候，不妨去问问学生吧！

学校课程建设应基于哪些视角

当前，学校课程改革轰轰烈烈，但是，学校的实践探索是真正意义上的课程改革吗？

翻阅文件，我们可以看到，《基础教育课程改革纲要（试行）》明确指出，为保障和促进课程对不同地区、学校、学生的要求，实行国家、地方和学校三级课程管理。教育部总体规划基础教育课程，制定基础教育课程管理政策，确定国家课程门类和课时；制订国家课程标准，积极试行新的课程评价制度。学校在执行国家课程和地方课程的同时，应视当地社会、经济发展的具体情况，结合本校的传统和优势、学生的兴趣和需要，开发或选用适合本校的课程。此外，教育部第八次课程改革文件也明确规定了课程改革的培养目标、课程功能及课程结构。

由此可以看出，对于课程改革，教育部已经明确指出了改革的方向和路径，规定了课程管理、课程门类、课程标准、培养目标、课程功能、课程实施等相关内容。学校践行课程改革的核心是教学方式和学习方式的转变，是学校根据学校（或地方）的实际情况，认真领会、解读教育部的文件，有效地落实和践行国家的改革精神，构建自己的课程建设目标及与之相适应的课程体系，以实现学校的育人目标。从这个意义上看，学校课程改革其实是学校课程建设。

学校课程建设应基于哪些视角呢？

视角一：学校的办学价值观

办学理念是学校核心价值观的集中体现。一所学校的办学理念，是区分"他校"和"我校"的重要标志。由于地域、学段、文化等方面的差异，学校之间的办学理念是有差异的，但是不论差异大小，都应该在党的教育方针的指导下确立学校的办学价值观，积极进行学校课程建设。

围绕学校的办学价值观所进行的课程建设是一个动态的过程，在这个过程中会逐步形成学校的课程体系。一个完备的课程体系至少有三个特点：一是符合国家课程改革的要求；二是体现学校的办学理念；三是能够满足本校学生的发展需求，为达成本校的育人目标服务。

视角二：学校的基本矛盾

学校的基本矛盾是促进学生素质全面发展和满足学生个性发展需求之间的矛盾。随着学生年龄的增长和主体意识的觉醒，学生的个性发展需求也在不断地变化。学校的课程设置、课程实施只有逐步适应变化，才能对学生的发展起到引领作用。

另外，社会进步对学生发展的要求也不是学校的课程能完全涵盖的，超出部分需要教师创造性地完成。因而，加强学校课程建设，势必引领广大教师改变课程观，真正从教育的高度审视和实施课程。

视角三：教学的基本矛盾

一直以来，人们都认为教学的基本矛盾是由教师代表社会提出的教学要求和学生原有的知识、能力、发展水平之间的矛盾。因此，尽管人们承认教学的过程既是师生认知信息传递、加工的过程，也是情感信息交流、互动的过程，但实际上，教师在教学中更加关注的还是社会和教育对学生的认知要求，关注的是"我教的就是学生自身应该要求的"，以致往往忽视情感交流，忽视对"如何提高学生对教学内容的情感接受状况"的关注，教学过程变成了教师单方面的需要。因此，重新审视教学的基本矛盾，就是要从认知和情感两个方面分析教学过程中二者相互联系和相互作用的过程。

视角四：聚合各学科课程的育人效力

叶圣陶先生曾指出："学校里的课程各个分立，这是不得已的办法，不分立就无从指导、无从学习。但因为分立了的缘故，某种课程往往偏于一种境界，如数理化偏于逻辑的境界，历史地理偏于记忆的境界，公民训练偏于道德的境界，等等。""教育的最后目标却在种种境界中综合，就是说，使每个分立的课程，所产生的影响，纠结在一块儿，构成个有机体似的境界，让学生的身心都沉浸其中。"

毋庸置疑，每门学科在学生的成长中都不可或缺，都承担着非常重要的育人任务。我们如果从学生个体发展的角度来认识，就会发现，在学生的成长中，很难分清楚数学教师教育的作用占了百分之几，语文教师教育的作用又占了百分之几。也就是说，学生素质的提升是各科育人效力的聚合。因此，深化学校课程建设，应该不断加强对各学科不同教育价值的分析与研究，充分挖掘各学科的文化内涵及其教育价值，努力促进学科融合，使各学科的课堂教学在较高的文化层面上展开，高效发挥课程整体育人的功能。

综上，学校落实课程改革精神任重而道远！

课程整合的三个维度

课程是学校育人的载体，从某种意义上看是学校发展的命脉。学校要聚合各学科课程的育人效力，探索课程整合路径，促进教育质量提升。

一、课程资源整合

整合课程资源实际上是对课程结构与课程内容的进一步梳理，或者说是对课程实施的一种先期模拟。我们要不断地从多个视角认识课程资源，利用多种途径转化课程资源，努力实现由教材概念向课程资源概念转变。例如，育英学校语文教师将整个育英校园划分为"三地九区"，形成了九年一贯的阅读课程资源，即在教室内、教学楼内和校园里建设了包括自主阅读区、公共阅读区、交流评价区、主题阅读区、交流展示区、育英时评区、自主借阅区、交流研讨区、校内购书区九个阅读课程学习区。

二、课程内容整合

课程内容整合是课程整合中重中之重的工作，它要求教师有较高的专业功底和严谨的工作态度，二者缺一不可。

窦桂梅校长指出，课程内容整合包括三个视角：一种是学科整合课程，意在整合各学科知识，以减少课程内容的重叠与分化，彰显知识、技能与生活世界的联系及其价值；一种是基于知识、学习者和社会的整合课程，意在将课程设计划分为学科中心的设计、学习者中心的设计和问题中心的设计；还有一种是统整知识协同育人，实现教育的核心价值，促进学习者的社会性。这样的整合课程从诞生起就不只是一种狭隘的课程组织技巧，而是包含多层含义，进而改变学校的组织形态和文化基因。

育英学校的数学课程校本化实施就很好地体现了课程内容整合。[①]

三、课程实施方式整合

国家课程校本化实施是进行课程整合的重要实施方式。例如，育英学校的语文学科立足一贯制，遵循学科学习规律及学生身心特点，以自主阅读为切入点，建构和实施基于自主阅读的"3+3"语文课程[②]。

课程整合是教育理解和教学实施的过程，也是一种处理问题的思维方式。课程整合看似整合的只是课程，实际却牵连着学校发展的方方面面。从某种程度上讲，课程整合是学校进行自我超越、自我变革的重要路径。校长要采取措施改变各学科课程相对独立、相对封闭的状态，聚合各学科课程的育人效力，使每一门学科课程都变得有血有肉，都最大限度地丰满起来。这也是校长要明晰的课程建设的立意。

学校课程建设的出发点

....

"您能说说学校课程建设要基于哪些要素吗？""育英学校为什么要开设小学段等课程？"近几年，来访者屡屡问及这两个问题。每次，我都把这两个问题合并成一个问题，即什么是学校课程建设的出发点。

一、聚合各学科课程的育人效力

现行的学校教育中，各门学科都有相对独立的教学计划，教师按照课程表

---

① 注：详见本书的《"唯一的母校"：一贯制学校的一贯性探索》。
② 注：详见本书的《"唯一的母校"：一贯制学校的一贯性探索》。

的安排到点上下课，学科之间很少往来，教研活动也相对独立。毋庸置疑，各学科课程都是人类文化的重要组成部分，都在提高学生综合素养的过程中有着独特的作用。每门学科在学生的成长过程中都不可或缺，都承担着非常重要的育人任务。教育工作者必须清醒地认识到，如果从学生个体发展的角度来看，很难分清楚在学生的进步中各学科的占比，也就是说，学生素质的提升是各学科育人效力的聚合。育英学校课程建设的深化正是立足于此，即加强各学科不同教育价值的分析与研究，充分挖掘各学科的文化内涵，使各学科的课堂教学在较高的文化层面上展开，并试图通过课程设置的改革实施国家课程的校本化。

二、从学科教学走向学科教育

学校是以课程为载体实现育人功能的。学生在学校阶段的综合素质水平很大程度上决定了其日后发展的高度。由于各种因素的干扰，学校教育有时候会更加重视"教书"或者说为中高考做准备，课程中所蕴含的育人价值被边缘化，课改变成了教改，而教改又变成了教学方法的改革。这使得课程改革在学校教育中被严重窄化。为了扭转这个局面，育英学校不断加强学科组建设，引导教师从学科教学走向学科教育，最大限度地实现课程的育人功能。

三、让受教育者成为自己教育自己的主体

卢梭说过，世上最没用的三种教育方法就是讲道理、发脾气和让学生刻意感动。学校必须把教育的对象变成教育的主体，受教育的人必须成为教育自己的人，别人的教育必须成为自己的教育。只有这样，教育才能产生真正的效果。

四、学校课程建设要与学校的育人取向相契合

校长是学校课程建设的第一人，一定要有课程意识，这种课程意识绝不能简单地停留在落实国家课程的实施上，而应该从学校和学生的实际出发思考学

校的课程设置、课程实施及课程评价等问题。学校课程建设要与学校的育人取向相契合，要为实现育人目标做出探索与尝试。

五、基于学生核心素养的发展

核心素养体系指学生应具备的适应终身发展和社会发展需要的必备品格和关键能力，既强调个人修养、社会关爱、家国情怀，也注重自主发展、合作参与、创新实践。从价值取向上看，它反映了学生终身学习所必需的素养与社会公认的价值观。从指标选取上看，它既注重学科基础，又关注个体适应未来社会生活所必备的素养；既反映社会发展的最新动态，也注重我国历史文化的特点和教育现状。学生核心素养必然是课程建设的出发点。

构建有逻辑感的学校课程：以北京市育英学校课程建设为例

杨志成教授曾指出学校课程建设要有自己的逻辑。逻辑是指思维的规律和规则，是对思维过程的抽象描述。从狭义来讲，逻辑一般是指形式逻辑或抽象逻辑；从广义来讲，逻辑还包括具象逻辑。

良好的学校课程应该是有逻辑感的课程，这一逻辑是指广义上的逻辑，即学校课程建设应该构建一个基于学校课程哲学基础的组织化的课程整体，它将学校各门课程有机地结合成一个相互关联且有逻辑关系的育人整体，这是学校课程建设的出发点，也是归宿。

育英学校遵照办学价值观，在新的时期以基础课程、修身课程、发展力课程为三大支柱，构建了独具特色的育·英课程体系，旨在将育英学子培养成"行为规范、热爱学习、阳光大气、关心社稷、勇于担当的国家栋梁"。为达成育人目标，学校从逻辑视角对课程建设进行了比较深入的探索。

一、厘定学校课程哲学

学校课程哲学是学校的课程价值观，是学校对自身课程及其发展定位的一种理解。一般来说，学校课程哲学包括课程理念、课程目标、课程文化等内容。课程哲学来源于学校的历史背景和文化理念，对学校课程建设具有方向性指导。育英学校将办学理念、发展愿景与育人目标确定为学校的课程哲学。

育英学校课程哲学已经深入每位师生心中。如何将抽象的课程哲学形象地呈现在学校师生面前？育英学校从环境文化建设的角度做了如下的探索。一是明晰学校环境文化建设的基本定位，二是将学校建成世界上最美的地方，三是在美丽的校园环境中植入丰富的教育元素。

多年的教育实践让育英学校得出了这样的共识：学生不是管出来的，而是在学校文化潜移默化的教育作用中影响出来的。"工欲善其事，必先利其器。"这个"器"就是学校办学的精气神，就是学校的办学氛围，就是融入师生血液的学校文化自信。一路走来，我们深切地感受到学校文化在学生成长中的重要引领作用。育英学校正是通过育英文化向学生传递生命的气息，这一过程是育英课程哲学形象呈现的过程。

二、明晰学校课程功能

凡学校办学都离不开对三个基本问题的回答，而对这三个基本问题的理解与回答即明晰了学校的课程功能。第1个问题：什么是学校？第2个问题：什么是学校教育？第3个问题：学校教育有什么用？

不同的学校因历史传统和发展现状不一样，对这三个问题的认识与理解应该是不一样的。育英学校的回答是：学校是学生寻找伙伴的地方，是允许学生犯错的地方，是学生走向社会之前的实践基地。学校教育是基于国家教育方针，围绕学校培养目标，按照一定的计划，通过各种各样的课程与活动，对学生进行科学的、持续的影响的过程。学校教育的作用是为学生的未来发展奠基，即促进学生个体社会化和个性化的健康发展。

多年来，育英学校始终坚持党的教育方针，坚持立德树人，并提出了这样的认识：如果说教学质量是学校工作的生命线，那么德育工作的成效就决定着这条生命线的高度和长度。育英学校在教育学生时，很少使用"德"或者"德育"这些词汇。全体教师都认为，"德"这个字太沉重了，对一些天真烂漫、懵懵懂懂的未成年学生而言，动辄上升到"德"的层面去评判是不合适的。学校应该依靠学校文化的力量和课程育人的价值，唤醒、激活和培养学生的习惯、同情心、责任意识、宽容之情等。与之相反的是，对成年人，尤其对教育工作者，我们应更多地上升到"德"的层面进行要求，如师德，因为我们深知"桃李不言，下自成蹊"的道理。

也正因为此，新时期育英学校成立的第一个部门是人力资源服务中心，撤销的第一个部门是传统意义上的学校德育处。育英学校努力摒弃整齐划一的德育活动，把"立德树人""德育为先"落到实处。

教育要帮助学生不断地丰富生活领域和提升生活境界，促使他们主动地承担各种不同的生活角色，引导他们在各种不同的活动中丰富自己的个性，提升自己的人格。如果不能把真正的生活还给学生，那么一切道德教育都会成为空话。基于这样的理解与思考，育英学校分析并梳理了自身的办学优势，以"小、初、高一体化课程建设与育人模式变革研究"课题为突破口，构建了扁平化-矩阵式课程管理机制、一贯制课程内容实施体系和引领学生主动发展的综合素养积分评价体系，以实现学校的育人目标。

三、重构学校课程组织

新的课程改革要求学校营造积极的组织文化氛围，建构能够完全实现教师专业发展的机制，这使得原有的多层级管理模式受到挑战。为了适应新课程改革深入发展的需要，育英学校内部的课程组织变革成为学校发展的重中之重。

（一）实现组织重构

学校组织结构服务于学校的办学内容。一贯制学校的组织结构，既需要符合一贯制学校的办学特点，又能发挥一贯制学校的办学优势。对此，育英学校以教师的目标认同与价值认同为核心，采取了以校为本、自我诊断的组织变革策略，通过"人事与解冻—组织与制度重构—师资培养，协同发展"实现了学校组织变革，构建了扁平化-矩阵式管理机制。

扁平化-矩阵式管理，有利于发挥每个人的主动性，形成淡化行政权力和人际关系的风清气正的育人氛围，也有利于用学术影响力而非行政影响力引领学校发展的新型治理文化。

（二）实现师资贯通

育英学校是一所九年一贯、十二年一体制的学校。在进行管理变革的同时，学校也对教师队伍进行了贯通培养，具体策略包括两个方面，一是干部轮岗，二是教师贯通。

四、梳理学校课程结构

课程改革强调学习方式和教学方式的转变，注重培养学生形成积极主动的学习态度。

课程改革落实在学校层面就是学校课程建设，而学校课程建设的关键是梳理学校课程结构，构建学校课程体系。

育英学校遵循课程改革精神，确立了以基础课程、修身课程、发展力课程为三大支柱的、满足全校学生综合发展为宗旨的育·英课程体系，其着眼点是变革学校课程结构、提升课程品质，让学生连续地、更好地发展。

五、协调学校课程实施

在育英学校，课程实施是围绕着全校一体化课程的构建展开的。在整个课程实施过程中，学校采取了以下四个视角。

一是以教材研究为切入点。教材研究是课程建设的重要保障。育英学校基于教材研究，为各学科都编印了《学习指南》《助学导航》《学研导航》等学习资料，踏踏实实地进行九年一贯、十二年一体制课程教学研究。

二是以课堂研究为核心。课程改革与课程建设的核心环节是课程实施，课程实施的基本途径是课堂教学，课堂教学的关键是回归教学原点的课堂研究。育英学校基于课堂研究，提出了对六个教学基本问题的理解，有效地促进了学校的课程实施。

三是以教学常规与教研机制研究为路径。教学常规与教研机制是教师教学工作的根本保障。育英学校出台了《教师教学基本工作常规》和《对常态教研活动的要求》，既保证了教研工作的针对性，又形成了贯通整个学科的教研观。

四是以学习效果研究为反思点。每学期，育英学校都围绕作业量、作业收获和课堂效率进行学生问卷调研，并邀请作业量少、作业收获大、课堂效率高的教师进行经验总结与交流。做这样的调研，旨在在全体教师中建立如下三点共识：从学生的角度了解各科教学的状态；引导教师客观理性地分析自己的教学，找到教学研究的着力点；促进教研，提高教研的针对性和有效性。

六、做好学校课程评价

为了实现育人目标，育英学校构建了"育英学校学生综合素养积分评价体系"。此体系基于育·英课程体系，包括基础课程评价、修身课程评价和发展力课程评价。

"育英学校学生综合素养积分评价体系"将评价纳入学生的成长规划中，使评价成为引领学生发展的动力。其网络化操作模式便于教师、学生、家长的查询与诊断，也使评价成为师生互动和家校互动的窗口。

厘定学校课程哲学、明晰学校课程功能、重构学校课程组织、梳理学校课程结构、协调学校课程实施、做好学校课程评价是育英学校课程建设的模式，也是育英学校课程建设的逻辑。多年的实践探索，让育英学校走出了一条以课程建设为核心的内涵式发展道路，也必将引领育英学校呈现出不一样的发展格局。

培育合作、对话、探究的课程文化

当前，课程由文化的工具存在转变为文化的主体存在，课程文化正在成为一种自主、自律、自为的教育文化。学生在课程文化中的主体地位的确定，更加凸显了课程文化的培育价值。课程文化强调对学生的陶冶与解放，体现了对人的深切关怀。值得关注的是，正在进行的课程改革注重培育合作、对话、探究的课程文化。

一、课程文化建设的目标

以构建促进学生全面发展的课程体系为基础，确立科学与人文相结合的课程文化观，积极建设关注学生的完整人生和完整的心灵世界的指向人之生成的课程文化。

二、课程文化建设的内容

课程是教育的心脏，课程文化是学校文化的内核。裴娣娜教授提出的"仁爱与情感""和谐""价值与信念"是现代课程文化建设的重要内容。由此，育英学校将课程文化建设的主要内容确定为：

（1）弘扬中华优秀传统文化同时注重与现代文化的融合，塑造具有中国魂和世界眼光的现代主体人格。

（2）培养学生的创新意识，提高学生的理解能力与合作能力，引导学生质疑、调查、探究，鼓励学生在教师指导下主动地学习、富有个性地学习。

（3）培养学生的全球意识，协调人、自然与文化的关系。突破学科束缚，回归生活世界，在课程内容上谋求科学世界与生活世界的统一，加大选修课、综合活动实践课、研究性课程的建设力度，使科学与人文真正走向融合，是学校课程建设的重点。

（4）结合主体性课堂的构建，突出学生主体的存在价值。课程改革特别强调主体存在的意义，注重在多样性、个别化中把握课程文化建设的意义。学校要继续积极构建主体性课堂，以学生主体主动参与教学为核心，关注学生的学习兴趣，强调为学生的终身学习做准备。

三、课程文化建设的实施构想

（一）实施策略

以人为本。以人为本是课程文化建设的出发点。我们要牢牢把握这个方向，突出师生在课程文化建设中的主体作用。

选择设计。选择设计是课程文化建设中的第一个基本程序。选择包括对现代课程目标价值取向的选择、对文化内容及文化性质的选择和对课程实施文化的选择。设计是对课程文化建设的计划和安排，设计的过程也是积极主动地植入先进文化的过程。

转化生成。转化生成是课程文化建设中的第二个基本程序。它借助心理机制，通过适应、同化等多种心理过程，以多种形式，将先进文化转化为学生的综合素养。

（二）运行方式

工具化课程的运行方式及特点主要表现为灌输、死记硬背、机械刺激与被动反应、封闭化的直线式程序、僵化死板的测评标准与手段等，它关注的是目标与结果、认同与掌握、可测性和精确性；还原了文化主体地位的文化化课程却与此相反，其运行方式可从以下两方面来理解：

过程—理解性。文化化课程关注文化实施的过程和学生的理解，致力于促进学生在理解的基础上自主地建构文化、生成文化，尤其关注精神与意义，强调对学生的陶冶与解放。同时，文化化课程不仅将学生个体视为文化的建构者，而且着力培养其文化建构的意识和能力。

对话—互动性。文化化课程坚持真理与知识的解释性、理解性及建构性。它视学生学习的过程为主动参与和探究的过程。这就意味着，教师和学生是以合作者的身份进入教育过程的，是通过对话、协商、互动的方式共同参与对文化的理解与建构的。

（三）加强对不同类型学科文化特点的分析

抓住了各学科文化的特点，就抓住了课程文化建设的切入点。各学科课程都是人类文化的重要组成部分，都在提高学生文化素养的过程中发挥着独特的作用；在某一科目中，不同的学习内容也具有不同的教育价值。因此，充分挖掘各学科的文化内涵及教育价值，使课堂教学在较高的层面上展开，是学校进行课程文化建设的一项基本任务。

（四）以多种形式开发和统整课程文化资源

仅仅依赖现有教材进行学校课程文化建设显然是不够的。学校要将教师对课程进行选择和改造的自发行为引向自觉与自主，并以课程统整为载体，引领教师成为合作型、研究型、学习型、反思型的教师，形成合作、对话、探究的课程文化，以更好地实践创造适合学生发展的学校文化。

课程开发和统整的方式主要有课程选择、课程补充、课程改编、课程整合、课程拓展和课程新编。当然，这六种开发和统整的方式并不是截然分开的。比如，育英学校五三四学制、六三三学制的课程实施就同时包含了以上六种开发和统整的方式，只是在不同的阶段各有侧重罢了。

需要强调的是，学校课程文化建设的过程即建立学校新文化、实现文化再生的过程。要成功推进这一根本性的变革，就必须提高教师的课程文化意识，提高课程设计的综合性、开放性、适应性和灵活性。

教师发展

教师的成长过程是从外在的被动培训走向内在的自我成长的过程，外部氛围的营造助推教师个人内心的觉醒，教师个人内心的觉醒呼唤更高品质的外部氛围的营造。

教师"传道"是第一要务

古人说"传道、授业、解惑","传道"是教师的第一要务。

2014年教师节，习近平总书记在与北京师范大学教师座谈时指出，"教师职责第一位的就应该是'传道'。"教师对学生的影响，离不开教师为人处世时所持的价值观。教师是学生道德修养的镜子。好老师应该取法乎上、见贤思齐，不断提高道德修养，提升人格品质，并把正确的道德观传授给学生。

秉承这样的认识，育英学校提出"聚合各学科课程的育人效力"的课程改革宗旨，并富有成效地开展了从学科教学走向学科教育的探索。

一、班会课与道德与法治学科整合

为充分发挥道德与法治课与班会课的教育实效，我们进行了两者的统整，以充分发挥其各自优势，增强教育实效。具体内容为：（1）班会课为必修课，写入每周课表；道德与法治课由每周2课时调整为1课时，另一课时与班会课整合实施；（2）班会课由班主任和道德与法治教师共同指导；（3）挖掘学生、家长、任课教师、社会等多种教育资源；（4）充分利用学校的各种场地开展班会课，组织多种形式和主题的班会课，真正满足学生的实际需求，力求班会课的教育效果最大化；（5）对班会课流程进行不断优化，逐步形成一个有效、详细、清晰的班会课流程图。

二、研发多学科联动的教育活动课程

为了充分发挥各学科课程的育人效力，育英学校由教育服务中心牵头，研发了以道德与法治学科为主的集语文、数学、美术、音乐等学科于一体的国际文化风情节课程，让学生亲身感受世界各地的文化是存在差异的，知晓世界正是因为这种文化的差异而更加丰富多彩，同时引导学生正确对待中华优秀传统文化和外来文化。

三、特设提升学生综合素养的博识课程

充分发挥课程的整体育人价值，关注课程的整体育人功能及学科内、学科间的联系与整合，尊重教育规律和学生成长规律，促进学生全面健康成长是课程设置的关键。为此，育英学校特在初中学段开设了博识课程，旨在贯彻落实育·英课程体系，在基础课程学习的基础上，聚合修身课程和发展力课程的育人效力，拓宽学生的知识广度，丰富学生的生活经历与情感体验。博识课程以"我"为中心，分为"我与社会""我与自然""我与科技""我与艺术"四大板块。"我"着眼于现阶段的学生，体现了以学生为中心、一切为了学生的理念；着眼于学生的最近发展区，回归学生发展的原点。"我"也着眼于走向社会以后的、未来的"我"，培养心怀祖国、追寻真理、担当责任的建设者和接班人，以"无尽的远方，无数的人们，都和我有关"为出发点和归宿。

苏霍姆林斯基说："智育的目标不仅在于发展和充实智能，而且也在于形成高尚的道德和优美的品质。"赫尔巴特也曾经指出："我想不到有任何'无教学的教育'，正如在相反的方面，我不承认有任何'无教育的教学'。"学科教学是学校德育的主渠道，通过学科教学实施德育是最有效的形式之一。育英学校探索的"聚合各学科课程的育人效力"，是从学科教学走向学科教育、从学科教育走向学校育人的德智兼容的教育路径。

从习以为常的事情开始思考

某天下午，我参加了八年级7班和8班的教师研讨会。会上教师们认真地分析了开学一个月来学生的情况：两个班有一定差距，7班总体比8班稳定，但出现的问题大同小异，如习惯不好、基础不扎实、作业完不成、上课纪律不

好等。问题发现了，怎么解决呢？教师们在这点上谈得很少。教师们非常负责任，不是他们没做，也不是做得不好，关键是缺乏系统的思考和梳理。

什么是教育？教育就是教师对学生有计划的影响。这个说法尽管不是很全面，但至少说明，教师要做有心人，要把自己的教育教学工作进行整体设计，要有自己的思想和工作脉络，并持之以恒地做下去。在做的过程中，教师既要分析学生的现状，又要着眼于学生的发展，而贯穿其中的起着主导作用的是教师自身的教育思想。

习惯性的话语有一种使人放弃思考的遮蔽功能。教师日复一日地做着看似雷同的工作，学生却在一天天地成长。根据学生的成长情况，采取变化的措施是教育的应有之义。教师如果被埋在事务堆里，没有了教育的激情，没有了生活的敏锐，没有了事业的理想，那么自然也就没有了教育的创新举措——别人都这么做，我也就这么做；我的老师这么教我，现在我就这样教育我的学生。

要培养有创新意识的学生，首先要有具有创造精神的教师。我们在相当长的一段时间里比较重视认知教育，忽视了对学生独立思考能力和创造能力的培养。要培养全面发展的优秀人才，教师必须树立先进的教育理念，敢于冲破传统观念的束缚，在办学体制、教学内容、教育方法、评价方式等方面进行大胆地探索和改革。

目前，教育科学发生着深刻的变化，教育理论层出不穷。虽然从理论到实践还存在一个很长的过程，但没有理论指导的实践是盲目的实践。作为培养未来社会所需人才的教育，作为教育具体实施者的教师，应该如何与时俱进，还真是一个既沉重又不能回避的话题。

构建学校的研究文化

从"经验型教师"向"研究型教师"转变。

从"教书匠"向"研究型教师"转变。

做学生学习的组织者、引导者，学生发展的促进者，学生学习探究的合作者。

做学生成长的引路人。

……

这些都是新时代对研究型教师的呼唤。研究型教师从哪里来？简言之，从学校的研究文化中来。学校的研究文化又从哪里来呢？

中小学教育研究是一种意识，是一种氛围，更是一种素养。这种素养植根于学校的实际工作，在发现问题、解决问题的过程中逐步沉淀，慢慢形成学校的研究文化。

我刚来育英学校那一年，利用暑假时间和所有的干部及大部分教师做了一对一交流。那一刻，我明确了育英学校教育研究的定位：让教科研成为育英人的生活常态，根植于教育教学一线的研究是最具有生命力的。后来，我们就基于这样的理念做了一些探索。

一、构建研究型教师培养体系

教师是学校发展的根本，研究型教师是研究型学校发展的关键。教师的研究意识、研究能力、研究素养决定着研究型学校发展的高度、深度与广度。

（一）厘清育英教师科研素养

近年的研究与实践使我们深刻地认识到教师科研素养是其学科专业素养发展的基础，为此我们参考了张铁道教授的教师专业素养图谱，梳理出了育英教师教科研素养图解（图4-1），以期在工作实践中使全校教师的研究能力和实践能力达到理想状态。

育英教师科研素养图解旨在使育英教师在充分学习的基础上，就自身教学实践经验进行反思、总结、交流，借助自身研究过程，将实践经验转化为方法论，再内化为教师的研究能力。

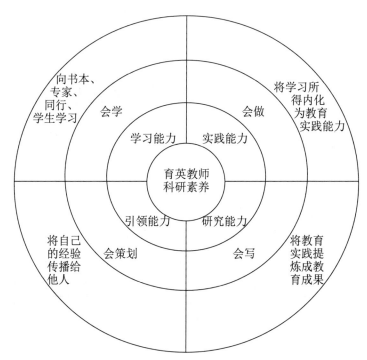

图 4-1　育英教师科研素养图解

（二）构建育英教师研究·实践体系

教师研究的根本目标是提升自身的专业素养以提升学生的综合素质。为了实现这一目标，结合教师实际情况，育英学校建立了以两大系统、四大路径为支撑的育英教师研究·实践体系（图 4-2）。

此体系通过学校管理为教师研究提供各方面的保障，激励教师做教育科研；同时借助学校发展助推教师做研究，使教师拥有研究自觉。教师以课题研究、课程研究、项目研究、成果研究为路径及内容，在实践中总结、反思，最终梳理出研究成果，作用于自身的专业成长。

（三）搭建育英学校教育科研网络

随着扁平化－矩阵式管理的实施，学校的教科研工作也形成了与之相匹配的育英学校教育科研网络（图4-3），构建了教育科学研究的四维联动机制，凝聚了全校教师的力量，形成了教科研工作的合力。

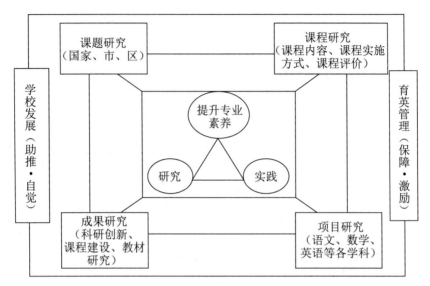

图 4-2　育英教师研究·实践体系

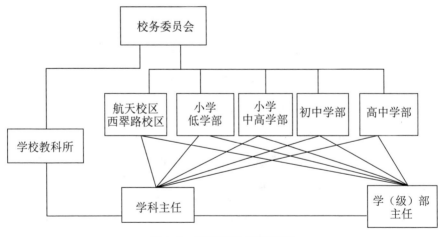

图 4-3　育英学校教育科研网络

扁平化 - 矩阵式的管理机制让研究不再孤立，让研究融入日常的教育教学工作，推进了研究型学校向纵深发展。

二、让研究成为育英人的工作常态

研究是一种态度，研究是一种情怀，研究更是一种实践探索的方式。当我们拥有这样的认识后，研究便发生在我们的生活工作中。

（一）教材研究——《赵普》为什么只写了两件事？

育英学校王净老师在教授《赵普》这篇课文时，请学生提出自己在预习中遇到的问题。反馈结果发现学生的问题主要集中在以下四个方面：（1）为什么赵普即使惹怒太祖也要推荐那个人？（2）太祖乃悟，悟出了什么？（3）为什么只写两件事，两件事之间有关联吗？（4）赵普为什么只读《论语》，半部《论语》真的能治理天下吗？这四个问题中，（1）（2）（4）是王老师已经预料到的，备课中也准备到了，但第三个问题是她万万没有想到的。是啊，为什么只写这两件事呢？有没有其他的事情可以写呢？这两件事有什么关系？带着对学生提出的问题的思考，王老师开始查找《宋史》，很快就发现对赵普的记录并不止这两段，而是四段，是教材的编写者只选择了两段……带着研究结果，王老师与学生一起重新学习《赵普》。这节课成为王老师新的起点：从课文"注释"开始研究，拓宽自己的视野，丰富自己的认识。多年来，教材编写模式已经成为教师的教学方式，广大教师已经不再把它作为开阔自己视野的一个重要的课程资源，学校的研究文化就可以从这些地方做起。

（二）课堂研究——什么样的课是好课？

教师是否教得高效取决于学生是否学得高效。一节课是不是好课主要取决于学生收获的大小而不是听课者或者是教师本人的感受。我们反对"仅凭听课者感受"而把学生课堂收获置之度外的评课方式。我们曾做过这样一项研究：

请分别教4班和8班的教师（8班平时成绩总是高于4班）上两节英语的同课异构课。8班采用常态教学方式，教师用心搭建台阶，把填空用到的动词过去式都复习了，还画出时间轴来帮助学生复述课文。4班采用探索式教学方式，给学生充足的阅读时间和思考时间，从而深入理解文本，提出有深度的问题，同伴之间也能发现并改正错误。当天下午，我们就对这两节课的教学目标达成情况进行了后测，结果如表 4-1 所示。

表 4-1　教学目标达成情况（当天）

4 班理解	4 班语法	8 班理解	8 班语法
6.55	7.45	6.05	6.93

三天后我们又做了一次测试，结果如表 4-2 所示。

表 4-2　教学目标达成情况（三天后）

4 班理解	4 班语法	8 班理解	8 班语法
7.7	7.4	6.7	7.5

后测结果表明：第一次两个班的理解得分的差值为 0.5，第二次为 1，两个班的语法得分较为接近。这说明，让学生经历知识的形成过程更能培养学生的思维能力。有了这样的研究，我们可以得出结论：相比 8 班，4 班这节课是一节好课。这也就为教师的教学指明了方向。

（三）学生学习研究——学生的自学能力到底有多强？

育英学校是一所一贯制学校，小学生的学习品质直接决定着他们在初中学段的学习品质。在众多的学习品质当中，学会学习、自主学习显然非常重要。但在实际工作中，教师往往不敢放手让学生自主学习，因此学校教科研就有责任来破这个局。我们尝试了这样一个实验：在五年级第一学期的数学期末考试中，除正常试卷外增加一份试卷——请你在自学下面的内容后完成后面的练习。"下面的内容"是六年级教材中的某一页内容，"后面的练习"是教材中课后练一练的前 4 道题。小学生的自主学习能力到底如何？看表 4-3 的数据就一目了然。

帮助教师找到恰当的研究点，才能引导教师改变。

表 4-3　附加试卷答题情况

题号	正确人数	正答率
1	74	92.50%
2	80	100%
3	73	91.25%
4	29	36.25%

总体均分：17.96 分；折合百分制为 89.8 分。
样本人数：80 人。

（四）教学管理研究——教学质量监控的三要素

每学期，育英学校都会定期在学校层面做课堂效率、作业量、作业收获的全样本调研，并邀请作业量少、作业收获大、课堂效率高的教师进行经验总结与交流；反之，通过学部主任、年级主任、学科主任约请相关教师进行问题分析。做这样的调研，旨在全体教师中建立如下三点共识：从学生的角度了解各科教学的状态；引导教师客观理性地分析自己的教学，找到教学研究的着力点；促进教研，提高教研的针对性和有效性。这样的教学监控研究，旨在帮助教师寻找新的生长点，促进教师自身成长和不断改变。

上述四个案例呈现了育英学校在塑造学校研究文化方面的探索。"推"起来比较费劲的时候，怎么办？让学生的"动"促进教师的"变"，在学生有效的"动"的过程中，进一步提升教师"变"的信心，以此不断提升教师的研究素养和提高教学质量。

三、打造研究成果的内生张力

教育的根本成果是学生的成长与发展。育英学校以文化建设落实立德树人，主张学生不是"管"出来的，而是要营造一种文化，让学生在潜移默化中被影响。同时作为一所有着红色基因与优秀传统的学校，继承与发扬中国共产党不屈不挠的磨砺精神与忧国忧民的家国情怀，是育英学校的使命。为此，学校基于"让九年一贯、十二年一体制的教育为学生撑起更广阔的发展空间"的办学理念，通过为学生创造自我磨炼的空间，促进学生自主、自觉地发展，从而提高其适应社会的能力。

其中已经实践了十多年的学校德育一体化"自砺模型"的建构与实施就是一次有益的探索。①

中小学要想形成浓厚的研究文化，最需要做的是以下四个方面的结合：文献研究与行动研究相结合、梳理研究与提升研究相结合、批判研究与建设研究相结合、实体研究与程序研究相结合。

不要自我设限：由跳蚤变成"爬蚤"引发的教育思考

曾有这样一个故事：科学家把跳蚤放在桌子上，一拍桌子，跳蚤迅速跳起，跳的高度均在其身高的 100 倍以上。后来，科学家在跳蚤的上方罩了一个玻璃罩，再让它跳，跳蚤撞到了玻璃罩。接下来，科学家逐渐改变玻璃罩的高度，跳蚤都在碰壁后主动改变自己的起跳高度。当玻璃罩接近桌面时，跳蚤已无法再跳了。于是，科学家将玻璃罩打开，再拍桌子，跳蚤已经不会跳了，它变成"爬蚤"了。

跳蚤变成"爬蚤"，并非丧失了跳跃的能力，而是在一次次受挫后习惯了，麻木了。最可悲的是，即使玻璃罩已经不存在，它也没有"再试一次"的勇气了。玻璃罩已经罩在了它的潜意识里，它的欲望和潜能都已被扼杀。心理学家把这种现象叫作"自我设限"。

一、激发学生的潜能是教师的重要任务

作为未成年人，学生在成长路上必然存在着很多的困惑，会遭遇很多的挫折。困惑和挫折可能促使他进步，正所谓"越挫越勇"；也可能使他自我设

---

① 注：详见本书的《学校德育一体化"自砺模型"的建构与应用研究》。

限，失去自信和勇气。此时，教师的任务是什么？教师有没有给学生罩上玻璃罩？

教育该不该有玻璃罩？不可否认，不管是从社会功能还是自身功能出发，教育都承担着育人的责任，学校教育在学生成长的过程中自然就被赋予了设置"玻璃罩"的职责。从这一意义上讲，教育本身就意味着约束和规范。但这个"玻璃罩"如何设置才能有利于学生身心的健康成长？过了，易压抑；松了，又言之放纵。如何调适？教师在其中起着非常重要的作用。

教师的责任之一就是引导学生不要自我设限，勇于战胜一个又一个新的挑战，增强其自信心，真正为学生的终身发展奠基。从这个意义上讲，教师给学生提供的"玻璃罩"应该是一个非常广阔的空间。教师、学生同处于这一空间中，教师要不断激励学生"跳"，不断增强学生"跳"的信心；同时，教师自己也要"跳"，或带着年龄尚小的学生"跳"，激发学生"跳"的兴趣。

教师应该有自己的理想和追求，有更高层次的社会责任感和道德感。这就是教育的"玻璃罩"。

二、教师要做研究者，就要自己激活自己

面对不断成长的学生和不断变化的社会职责，教师也面临着调适"玻璃罩"的问题。

当教育理想、教育追求、教育创新或教学行为在现实生活中遭受挫折和失败后，教师也会不断降低自己的期望值，最后变得无所作为。在新课程改革中，提得最多、用得最多，也最有价值、最能促进教师专业成长的是校本研究。那为什么在此过程中能快速成长的只是少部分教师和学校？一个重要的原因就是自我设限。一方面，学校的教研部门在组织教师开展校本教研时，范围定得很窄、调子定得很高，教师还没弄清楚怎么回事就被要求进行校本课程开发。殊不知，教师的自我反思、听评课、教学案例分析等都是校本研究的内容，都能促进教师的专业成长。只有有了量的积累，才会有质的提升；只有量和质都具

备了，才有可能上升为校本研究。另一方面，学校教研部门要以赏识的视角评价、帮助、提升教师的教育行为。教师在教学中产生的"星星之火"只有在积极的环境里才可能成"燎原之势"。教师自己也要时刻懂得"只有自己才能改变自己"的道理，不要自我设限，不能被动地等待别人的研究成果。教师自己就是研究者，教师成长和发展的第一步就在于自身的反思、评价和改造。

三、教师要运用理论，更要激活理论

作为支撑新课程改革的重要理论，建构主义深刻地揭示了学生的学习规律。它主张学生掌握知识是自主构建的过程，强调外来的知识信息必须经过学生自身经验的同化或顺应。

如果我们把跳蚤变"爬蚤"的过程看作建构过程的话，那么这种建构就不是一种积极的建构，而是一种消极的适应，我们暂且称之为"负建构"。建构主义存在着一种假设：每名学生都是非常喜欢学习的，都可以非常自觉、主动、积极地学习。这显然是一种理想状态。

著名教育家王策三认为，对于中小学生来说，虽然通过自己的活动可以获得一些经验性知识，但是他们不可能单纯依靠自己的智力和体力独立地去掌握理论性知识和书本知识，并使理论性知识与经验性知识、书本知识与直接经验结合起来。因此，所谓学生的自主建构一定是有条件的。

由此，我们还可以继续问，每名学生都有主动进行意义建构的需要吗？每名学生都会或者都能主动地进行意义建构吗？每名学生进行意义建构的程度都相同吗？在运用建构主义指导教育实践时，我们是否思考过这样的问题？

当对这些问题不能做肯定回答的时候，一个问题就自然地出现了：在学生主体地位日益增强的今天，学校和教师的存在价值到底是什么？仅就课堂教学而言，北京市十一学校原校长李金初指出，主体性课堂的提出是针对传统课堂教学对学生主体地位的忽视和剥夺，这绝不意味着教师在教学中主体地位的丧失或取消。教师在课堂教学中的主体地位不可取代。我们不仅主张教学过程中的双主体，即教师和学生都是主体，而且强调教师作为主体起着主导作用。学生的主体性要靠教师创造条件。因此，我们在应用建构主义指导实际工作的时候，必须重视在学生受教育过程中的外部条件的支撑作用。

教师在教育教学实践中要用教育理论指导实践，也要认识到任何一种教育理论都不是解决教学问题的万能钥匙。教师要做研究者，更要使研究植根于教育实践。我们应知道，任何学术理论或观点，都有其萌芽、生长的土壤，都是特定社会的经济、文化的反映。叶澜教授曾指出，教育与社会之间存在着密切的联系。教育就像根植于社会这个大地的一棵大树，时时从社会大地中汲取丰富的营养，又时时结出丰硕的果实奉献给大地。为了生存，它必须适合社会土壤的特点，而它的生存又对社会土壤的改造起着特殊的作用。

总之，教育者，尤其是有研究意识的教育者，只有跳出学科看学科，跳出教育看教育，才会有一个更广阔的视野，教育的方法也才会更理性、更科学。只有这样，教育者才不至于自我设限，囿于其中，不能自拔。

从外在的被动培训走向内在的自我成长

一所学校能否持续发展，很大程度上取决于教师的专业素养能否可持续提高，因此有远见的校长无一例外都把学校教师队伍建设作为工作的重中之重。教师队伍建设的重要途径之一是教师培训。近些年来，校本教研已成为校本培训的一种重要形式，很多学校都在这方面进行了卓有成效的探索。但是还有三个问题需要进一步思考。

首先，作为专业工作者，教师培训并不能完全满足教师专业成长的需要和解决教师专业成长中的问题。赵明仁教授指出，当通过外在控制而获得的由专家所生产的知识不能直接应用于实践时，教师不得不从应然的乌托邦式的理想追求中走出来，直面复杂的实践情境，诉诸实践者来寻求改进实践之道。从实际情况看，校本培训时的专家报告理论性太强，离教学实践太远。这其实反映出一个问题：教师到底需要什么样的专家培训？

其次，理论并不能解决实践中的所有问题。我们虽然不能忽视教育理论学习，但也不能认为教育理论学习可以包治百病。张文新教授指出，教学实践几乎从来也没能像教学理论所描述的那么乐观过，传统的伟力通常都会像一种无形的深在的约束，以各种形态传承延续，既顽强地保持着某种"特色"也同样顽强地保持着某些痼疾。

最后，要走出校本培训就是解决教师实践中的问题和困惑的误区。毋庸置疑，解决教师工作中的困惑和问题是校本培训的一个方面，但绝不是校本培训的唯一作用。每位教师都在多年的实践中积累了丰富的经验。校本培训的一个重要目的是引导教师总结、反思、审视自己的教育实践，对自己已有的教育教学经验进行理性的修正和完善。学校要推广每位教师的经验，哪怕是一招一式。

因此，促进教师专业发展的培训必须关注教师经历，倾听教师声音，珍惜教师经验及在教育实践中的情感体验。也就是说，教师的专业成长要从外在的被动培训走向内在的自我成长。其内涵有二：一是教师作为学习者的自我专业发展。教师专业发展是教师主动学习和寻求改变的过程。事实证明，那种把教师当作被动的实施者的教育改革是注定要失败的。教育改革应该确立教师在专业发展中的主体地位，发挥教师的主动性和积极性。二是教师作为研究者的自主专业发展。教师培训不是给教师一套固定的技能和或特定的教案，而是为他们提供持续成长的机会，如引导教师思考或质疑一些教学常规，发现问题、研究问题，反思自己的教育教学实践，以改进自身的实践行为。

学校要围绕教师的专业结构安排培训内容，整体规划，突出重点。教师专业发展是有一定规律性的，既要防止盲目地搞"一刀切"式的培训，又要防止陷入点对点的培训。

教师培训是一项系统工作，学校既要有周密的部署和科学的规划，又要思考如何切入才能引导教师从外在的被动培训走向内在的自我成长。

教研要研究"教"，更要研究"育"

··

曾读到一则新闻，有位学生对司马光砸缸很不赞同，提出他应负法律责任，理由是：缸是私人财产，受法律保护。救人可以有很多其他方法，如打110、喊人、从缸上面拉人、放救生圈或木板到缸里、几个小朋友一起扳倒水缸……

这类的报道屡见不鲜，值得我们反思：我们的教育失去了什么？多年的办学实践使我深深地认识到：学校教育要守正，要坚守主流价值观，要注重中华优秀传统文化的传承和弘扬，要尊重教育规律，要敬畏学生的成长规律，要关注社会发展对人的发展的要求。

带着这样的认识与思考，育英学校提出了培养"行为规范、热爱学习、阳光大气、关心社稷、勇于担当的国家栋梁"的育人目标，同时明确了学校文化建设的基本定位：立足红色文化和中华优秀传统文化的传承和弘扬，与时俱进，凸显中华优秀传统文化对学生的浸润与熏染。

首都师范大学宁虹教授曾说："教师要有四个方面的清醒意识：对教育意义有清醒的认识——我怎样触动我的学生；对所授学科特点和意义有清醒的意识——我怎样以所授学科的特点和意义触动我的学生；对正在讲授的内容在整个学科体系中的位置和它们怎样整体地显现其教育意义有清醒的认识——我正在讲授的内容如何触动学生；对所有这些怎样通过自己的每一个教学活动在学生身上得到实现有清醒的认识——我所想到的怎样才能做到。"这段话值得我们在实际教研工作中好好体味。

以工作室的名义

··

2021年11月15日，刘向娟老师班主任工作室成立。
2021年11月17日，王净老师班主任工作室成立。

2021 年 12 月 8 日，江丽华老师工作室成立。

2021 年 12 月 21 日，杨宏丽老师工作室成立。

2021 年 12 月 27 日，查红英、孟丹、张颖、王小英、尹宏、王作舟、赵杨七位老师的工作室成立。

这是育英学校某周在 OA 办公系统上发布的周安排中的内容。接连成立的教师工作室体现了学校"发现优秀教师、推出优秀教师"的工作已经在稳步推进中。

学校教育的着眼点是学生，着力点是教师。回忆十多年来的学校发展，教师队伍建设、发挥优秀教师的影响力、组建教师学习与发展共同体等一直以来都是育英学校大力倡导和全力支持的工作。2012 年，学校成立第一个名师工作室——田立莉老师工作室，此后又成立了平克虹、云鹏、张红、迟希新等名师工作室。这些专家工作室为育英学校教师的专业成长开阔了视野，提供了学习与研究的平台，促进了一批研究型教师的快速成长，也带动了学校教师队伍的建设与发展。

2019 年 10 月 10 日，郝杰老师班主任工作室启动，这是学校在教师层面成立的第一个班主任工作室，也是落实育英学校在《促进教师专业发展方案（2017—2022 年）》中提出的"未来五年是学校内涵发展的关键期，在这个关键期内促进教师的专业发展，致力于每一位教师专业水平的提升是学校工作的重中之重"的重要举措。郝杰老师班主任工作室自成立之日起，便制订了清晰的研究方案与详细的研究计划，带领着工作室成员积极学习、深入调研，确立了"班级视角下初中家校社协同育人体系构建的行动研究"项目，召开了"'双减'背景下家校社共议学习'痛点'系列主题班会"，助力学生身心健康发展。

刘向娟、王净、江丽华、杨宏丽、查红英、孟丹、张颖、王小英、尹宏、王作舟、赵杨 11 位老师的工作室成立后，结合实际工作，纷纷开展了管理压力、班级文化建设、作业设计研究、命题设计研究等专题研究。教师们以教育教学问题为驱动，以教育教学研究为核心，以教育教学成果为指向，积极地构建倾心于教科研的研究共同体和彼此需要、彼此成就的发展共同体。

目前，育英学校在名师工作室的筹建上已经形成了三个维度的发展脉络，即专家工作室、班主任工作室及学科教师工作室。各工作室负责人主动发挥领军作用，带领其他教师在专业成长道路上奋力前行。这也彰显了教师研究的魅力：志同道合的人在一起共享研究之乐，体会成长的喜悦，感受职业的幸福。

育英学校是一所学校，也是一个研究型的组织。育英教师的成长就是得益于学校有很多工作室形式的研究团队。今天，我们以工作室的名义，站在了团队之中，一起分析教育的得与失。今天，我们以工作室的名义，享受教育研究之乐。今天，我们以工作室的名义，追寻心中的教育梦想，构筑教育的美好未来！

老教师稳中求进，青年教师进中求稳

在参加北京教育学院关于北京市新时期教师培训工作方案研讨会时，我结合自身的管理经历，和与会领导分享了自己的观点：老教师稳中求进，青年教师进中求稳。

老教师一般指五十岁以上的教师。一般而言，这个年龄段的教师阅历丰富，教学基本功扎实，对教育教学有自己比较成熟的理解，这是"稳"；今天的学生、家长和社会环境都发生了很大的变化，社会发展对人才的需求也不可同日而语，所以，还要讲一个"进"字。以学定教，教无定法，但必有好法，因此，借鉴别人的、自己又认可的好做法，就是"进"的表现。

青年教师思维活跃，接受新事物的能力强，在工作中更具有探索精神，这是"进"；青年教师要尽可能地在实施之前，多想、多做准备，这是"稳"。总体而言，青年教师还是要敢于尝试，哪怕想得不那么周全，也要"干起来"再说，在"干"的过程中及时总结，不断提升，走向成熟。

不管是老教师还是青年教师，都要自觉，都要管理好自己。比如，管理好自己的时间。不管多么忙，每周都要挤出时间看书，还要向本校同行学习。这里要注意一个问题，不要只向本学科同行学习，那会让我们的视野变得狭窄。

青年教师是学校发展的未来和希望。育英学校特别注重青年教师的成长与培养，形成了一系列青年教师培养策略。

第一，成立"青年教师研修学院"，制定《青年教师研修学院章程》，为青年教师的成长搭设对话、碰撞、交流、分享的平台，促进青年教师群体形成崇尚学习、善于研究、主动反思、无私奉献、积极进取的团队研修文化，努力培养一支拒绝平庸、实现优秀、追求卓越的青年教师队伍。

第二，组建青年教师学习研究共同体，每月开展一次研修活动。

第三，组建师徒研究、贯通发展的共同体，为每位青年教师聘请双导师，促进青年教师教育教学工作的双轨发展。

第四，制定《北京市育英学校青年教师博士学历提升支持计划》，鼓励优秀青年教师不断提高学历层次，促进自身的内涵发展。

2022 年 4 月 6 日，育英学校第二届青年教师课堂教学比赛拉开帷幕。本届比赛历时 8 天，来自育英学校万寿路、紫金长安、航天、西翠路四个校区的 61 名青年教师参加了本次比赛。本次比赛设立"常态课奖"和"探索创新奖"两大奖项，围绕学习目标设定与达成、教学环节设计与实施、学生学习习惯培养与学习兴趣激发、人工智能与课堂教学融合、板书与教态等项目进行课堂教学评价，旨在鼓励青年教师立足岗位、深研教材、深耕课堂，不断夯实教学基本功，实现自身的优质发展；同时鼓励更多青年教师勇于探索，敢于创新，在课堂教学研究中崭露头角。

当然比赛不是目的，以赛代训，提升青年教师的业务能力，促进学生的成长才是真正的追求。因此，比赛前，我给评委提出了具体的指导意见。从比赛第一天起，我就亲临现场，第一时间发布听课感受，号召全校教师合理安排时间，尽可能多地参与青年教师课堂教学比赛。其间，我以"教育，风景这边独好"为主题，连续发布 10 余篇听课思考，如《什么是课堂学习》《一名教师走向成熟的基本标志》《一节好课的标准》《给两幅板书打分》《莫走弯路——研读课标、深研教材的重要性》等，及时而科学地引领全校教师思考教学、研究课堂。

课堂教学是每位教师安身立命的根本，是需要一辈子打磨和力求精进的。对青年教师来说，大到整节课的设计，小到提问哪位学生，都需要认真思考、反复琢磨，来不得半点马虎。在育英学校，两年一届的青年教师课堂教学比赛既是青年人磨炼教学技能的平台，又是青年人展示教学理念与效果的舞台，更是青年人提升教学实效和水平的擂台。

如何调动老教师的积极性呢？其实，激发人的积极性有一个简单的机制：需要→动机→行为→目标。可见，让老教师被需要是调动其积极性的关键。为此，育英学校采取了建立老教师与青年教师的成长共同体、组织老教师参与"桃李芬芳""课有榜样"课堂展示活动、成立老教师工作室等举措，激发老教师的工作积极性，发挥老教师的示范引领作用。

老教师稳中求进，青年教师进中求稳，是育英学校对教师专业发展的要求与期待。期待在未来的日子里，每一位育英人都会把教育教学工作当作一份追求和一种责任，注重立德树人，注重教材研读，注重教学创新，在三尺讲台上用心书写教育事业与教育传奇。

精准备课

在听评课时，校长应该结合执教教师反映出的问题，及时做好业务引导，践行学校教学的基本理念。以下内容就是我在听完课后发给教师的一篇随笔，主要是谈谈在备课时应关注的几个具体问题。

一、资料的准备

备课时常用的资料一般有教材、教师用书、练习册等。

据我所知，教师用书一般是由一线教师特别是重点学校的优秀教师编写的，对备课是非常有价值的，尤其是对青年教师而言。要注意的是，这些教师在编写教师用书时，更多地融入了他们在实际教学中的经验，带有浓厚的地域特色。这里讲的地域特色主要指编写者所在学校的学生特点及编写者本人对教材的理解等。

作为高级教师或者已经有了十几年教龄的教师，我建议尽量不要再参考教师用书进行备课，即使参考，也切忌照搬，而要结合学生的特点处理教材、设计教学环节、确定教学目标等。否则，我们教了十几年甚至几十年书，也很难形成自己对教材的理解，也很难设计出符合自己学生特点的教案，最终也就难以形成自己的教学风格。

因此，教师可以从学习教师用书开始，但要逐步"舍弃"教师用书。教师备课绝不能被教师用书禁锢，要相信自己。

另外，我建议教师准备一些专业书籍。一类是教学论、课程论、心理学等专业书籍。当有些问题想不明白为什么的时候，我们可以翻翻看看，弄清楚设计的理论根据。再一类是国内名师关于教学的著作。这一类书要准备两三本（每隔几年增添几本，因为高手辈出），多看看他们对教材的处理或者对某一个问题的见解。这样，我们就会站在"巨人"的肩膀上处理问题。其实这样做并不会耽误我们很多时间，反而在日积月累中有了水滴石穿的效果。还有一类是与学科教学相关的期刊。每年订两种期刊，及时了解同行们的研究成果，我们可以少走很多弯路。总之，看书应该是教师的一种生活方式。

二、重点和难点的确定

教材分析和学情分析是备课的时候一定要做的事情。只有如此，我们才能确定本节课的教学目标及教学的重点和难点。要特别注意的是，重点和难点的确定是为达成本节课的教学目标服务的。

有位教师把一节课的难点确定为"朗读课文，体会情感"。实际上，这适用于任何一篇课文的学习，显然是把难点宽泛化了。

对教学的重点和难点的定义比较多，大家比较认同的是：教学重点就是学生必须掌握的基础知识与基本技能，是基本概念、基本规律及由内容所反映的思想方法，也可以称之为学科教学的核心知识；教学难点是指学生不易理解的知识或不易掌握的技能。难点不一定是重点，也有些内容既是难点又是重点。难点有时要根据学生的实际水平确定。

教学的重点和难点主要是针对知识点而言的，把教学目标中的某一条作为重点或者难点是不妥当的。如果教学的重点和难点确定得不合适，那么教学一定会出问题。

以小学体育王作舟老师的一次展示课为例：他确定的教学重点是团身紧、滚动圆两个滚翻动作的衔接，教学难点是两个前滚翻之间的衔接连贯。这种重点和难点的确定是非常到位的。

三、对突破难点的两点建议

教学的难点确定后，在教学设计中，我们就要设计突破难点的路径。

我们听完课后有时候感觉不舒服，往往都是由于执教者在难点的突破上缺乏精心设计导致突破难点的目标没有达成，从而使得整节课的目标达成度不高。

仍然以王作舟老师的课为例来看他怎么突破难点。

片段一：当学生将自己的动作和教师的正确动作加以比较之后，教师向每个小组的学生提出了学习要求——观察队友所做动作，并说出他的长处。这样一来，学生就会以欣赏的眼光看待自己的学习伙伴。

片段二：在练习之后，教师又启发学生："是否发现了自己动作的不足之处？如果是，就可以找能帮助你的人来解决问题。"于是，一些学生就会成为教师的小帮手，帮助另一部分需要帮助的学生进行学习。

片段三：当学生对"前滚翻"这一技巧动作进行分析、尝试、练习后，教师给学生提出新问题："根据今天所学，改变常规练习方式。"学生积极响应。

可以看出，王作舟老师不仅采用多种方式突破难点，而且时刻激发学生的兴趣，引导学生自己克服困难。概言之，突破路径的设计在教师，突破的主体是学生。

对于难点的突破，有两点建议供大家参考：一是把难点分解成"台阶状"，分几步突破；二是有些难点的突破并不能在一节课中完成，对绝对值概念的理解就是这类情况。把握好这两点，每节课的难点突破到什么程度，我们就做到了心中有数。

写好自己的教案

这几年，我一直关注教案研究，结合日常的一些观察，形成了一点想法。

无论是中老年教师还是青年教师，我都不主张写电子教案。我也不主张青年教师写详案，老教师写简案。我主张教案还是要手写，至于"详"还是"简"，不应以教师的教龄和年龄来确定和划分，而应取决于这节课本身。备课是教师结合学情、课程标准、教师个人风格等因素而开展的一项个性化工作。我强调教研组的集体教研，实则是强调智慧分享、新老传承，是强调教师个体在集体中成长，而不是为了搞"一刀切"和"齐步走"。

有些学校要求教案要绝对统一。我们不能简单地指责这样的管理，因为这些地方有其具体情况，如师资水平不理想等。但当学校的师资达到一定水准后，我们就应因时因校地做出相应的改变。假设我们从25岁开始工作，55岁退休，那么工作时长是30年。30年中，我们可能会经历多轮教学循环。每一轮的教案撰写，都是教师能力的一次提升，因为每一轮都面临着生源的变化、教育教学观念的变化、专业水平的变化。我们的教案无疑也应该是变化的，教案的变化就是教师成长历程的外显，也是对工作的真实记录。最终，这些教案就是工作一辈子的物质财富，而蕴含其中的变化就是精神财富。

写好教案尤其需要教师的全局观。一般而言，教案是一课时教学的方案，是一课时教学的预案。每一节课都是一场"小型战役"，都是一项"小型工程"，但每一节课都不是独立的"战役"或"工程"。备好一节课，教师要有通过"运筹于帷幄之中"让学生"决胜于千里之外"的能力。当好教师非常不容易。一位老教师之所以经验丰富，是因为他至少清晰地知道这节课的目标如何实现，是为下一个"在哪个地方"进行的"什么战役"做准备的。如果"方案""预案"不周全，就会出现"一着不慎，满盘皆输"的局面。

写教案要遵循基本的教育教学规律。有的教师的教案只有教学流程，没有对重点和难点的分析，甚至连教学目标都没有，这是违背基本的教育教学规律的。现在我们备课或撰写教案的基本程序是经过多少年多少代教师总结和验证出来的。不管怎么推进教学改革、怎么开展教学研究、采用什么样的教学手段，不管一节课是 40 分钟还是 1 个小时，教案都是不能凭个人的感觉和喜恶随便改动的，更不能"脚踩西瓜皮，滑到哪里算哪里"，这也正是教学的任务性、计划性、科学性之所在。教学目标确定后，我们首先就要考虑哪些知识的学习是重点、哪些是难点，这样在设计教学环节时才能够针对重点突出笔墨、针对难点设计突破的台阶。

教案作为课前准备的终端，一定不是可有可无的。虽然课堂上会有不可知的事情发生，但不预则废，没有高质量的备课作保证，课堂教学就难以高效。重读上一轮教案、查阅资料、阅读课标、分析学情、撰写教案、设计作业等都是备课时所要经历的，这显然不是一件简单的事情。一名教师能否成长为优秀教师，首先在于他能否持之以恒地备课，而备课的水平会从撰写的教案中体现出来。所以，我们应该在备课上下功夫，沉下心来备课，把课备好是上好课的基础。

让反思成为一种习惯

2022 年 6 月 30 日，伴随着第 85 期线上教学反思的发布，育英学校第二波教师线上教学反思活动告一段落。撰写线上教学反思，始于 2020 年。2020 年的 2 月 21 日，我在学校 OA 办公系统上发布了一条消息：

> 各位好！很多年以前，我们就说学生是学习的主体，教师是协助者、指导者、对话者，但我们对这些观点并没有深切的体会。技术的进步给我们提供了一个不一样的学习样态，督促我们思考这样一个问题：线上教学中哪些做法可以在常态教学中迁移和运用？大家有好的想法（可长可短）可以随时发给我，我整理后在全校分享。

从 2020 年 2 月 23 日到 2020 年 4 月 30 日，我整理并在 OA 办公系统上连续发布了 52 期教师的经验和感悟。教师撰写的教学反思已合计 100 余万字。

美国心理学家波斯纳认为：教师的成长＝经验＋反思。经验受教师年龄、经历、成熟度等因素影响，是岁月的积累，也是学校活动无法超越的；反思是思考问题的一种方式，教师的反思就是把自我或教育教学活动作为意识的对象，不断思考自己的教育教学行为、教育教学观念及教育教学效果，在反思中使自己的教育教学观念不断更新、教育研究意识不断增强、教育教学行为不断完善、教育教学水平不断提高，从而实现自身的价值和生命的意义。

教师如何反思？教师要反思什么？育英学校教师认为，最重要的是反思已有的习惯。

习惯是一种稳定的行为或思维模式。人们对自己的选择不是凭空进行的，而是基于习惯。习惯会自发地引导我们的感觉、观念与行动。有些习惯会阻碍优秀品质的形成和发展。所以，当不知道怎样反思的时候，我们可以先从反思习惯做起。

线上教学对师生最大的挑战就是改变已有的习惯。对教师而言，习惯了三尺讲台，习惯了面对面交流，习惯了批改学生的纸质作业……当这一切都随着线上教学的到来而发生改变的时候，教师就不能固守原有的习惯了，只能跳出习惯，寻找更适合的方式方法。实践证明，反思习惯需要注意几个关键词。

一是现实。基于现在，不抱怨，不幻想，认真分析"此刻我做得怎么样""此刻我还可以怎样去做"。少说"过去是这样的""应该是这样的"，避免自己陷于惯性之中。

二是革新。习惯的力量是强大的，我们经常自觉或不自觉地又回到了原来的轨道，所谓"穿新鞋，走老路"。突破习惯是很困难的，因此反思习惯不是总结正确的成功的经验，而是对自己一直以为正确的认识和行为反过来想一想。

三是提炼。反思的目的是改进和提升，因此在对许多事情或现象进行反思的过程中，要把握事物内在的联系，提炼出规律性的做法，将工作向更深层次推进。

育英学校的教师在反思中如是说：

> 如果说2020年春的线上教学是1.0版，那么2022年的线上教学我将称之为2.0版。2.0版更加关注细节，更加注重用户体验，更有血有肉，也更完善。如何解决学生长时间坐在电脑前而导致视力受影响的问题？较好的策略是少讲多练。（章淼鑫）
>
> 全程连线的分层教学：连线学习力中等的同学，根据他们的反应，掌握讲课的节奏；连线学习比较困难的同学，及时关注、鼓励和表扬，让他知道自己能适应线上学习；拓展性的问题可连线学优生，让他们在自主学习的基础上得到点拨，能走得更远、飞得更高。（吕路锋）

反思不仅是个人的思想需要，而且是一种高尚的精神活动。从人类知识产生和发展的过程来看，只有经由反省与批判，才能够获得真正的客观的知识。也就是说，反思是人类了解自身及推动其所在社会不断发展的重要能力。如此，我们何不让反思成为一种习惯呢？

用"业余"来成就自己

某天中午，我和几位教师一边吃饭一边聊天，其中一位教师认真地说："校长，给我们买几本书看看吧？"接着，另一位教师说："校长，多给我们安排几次外出学习的机会吧？"

我为有这样热爱学习的同事感到欣慰，但心里也生出了些许不安。来到育英学校后，我不止一次听到教师提出这样的要求。教师认真学习、积极进取是好事情，支持教师进修、帮助教师获得学习的机会、促进其专业成长也是学校非常重要的责任，育英学校在这一方面也是不遗余力：几乎每位教师都到自己心仪的标杆学校学习了一次，后续也会继续加强推进；启动了课程改革，给每位教师都搭建了立足实践的成长平台；外请专家举办沙龙……这些都为教师的学习与成长提供了丰饶的资源。

之所以不安，是因为我们需要从另外一个角度来审视我们为什么要学习。我们常对学生说"学习是自己的事情"，其实，对教师也是同样的道理。分析名师成长之路，会得出这样的结论：每个人的进取心是最重要的。以读书为例：学校推荐的书未必满足每个人的成长需求，自己如果周末到书店去转转，总会找到一本适合自己的书。这样的读书才是基于自身发展需要的学习，自然也会达到学习效果最大化的目的。

我在年轻时听一位专家讲过的一句话，到现在还对我影响极深："一个人能否成功，关键是看他业余时间在做什么。"别人打牌我也打牌，别人看电视我也看电视,这样我们就永远无法获得成长。我也记得诗人苏阿芒说过的一句话:"电影是看不完的,电视是看不够的,但事业要求我分秒必争。"我并不是希望每一位教师都不食人间烟火,放弃自己的爱好,一味地埋头于自己的工作和学习。我只是在表达一个意思——合理安排业余时间,给自己的专业成长留出点时间和空间,并持之以恒,我们自然就会不断往前走。这样下来,我们一定会进一步理解鲁迅先生说的话:"哪里有天才,我是把别人喝咖啡的时间都用在写作上了。"

我曾经说过,一所学校最大的福利就是教师培训,因为学校的着眼点是学生,着力点是教师。我们必须承认,教师队伍的素质决定着学校的教育质量,教师发展的视野决定着学生成长的高度。学校必然要为教师成长搭建更多的平台,"外因是变化的条件,内因是变化的根据",但也要相信每一位教师都会主动成长,因为已经有很多教师做出了榜样!

荐书

"校长,您给我们推荐几本书吧。"就任育英学校校长后,经常有教师和我说这句话。我确实给教师推荐了一些书目,同时,学校还改变了图书馆传统的管理模式,将其发展成供全校师生共同读书、学习、交流的平台。

育英的教师成长得很快,一群名师和青年才俊让学校的可持续发展充满后劲,因为读书是育英教师始终坚守的一项内容。

2016 年 12 月 30 日,我将自己近一段时间的阅读书目进行了梳理,结合学校实际情况,抽出了其中的 10 本并撰写了推荐理由,以此作为 2017 年给全校教师的寒假阅读书目。当天晚上 10 点,我在学校 OA 办公系统上向全体教师发了这样一条消息:

　　各位好。寒假即将来临。读书，临窗而坐，享受着午后温暖阳光的轻轻爱抚；读书，台灯下伏案，享受寂静时光在指尖的默默流淌。一杯清水、一杯咖啡、一杯香茗，和作者进行着穿越时空的对话与交流，应该是一件非常惬意的事情，也会给我们的寒假生活注入更多的美好。读书吧！

　　因此，我向大家推荐十本书，请大家从中任选一本，由年级教务员和各中心统计好后，于1月4日前交给图书馆的俞海霞老师。学校统一购买后会发给大家。以后每个假期开始前，均由学科主任给本学科的教师推荐书目，这次我就先代劳了。

　　未来五年是学校内涵发展的重要五年。学校的内涵发展是每一位教职工内涵发展的聚合。为此，让我们先从选书、读书开始吧！

　　一周的时间里，每位教师都从图书管理员手里领到了自己心仪的书籍。学校党委组织全体党员教师在假期里撰写读书感悟，开学后以"读书盟"的形式进行了汇报交流。

　　校长是干什么的？对此，国家相关文件中是有明确规定的。如何让这些文字规定真正地落地，甚至生根发芽，则需要校长结合学校自身的情况进行全盘统筹。

　　当下的育英学校是一所一校四址的学校，新加盟的百余位教师与原有教师之间需要相互学习，书籍中的文字会告诉他们该怎么想、怎么做。

　　过去的五年，育英学校取得了一些进步，但距离一流学校还有不小的差距。怎样缩短这个差距，教师可以从书里找到答案……

　　未来的五年，是育英学校内涵发展并形成可持续发展力的重要五年。工作从哪里做起？怎样才能完成得更好？书籍会给予我们解决问题的路径……

给年轻教师的提醒

为了促进青年教师的成长，育英学校建立了青年教师研修学院。面对一群充满活力和朝气的青年，我需要跟他们聊聊天，帮助他们尽可能地绕过弯路。因此，也就有了下面这些文字。

第一，教育是科学与艺术的结合，似乎艺术的色彩要更重一些。

学校有位张老师，每次接新班都会家访并做详细的记录。即使需要联系十几次，她也坚持要到家里去看看。用她的话说："更多地了解学生的生活环境，就可以更好地对学生进行有针对性的教育。"还没有开学，她就已经了解了每名学生及其家庭的整体情况。她的学生家长说："这年头还家访，真是难得，我们得全力配合老师。"自然地，她的班级管理很顺利，教师、学生、家长好像都拧成了一股绳。这是从教育的科学性和艺术性角度出发的一个普通案例，但却不是每位教师都能做到的。

第二，教育的作用是不可能直接改变一个人的。

改变始终是自己的事。教育工作者的职责在于激发学生潜能，引导学生实现自我发现与自我改变。

第三，师生之间的有效沟通是完成教育使命的重要一环。

我们每天都要与学生进行对话，是否有效却需要打个问号。过多的无效或低效的沟通不仅浪费师生双方的时间，还会为日后的教育工作埋下隐患。

如何让师生之间的沟通更有效呢？一方面要创造条件，增加师生之间交流的机会，缩短师生之间的物理距离。另一方面要认识到，教师的许多认识和行为未必符合学生的实际需要，因此，师生之间只有进行足够的有效沟通才能缩短心灵之间的距离。

第四，无论教师还是学生都不能自我设限，要充分发挥自己的潜能。

教师和学生都应该充分相信自己能够独立自主地解决工作或学习中遇到的

困难，尽可能少地设限。育英学校没有"一刀切"现象，因为各个领域的工作都是在问道教师、问道学生的基础上有针对性地开展实施的。这一做法不仅激发了育英人极强的创造力，而且在育英人心中树立了强烈的责任意识。

第五，课堂教学要"教"也要"育"。

北京电视台"我是演说家"栏目有一期节目的嘉宾是年轻教师董仲蠡。他做了题为"教育的意义"的演讲。节目一播出就被播放了 500 多万次。董老师旗帜鲜明地指出：教育不仅仅传授给人知识，更是提高个人的修为，增强生命的感受力，从而更好地认识自己，并且不断地提升自己。这揭示了教育的核心目的。如何达成这样的目的？课堂是施教的主渠道，每位教师都要抓住课堂教学这一重要渠道，在课堂上充分调动学生的非智力因素，加深其对知识的理解，让思想教育贯穿课堂始终。

第六，在进行教育的时候，成人的经验有时会成为教育的潜在障碍，或对教育活动产生误导。在没有核实信息之前，千万不要对任何学生的任何表现轻易地下结论。

这里谈的是两层意思：一是要尊重学生。学生虽然是未成年人，但也是独立的个体，需要得到与成人一样的尊重。二是要实事求是。正所谓没有调查就没有发言权，我们知道的远不如不知道的多，不要让教师身份掩盖了本应知晓的事实。

第七，习惯了的做法往往易形成习惯性思维，习惯性思维又进一步强化了习惯了的做法。

刚到育英学校的时候，我在布置某项具体工作时，总有教师说"我们过去就是这样做的"一类的话。这就是思维定式，就是习惯性思维。

有这样一则经典的小故事：

美国科普作家阿西莫夫从小就聪明，属于天赋极高者，他一直为此扬扬得意。有一次，他遇到一位汽车修理工。修理工对阿西莫夫说："嗨，博士！我来考考你的智力。我出一道思考题，看你能不能回答正确。"

阿西莫夫点头同意。修理工开始说题："有一位既聋又哑的人，想买几根钉子。他来到五金商店，对售货员做了这样一个手势：左手两个指头立在柜台上，右手握成拳头做出敲击的样子。售货员见状，先给他拿来一把锤子。聋哑人摇摇头，指了指立着的那两根指头。于是售货员明白了，聋哑人想买的是钉子。接着进来一位盲人，这位盲人想买一把剪刀，请问：盲人将会怎样做？"

阿西莫夫顺口答道："盲人肯定会这样。"说着，伸出食指和中指，做出剪刀的形状。修理工一听就笑了："哈哈，你答错了吧！盲人想买剪刀，只需要开口说'我买剪刀'就行了，他干吗要做手势呀？"

这就是习惯性思维在作怪。年轻人一定要挣脱习惯性思维的束缚，敢于想象，敢于尝试。

发现教师

....

千里马常有，而伯乐不常有。我们总提醒教师要用发现的眼睛看学生。其实学校管理者同样应该用发现的眼睛看教师。那在育英这个拥有 500 多名教师的大家庭中，如何去发现老师，如何让他们都成为"千里马"呢？

首先，我们进行了组织变革。2012 年建立扁平化 - 矩阵式管理机制，打通小、初、高各学段，整合全校教育资源；改年级（学部）为自我决策及自我执行部门，减少职能交叉和互相牵制，减少无效劳动，为教师"减负"。这样的组织变革，去除了中间层，使得从校长到一线教师只有年级（学部）与教师两个层级，让师生的需求以最快的速度得以回应。

其次，我们采取决策重心下移的管理策略，即将资源、决策权力向一线倾斜，让最熟悉教育教学、最贴近学生的人来做决策，以提升决策的准确性及执行速度。例如，我们赋予年级组四项权力：一是教育教学组织，二是教师行政管理，三是教师聘用安排，四是教育教学实验的科研。年级主任"说了算"的工作氛围，使得年级主任要想做好工作，就必须全方位把握学校办学理念，全过程了解、参与学校的教育教学活动，从年级的执行者、管理者成为学校的决策者、领导者。决策重心的下移让一批年级主任在锻炼中慢慢地成长了起来。

再次，我们建立了项目工作制和项目"首长负责制"。基于学校发展过程中遇到的现实问题和教师的教育教学困惑，我们在全校层面开展了项目研究，实行项目工作制和项目"首长负责制"。每位教师既可以是项目组的成员，也有机会成为项目组的负责人。这种以项目为中心的合作机制淡化了行政组织关系，打破了年级组和教研组的职责边界，强化了合作关系和业务研讨，使教育教学研究更有针对性，学校发展也更具活力。项目由"首长"负责，"首长"即每项具体工作的负责人，他们有权调动学校的所有资源。"首长负责制"赋予了有才华、有能力、有干事热情的普通教师极大的权力，"首长"领衔，教师作为主体自愿参与，每位教师的参与机会和发展平台都是平等的。

最后，我们向每位教师发出"学校里每一个人都很重要"的信号。育英教师的年龄普遍偏大，平均年龄为 43.3 岁。怎样激发教师活力是个非常棘手的问题。对此，我们认真分析，抓住不同年龄层教职工的心理预期，给予教师足够的理解、支持和尊敬，逐渐发现了一批有贡献、有能力、有特长、有潜力的教师。

例如，我们推行敬老机制，奖励为育英学校做出突出贡献的老教师；安排专人梳理老教师的工作经验；对即将离退休的教师，学校予以特别关心，设立"功勋职工"荣誉称号，郭春家副校长于 2012 年被评为第一位"功勋职工"；为耕耘在一线的中老年教师搭建平台，评选"教师教育家"，总结他们的教育思想。此外，我们还设立"爱校奖"，专门总结这些获奖教师的教育教学或管理服务经验。

对有工作热情和干劲的中年教师，学校予以重用，如请张勤老师担任家长学校校长，请李雪老师担任学生成长咨询中心主任，请杨林老师负责语文课程资源建设等；针对女性教职工比较多的现状，评选"巾帼标兵"，让教师感到自己在学校很重要，很多中年女教师的职业生涯又焕发出新的生机。

对于中青年教师，学校大胆启用，搭建人力梯队。肖悦、沈立凤、刘远征、赵佳、冯术、周飞等青年才俊纷纷走上管理岗位，物理、化学、生物大学先修实验室负责人均为年轻的教师。通过岗位的合理配置，学校发现了中青年教师的潜质，并为他们的成长提供了可持续发展的平台。

有人说教育是一种发现，其实学校管理又何尝不是一种发现呢？

"十条"发力

2012 年 6 月，育英学校对全体学生进行了一次关于教师课堂用语的问卷调查，梳理出了学生希望教师在课堂上说的十句话和不希望说的十句话，简称"十要十不要"。

从中我们看到了学生对教师的期待，也反映出部分教师在课堂用语中存在的问题。为此，同年 8 月底，我们起草了《北京市育英学校工作文化——教职工行动准则"十条"》，并组织讨论。同年 9 月，《北京市育英学校工作文化——教职工行动准则"十条"》正式启用。

学校发展离不开教师。只有凝聚全体教师的共同力量，明确目标，学校才能发展。所以，在新学期的开学典礼上，我做了如下发言。

> 文化是人们在长期坚持中慢慢形成的，是所有人共同认可的准则，是一个组织的精神内核。作为教师，我们想要育什么样的人，先要做什么样的人。"阳光大气""行为规范"是我们育人目标中的两个核心词语，这不仅是对学生的要求，而且是每一位育英教职工都应该做到的事情。所以，学校结合当前实际制定了《北京市育英学校工作文化——教职工行动准则"十条"》。它有利于营造简单、和谐的人际关系与良好的教育

氛围，体现了育英人热爱学生、一切为了学生的教育理念。

当前，一些调查和报道都显示，大部分教师感觉压力大，对自己的行为和语言无约束，给学生、同事、学校造成较大压力和不良影响。其实我们每个人都是压力的承受者，也可能是压力的制造者。良性压力是需要的，它促进我们不断追求卓越，但恶性压力会加重我们的心理负担。我们每个人都要努力为创造良好的工作环境努力，减轻恶性压力。

只有对所从事的工作的意义、目的及责任明确了、认同了，我们才有可能更加热爱，更加投入，更加愿意在制度的执行中同时发挥潜能。

对同事：批评的话想想再说，表扬的话及时转达；由衷地欣赏同事，为别人的成功喝彩，不让嫉妒、猜忌控制自己。

对学生：建立尊重、理解、和谐的师生关系。

对自己：心态最重要。有不同意见可以通过正规渠道反映，不要在不适宜的场合指责和议论。

宽容、包容、沟通、交流、倾听都需要学习和实践。让自己越来越阳光，越来越健康，越来越幸福！

教师为谁服务

新学期开学后，四年级转入一名新学生，需要定制校服。负责小学中高学部的教导员联系主责校服工作的同志，请他给予办理。9月8日，该同志接到通知，但因他身在八年级学农基地，需要回学校后才能办理。9月10日，该同志回到学校后虽与校服厂家进行了联系，但此后一直没有再催促厂家送来学生的校服。直到9月26日，这名学生仍然没有拿到新校服。

结合这个案例，我向全体教职工发出了疑问：我们为谁服务？我还特别要求学校的行政人员要以此为专题进行研讨。

育英学校主张学校是学生的学校，一切为了学生，学校的各项工作都要以学生为中心，每位教师都要把学生放在心中，凡关乎学生的事就是最大的事。案例中，几位教师如果把学生放在心中，就会不断地催促厂家或者自己去厂家拿校服，也就不会让新来的学生在近一个月的时间里都没有校服穿。教师因为学生的存在而存在。如果没有把学生当回事儿，那么教师也就没有存在的价值了。

其实，在近年来的学校管理中，我们一直在渗透这种意识。比如，我们让每位教师都明晰自己的工作岗位常规，目的就是要责任到岗，便于评价，避免扯皮和推诿。行政后勤服务性岗位工作尤其要通过工作常规将工作落点清晰地传递给相关人员，提高工作效率，提升教育教学水平。

在育英学校，人力资源服务中心每学年都要对全体教职工做满意度评价调查，"为谁服务、让谁评价"是满意度评价调查的核心原则。例如，对于直接接触学生的工作人员，评价主体就是学生；对于直接服务班主任的工作人员，评价主体就是班主任。我们就是希望通过这样的满意度评价调查，让所有人都认识到学生处在学校中央，每个部门都要树立为学生服务的意识。很显然，案例中涉及的相关人员为学生服务的意识还比较淡薄。其实，如果教师主动地问问学生，及时提醒主责校服工作的教师，或者直接联系校服厂家，都能比较好地解决问题，而不至于拖了那么长时间。

还有，我们曾在 2012 年让每个部门都梳理了常规工作流程，希望学校的各项常规工作都能按照流程进行，不受人为因素左右。案例反映了常规工作流程执行不到位，执行进度管理不到位，做事拖沓、随性，所以才有了一件校服拖了那么长时间而得不到解决的问题。

我们到学校来是为谁服务？其最根本的是理念问题，反映了学校同事之间缺少必要的有效的支持和监督。

小事不小。对典型案例的剖析会进一步促进学校办学理念的落实。"我们是为学生服务的，心中永远装着学生"不是一句空话，需要我们问道教师、问道学生、问道家长，需要我们在工作中坚决落实首问制，及时发现问题，及时解决问题，真正地为学生做好服务工作。

让教师研究自己的事

育英学校第七届一次教代会于 2013 年 4 月 19 日召开，5 月 31 日胜利闭幕，历时一个半月。一所学校的教代会为什么开这么长时间？是代表们不能通过教代会的决议吗？

我们先来看看这次教代会的主要内容：审议《育英学校七届一次教代会工作报告》，审议《育英学校三年行动规划（2013 年 4 月——2016 年 4 月）》，审议《教师教学基本工作常规（修订稿）》，审议《教师教学基本工作常规实施细则》及系列的《关于作业布置、批改与检查的工作细则》《关于命题、阅卷实施细则》《育英学校教案活页（详案）》《育英学校教案活页（简案）》《期中、期末考试实施细则》《育英学校高考奖励方案（讨论稿）》《育英学校中考奖励方案（讨论稿）》。

单从文件名就可以看出，这些内容都是关乎学校发展、关系教师切身利益的重要文件及相关制度，自然需要教师代表认真阅读、仔细思考、充分酝酿、反复讨论，再从实际出发提出修改意见后才能形成决议。所以，历经一个半月的高效劳动，我们才开好了教代会。

要让制度引领学校发展，必须确保制度的科学性、发展性，要讲清楚制度的来龙去脉。我们一直在思考，教学常规是谁的？教学常规是教学规律的体现，是对教学过程的基本要求，是教师优化教学过程、提高教学质量的保障。一般来说，教学常规包括教学计划，备课，上课，作业，辅导，学业评价，考试的命题、监考、阅卷和分析，教学研究，教学总结与反思及质量评估这十个方面的内容。这十项内容都直指教师的教学工作，是教师的教学常规。既然是教师的教学常规，就要让教师成为教学常规的主人。我们组建了由教师代表组成的教学常规研究项目组，梳理出基于育英学校实际的教学常规，然后再提交教代会进行审议。从群众中来再到群众中去是中国共产党的工作路线，也是学校管理应该遵循的工作路线。

教学常规背后的教育价值是什么？在《教师教学基本工作常规实施细则》中有这样两段内容：

> 每位教师都要按照课程标准所划分的学段及所教学生的具体情况制订计划。小学教师制订本学段的教学规划及一年的细化（针对每一章节或整合模块）。中学起始年级教师要有三年的教学规划（教材）、一年的详细计划（章节）、一学期的具体安排；其他年级教师要求有一年的教学规划和一学期的具体安排。学期计划要在开学第一周张贴在所教班级的壁报栏中。

> 起始年级教师在开学第一个月的课间要提前进入教室和学生交流，尽快熟悉学生，各科特别是中高考学科的教师要努力在一个月内记住所教学生的姓名。

这两段内容暗含着两个问题：教学计划是给谁看的？怎样与学生尽快地建立融洽的师生关系？

教学计划除了给教师自己看，还要给学生看。"凡事预则立，不预则废"，当学生在新学期开始就能了解整个学期要学习的内容时，他们就会或多或少地在心理上做好学习计划与学习准备。这样，当走进课堂，他们就是带着准备来学习的，反之是茫然的。

良好的开始是成功的一半。当教师在开学前几天就记住了学生的姓名，他们就已经和学生建立了较为融洽的师生关系，后续的教育教学工作也就会比较顺利。

教师发展

这些是我们制定教学常规背后的价值追求，也是我们看重的内容。要把这些认识传递给教师，需要时间，需要过程。

教代会是教职工依法参与学校民主管理和监督的基本形式，也是学校和教师进行双向沟通的重要方式，如何更好地发挥它的作用和价值，我们需要再探索、再完善。

历时一个半月开教代会是育英学校历史上没有过的事。它的价值就在于，学校充分信任教职工，以此进一步增强教职工的主人翁意识，让各位代表充分酝酿、积极地建言献策。这样，代表们不仅是学校规章制度的制定者和决策者，而且会成为具体工作实践中的积极践行者和引领者。

寻找教师发展的"第二曲线"

第二曲线理论是指必须在第一个曲线到达峰值之前就开始准备，只有这样才会有足够的资源来弥补初期的投入。这也意味着，当你终于知道该走向何处时，机会却已经永远逝去。也就是说，当现有成长曲线出现下滑前，务必另辟新的成长曲线；在达到顶峰之前，应该想到这一条路再走下去可能就是下坡路，那就要走另一条路。

我认为，基于真实问题开展研究，助力教师专业提升，促进学校内涵式发展，是教师发展的"第二曲线"。

一、基于真实问题

每学期放假前，育英学校都要召开教师研讨会。在审阅 2017 年研讨会发言稿时，也许是大家希望将自己的全部付出与工作实践向全校教师分享，有几位教师都是在"表扬和自我表扬"之后再切入主题。因为我们召开的是业务研讨会，讲的是实实在在的问题和如何解决这些问题，所以我对发言教师做了培训："育英学校的工作原则是从问题出发，走动管理，问道教师、问道学生、问道家长，请将发言内容进行修改，从工作中的真实问题出发，需要问道的就去问道……"此后，我又以小学五年级的数学期末考试作为案例，结合学生调查问卷的反馈结果，展现利用数据理性探索、改变课堂教学的探究过程。

两天后，我收到了七位老师的发言。朱盈梅博士以《有教育的地方就有研究》为题，分享在低年级学生中进行差异化教学的心得；刘嫣主任以《海淀区体育检测中发现的问题》为题，分享寻找问题的过程和体育教学改革的手段及效果；曹昔老师分享在英语教学过程中，针对不同学情的学生，改变课堂结构的必要性、实施效果和教学反思；邵鸿老师从刘静嘉实验班任课教师的角度分析自学能力较强的学生的培训模式；李倩老师分享如何深入挖掘课程资源，改变教学方式，做鲜活有生命力的教育；隋燕飞老师介绍对两个课题进行反复推敲和打磨的过程；王在英老师展现了以有效落实语文学科中信息提取能力为目标、结合教师教学特点进行的有效尝试。

二、助力教师专业提升

教师是学校发展的关键因素，教师的专业素养水平决定着学校教育质量的高低。因此，做好教师培训，是学校怎么抓也不为过的事情。对此，育英学校采取以研带训的方式，引导广大教师在研究中工作，在工作中研究，提升专业素养，提高办学质量。

我们以项目研究为组织形态，以课程研究和课堂研究为基本内容，使得教师形成这样的认识与默契：提高业务研究意识，不要找借口；寻找研究点和研究方法；在业务研究上，不要爱面子，力戒虚荣心；要有"十年磨一剑"的耐力与耐心。教师专业能力提升是促进学校内涵式发展的重要途径，也是我们做守正教育的重要基石。

三、促进学校内涵式发展

什么是学校内涵式发展？学校内涵式发展就是以师生身心发展为基础的教育质量与教育效益的全面进步，表现为学校教育质量的发展，反映了学校教育发展的本质。

可见，学校内涵式发展包括教育质量的发展、教育精细化的发展及教育特色与创新的发展。多年的教育实践证明，关于学校内涵式发展，其源头是学校课程研究的发展及教学研究的发展。

教育札记

立足日常，发现榜样，记录榜样，彰显学校办学价值，这是校长进行教师引领的重要路径。

"基于日常、基于真实、基于榜样"是育英学校党建工作的原则，也是立足日常进行教师引领的重要路径。近几年，我特别注意在教师层面发现典型，记录典型，借助学校 OA 办公系统，及时地分享给全校教师，彰显学校办学价值。以下为"教育，风景这边独好"的节选内容。

做有温度的教育

....

2022/03/18/11:09:23

为初中语文教师张建美点赞——这是有温度的教育

各位好：

前几天，我在志趣课程小组汇报会上，得知这样一个故事。

张建美老师是一名语文教师，她开设的志趣课程是"羽毛球"。第一节羽毛球课那天，恰逢一名学生生日，张老师得知后就带领其他学生一起为"小寿星"进行了简短的庆祝。

事情看似很小，但意义很大！

（1）语文教师开设跨界课程，本身意义就很大。教师自身的综合素质、对生活的热爱等都会对学生产生潜移默化的影响。我们积极倡导当复合型教师！

（2）课堂既是教师生活的一部分，也是学生生活的一部分。课堂中的人性是师生生命质量的体现，这也是我们"六个教学基本问题"中最后一条的主张！

（3）在建立良好师生关系的过程中，教师居于主导地位。

（4）我的班级我做主，我的课程我研发。

（5）希望各位干部教师多多发现教职工的美好行为，及时提炼、推广！

学校教育就是过日子。教育不是冷冰冰的，眼中有人、心中有爱的教育才是真教育！

为张建美老师点赞！为这样的老师们点赞！

2022/03/18/11:47:10

这个时候的课间操应该停下来——为紫金校区的做法点赞

各位好：

今天上午，紫金校区一、二年级的学生在上课间操时，偶遇雁阵，大家激动不已。学生兴奋的呼喊声和带操教师的助威声响彻操场。

春天已到，大雁北归。学生目睹雁阵变队的过程是很难得的。这个时候停下课间操，组织学生集体观察雁阵，是教师教育智慧的体现！

这几天连发几个案例，说明我们育英学校的教育观念已经发生了实质性的转变，我们的教育不再是呆板的、僵化的。

这才是最美校园的样子！

教育，风景这边独好！

2022/03/22/16:05:25

学生再调皮，也是自己的学生——致敬小学教师刘雅美

各位好：

昨天下午5点37分，已经放学，我看到小学教师刘雅美正在校友广场给花拍照。这时候，一名初中男同学跑过来拥抱刘老师。两人交谈时非常亲密，像小羊羔依偎在妈妈怀里。

千人千模样，每名学生都是不一样的。作为九年一贯、十二年一体制的学校，作为很多学生的唯一母校，以刘雅美老师为代表的小学教师善良而博爱，在教育中总是闪耀着母性的光辉。尽管不是每名学生的成绩都那么优秀，但是我们教育出的学生至少在做人方面是被社会信得过的，我认为这是最重要的。

良好的师生关系是有效教育的前提和基础。

叶澜老师曾说，他们那一代人有很多缺憾，但有一点好，那就是心总是向着光明、向着明亮、向着善良，这是小学教育给他们人生打下的底色。我想，小学阶段就是要打底色。

2023/10/15/21:12:29

一位怀有教育理想和充满工作激情的教师（之一）

各位好：

初中语文教师兼班主任栗婧老师是一位不计个人得失、全身心投入工作的教师，是一位怀有教育理想和充满工作激情的教师，是一位热爱学生胜于热爱自己的教师，是一位把班主任工作做得有滋有味的教师。

向栗婧老师学习、致敬！

2023/10/16/08:48:20

一位怀有教育理想和充满工作激情的教师（之二）

各位好：

上篇提到的栗婧老师已经坚持写工作日志很久了。下面节选栗婧老师上周最后两天的工作日志中的一段话，供大家学习。

好的心态很重要！向栗婧老师学习！

这一周整整工作了9天，不得歇的周末后又是新的周而复始。想到写完这个总结后还有课例研究要写，我不禁既颤抖又胆寒，但这就是我们选择的生活啊。厌倦是一天，热爱也是一天，何不让自己心情愉悦地过一天？舒活舒活筋骨，抖擞抖擞精神，出去看看秋日的黄昏，休息好了再奋斗。

教学研究的魅力

2022/03/23/09:18:24

管理好自己——写在高中英语首席教师李传明的课程入选之际

各位好：

昨天听说李传明老师的课程入选"2021年教育部基础教育精品课"，非常高兴！

从区到市、从学术研究部门到行政管理部门，学校每年都要组织很多次有关论文等成果的征集与评选，也包括课题的申报。像这次"2021年教育部基础教育精品课"的征集，就完全依托我们日常备课的积累，并不需要花费太多时间、做太刻意的准备，我们只要按照要求选择自己最欣赏的课提交即可。从这几年我校教师的专业水准和教育教学研究的情况看，我们应该非常有自信地参加各类评选！

也会有教师抱怨，因年龄等原因没有机会举行公开课，我想和大家分享两句话：

（1）任何事情，你想做就有方法，不想做就有借口；你有选择的自由，也有承担后果的义务。

（2）有人帮你，是你的幸运，无人帮你，是公正的命运。没有什么人该为你做什么，事业是自己的，你得为自己负责。

管理好自己很重要，让我们继续努力！

2022/03/24/15:23:03

"宁肯用坏，不能放坏"——五四制七年级生物组、五四制八年级物理组的做法正在把教学引向深度变革

各位好：

3月4日，我在思成楼的楼道中看到一个人体结构模型，感觉有点意思。恰巧遇到年级主任孙志龙老师，他告诉我，这是生物组的宗光子、牛冬梅两位老师刻意摆放的。我一直关注着这件事情，直到前天，我找到了宗老师和牛老师。宗老师说：

"《生物》七年级下册的教材内容是'生物圈中的人'。这部分知识一直是学习的重点和难点。为了激发学生的学习兴趣，我们把人体结构模型摆放在楼道里，方便学生课前预习和课后讨论。模型摆出后，马上就有很多学生聚拢在模型前探讨人体器官的特点，甚至还有大胆的学生把器官模型拆下来，仔细观察后，又拼装回去。学习资料不一定都是文字形式，模型或者实验器材是更生动的学习资料。楼道里这小小的改变使课间多了很多探讨问题的身影，我们也觉得开心"。

这件事给了我很多启迪：

（1）我们的教学器材一般都放在仓库中，上课的时候才拿出来使用，用完再放回去。在课堂上，由于时间和空间的限制，学生很难仔细地近距离地观察、学习。无疑，提前摆出来的做法更有利于学生的学习。宁肯用坏，也不能放坏，更不要担心学生的破坏。

（2）今天，我让这个年级的其中一名班主任赵男宇老师在他的班上做了一项调研，75% 左右的学生都认为这样的做法"感受到了老师的用心，提高了我们对生物学科的兴趣"。

（3）两位生物教师这样做的初衷是为了突破近期教学的重点和难点。这给我们的各科教学都带来了很大的启迪，即教学绝不仅仅在课堂上发生！如何把这一做法系统地设计与推广，值得探索。我认为，这是把教学引向深度变革的重要路径之一。

（4）八年级的物理教师孙婕老师、余田老师也有类似的探索。

为这样用心且勤于探索的老师们点赞！我的班级我做主，我的课程我研发，我的教学我负责。

2022/03/25/10:11:01
教研需要这样的情怀和胸怀

各位好：

我校四校区的美术学科正成为我校的品牌学科。

从陈艳蓓老师牵头研发泥塑课程到刘怡斐老师指导学生研发"小桃桃"再到中学美术组"木屋"创意的落地，都标志着我校美术教师在美育方面的不懈实践和创新实践。

3月17日、3月24日，我校中学美术组分别与北京市育英中学、中央民族大学附属中学的美术老师合作，从课程入手进行了"艺术与技术"的学科融合实践探索。戴欣伟老师结合教材设计"创意点亮校园生活"课程单元，在我校五四制六年级完成单元课程录制内容，并将课程成果展览于校园中，极大地调动了学生的学习热情与创作兴趣，也向各校教师展示了育英学子的精神风貌。

活动同时邀请了海淀区中学美术教研员来校指导，他对强志平、朱锦梅、张震、戴欣伟四位美术老师在各自专业领域开发的志趣课程给予了高度肯定并准备在全区展示和推广。

这件事给我带来了一些启迪：

（1）团队的合作很重要。举行这样的教研活动，客观地说，是比较麻烦的，特别是有外来人员的时候。因此，学校各部门特别是党政办公室、教育服务中心、教学服务中心等如何积极地给予支持和服务，是管理层要考虑的。

（2）"打铁还需自身硬，绣花要得手绵巧"。美术组这几年在基于校园生活、提升学生审美素养方面做了积极的探索，积累了很好的经验，因此有底气、有自信地向同行展示和交流。

（3）以研究的态度对待工作。这次，美术组和北京市育英中学、中央民族大学附属中学合作，虚心听取同行意见，一定会让自己的视野更开阔，也会让自己的研究更深入。

（4）专业成长需要更高的平台。有了这样的情怀和胸怀，我们就会遇到更多的"高手"，和"高手"过招，才能让自己更有"自知之明"。

（5）教研组的带头人和骨干教师真的很重要！

仰望星空，脚踏实地，"莫愁前路无知己"！与大家共勉。

2022/03/30/21:09:07

怎么破解复习课之痛？

各位好：

昨天下午，我参加了五四制九年级的阶段性质量分析会，被年级主任和老师们的工作热情所感动，做了一次即席发言，主要是结合具体案例谈了我对复习课如何设计的认识。大家兴趣很高。任捷老师当晚就修改了今天要举行的研究课的教案。今天上完课后，大家仍然在激烈地讨论这一话题。

我被老师们的研究热情所感动。今天下午我抽了点时间，结合昨天下午的案例分析，对复习课和新授课的课堂结构进行了梳理和总结（图5-1），供大家参考。谈不上示范，算是给大家做一个样板。

日常新授课结构：
先讲基本概念和基本原理 ←→ 做题应用
日常复习课结构：
先复习基本概念和基本原理 ←→ 做题应用 ｝没有差异

新授课：主要教学内容对学生而言是"新的"
复习课：主要教学内容对学生而言是"学过的"

既然如此不同，我们复习课的教学结构为什么和新授课的教学结构一样呢？
能一样吗？

我的基本观点：
新授课，先讲基本概念和基本原理，然后再练习应用，这是没问题的，是符合学生认知规律的；但复习课就不一样了，复习课的教学目标首先应该定位在通过"复习"引导学生在学科学习方法和学科素养上有所升华，其次才是对所学知识的复习再现。因此，复习课的教学基本结构应该和新授课"相反"。

图 5-1　课堂结构图

2023/03/14/14:39:54

教研组很重要，教研组组长也很重要

各位好：

2023 年 3 月 2 日上午，北京市海淀区教师进修学校的 60 多位教研员来我校参加"教研邀约"活动。

五四制六年级英语教研组在教研员听课后有了如下行动：

（1）在教研组组长王璐老师和其他老师的帮助和鼓励下，五四制六年级英语教师果璐老师在教研员评课后主动改进教学设计，第二天上了一节改进后的课。

（2）教研组组长王璐老师将果璐老师的反思和改进后的教学设计发给教研员应勐老师，并和教研员多次进行微信沟通。

（3）果璐老师利用周末时间将这两节课的实践与思考撰写成论文并请教研员指导。

（4）教研员被大家的敬业和努力所感动！我相信教研员一定会把我校的教师放在心上。

一个团队中有一位热心、操心且专注于大家专业成长的带头人太重要了！

希望我们每一位教研组组长都向王璐老师学习！

希望我们每一位青年教师都向果璐老师学习！

希望我们每一个备课组都向五四制六年级英语组学习！

希望我们都能靠努力赢得别人真心的尊重和帮助！

2024/01/16/20:13:43

请大家看看为什么"负负得正"

各位好：

我校赵崇淼老师的研究成果（虽然是一节常态研究课的教学反思，但是已经很不平凡）已经发表于《中小学数学》。想知道为什么"负负得正"的教职工可阅读《乘法与旋转——"负负得正"的一个新思考》。

赵老师的研究成果给我们带来了启示：教师的水平确实影响着学生至少是一部分学生的发展高度；培养学生的创新能力首先需要教师拥有创新能力。如此，我们学生的综合素质才会大幅提升！

这是我们新的生长点，也是我们的努力方向！

让我们继续努力！

关于"三个案例"的研究

2023/09/12/17:10:30

推进"三个案例"的深度研究——刘向娟《落实语文教材与作者原文对比的教学实践》

各位好：

看到刘向娟老师的案例《落实语文教材与作者原文对比的教学实践》，我很是高兴。

刘老师写的案例大概也就 1000 字。撰写千字案例，并不会耽误多少时间。每位教师如果都能坚持写作，日积月累，一定能走向更广阔的教育天地！

2023/10/04/22:01:07

案例分享："三个案例"的深度研究

各位好：

本期分享来自西翠路校区李乾玉老师和张赠益老师、小学中高学部赵保青老师、初中李若愚老师、高中王静老师及生物学科全体老师在推进"三个案例"深度研究方面的案例成果。

（1）老师们不仅对教材深入研究，而且在课堂上具体落实，聚焦学生思维能力的培养，用教材教而不是教教材。

（2）这样的探索与研究，只要坚持下去，一定会助力育英学校教师专业水平的提升。

（3）高中王静老师已经有了比较系统的思考和扎实的实践，限于大家理解的原因，我没有通过 OA 办公系统公布文字成果。

（4）请各位学科主任及时整理大家的研究案例，这将是我们各学科非常重要的课程资源。我们坚持几年，其价值将不可估量。

（5）不积跬步，无以至千里。案例不在大小，众人拾柴火焰高！

看到这一篇篇案例，我对学校的未来充满了信心！

2023/10/10/08:53:53

一个研究案例背后的故事

各位好：

前几天，我学习了五年级教研组提交的有关《将相和》的研究案例，感觉这个案例研究背后是有故事的。于是，我找相关老师了解情况后，请朱盈梅主任（也是五年级的语文教师）还原了这个案例研究的过程。

这个还原非常有价值！希望每位教师包括行政后勤服务中心的教职工都好好读一读朱盈梅主任的《还原记录——〈将相和〉教材对比的研究推进过程》，相信会对我们深研教材、深研分管工作有很大的指导作用。

让人敬佩的育英老教师

2022/04/14/16:27:01

读别人的书，丰盈自己！为小学英语教师索广文老师点赞

各位好：

我偶然从微信朋友圈"文文的小世界"中发现，从 2020 年 3 月至今，索广文老师坚持读书，已经写了 38 篇读书随笔。索老师是一名资深的小学英语教师，教学经验非常丰富。她秀外慧中，做事笃定，处世淡然，这显然与她多年勤于读书是分不开的。

"老师是文化人。"虽然我们工作确实很忙，但再忙我们也要合理安排时间，读别人的书，写自己的体会，丰盈自己的内心！

2022/04/21/15:18:58

向左民老师学习！希望各年级都要挖掘、珍视老教师的经验

各位好：

左民老师是一位资深的优秀的初中数学教师，在班主任工作和教学工作方面有着很丰富的经验。我称左老师为"典型数学老师"——智慧、质朴、直率、不张扬。

由于各班都有部分学生参加了学校直升，五四制的九年级各班在去年暑假后，优秀学生就相对少了。在这种情况下，如何管理班级？如何保证学生学习的热情？九年级的老师们"八仙过海，各显神通"。其中，左民老师的智慧做法得到了家长和学生的拥护，取得了很好的效果。

我认为，左老师的做法有很好的普适性，不仅适用于毕业班级，而且值得小学、初中、高中借鉴。下面分享左老师的小结。

骐骥六班之"同伴互助活动"

五四制高一抽走我班前面6名学生，班里余下的33名学生失去了"领头羊"。于校长说"矬子里也要拔将军"，怎么拔？光靠班主任和任课教师不行，得依靠集体的力量，同伴互助也算是一招吧。其实也不算是新招，管用就行。

最先注意到同伴的影响，是从我班陈佳禾和张乐瑶两位同学互帮互助一起迈进五四制高一的大门开始。既然同伴的力量这么大，我们就应该利用好这种力量，让同学之间互相影响，一起向好的方向发展。

开学之初，学校给每名学生都发了一张精美的目标卡。我让大家立好目标，并在背面写下"一帮一"的对象，贴在班级后面的壁报上，以此开始同伴互助活动。不用语言告诉对方"我是你的同伴"，而是要用实际行动让对方知道"我一直在你身边"，就像开盲盒，有趣又刺激。于是，早上6:30就到校自习的傅子迅不再孤单，与刘子谊、李宇光形成互助小组；放学后，陈以航、邬昊锴总是等着磨蹭的王晨喧，即使只能走到校门口，也不放弃短暂的交流时间；擅长体育的李锡清带着慢腾腾的周康琦一起跑圈，边跑边鼓励；而周康琦也会耐心地给李锡清讲题，两个人的身影常一起出现在老师办公室……

大家心照不宣，又默契地不离不弃。几周后，班里就形成了几个固定的团队。有两个人的，也有多个人的，大家一起学习一起运动，彼此关照，相互温暖。尤其是我说一模后要揭晓谜底，奖励进步最大的互助小组，大家又将学习的热潮推进了一步。

一个人能走得很快，一群人可以走得很远。有了同学相伴，大家一定可以走得又快又远。

左民

2022.4.19

2022/06/01/11:54:39

为这几位老师点赞！努力探索，童心未泯

各位好：

今天是六一儿童节，祝大家节日快乐！

我们常说"童心未泯"。好奇心、探索欲是很重要的童心。随着年龄的增长，保持好奇心与探索欲，就是在保持童心。

今天我看到张冬云校长在OA办公系统上表扬八年级数学组的刘萍老师带领秦绪凤、隋燕飞、王素文三位老师精研一节课的做法，彰显了八年级数学组深度教研、不懈探索的精神！

这里我要表扬几位老教师。秦绪凤、隋燕飞、刘萍三位老师，年龄最大的已经55岁，最小的也51岁了。隋燕飞、刘萍两位老师原在万寿路校区任教，有着很高的工作热情。在我印象当中，有一届初中，三年下来，只有两位班主任中途没有换人，其中一位便是隋燕飞老师。刘萍老师是两校合并后第一批执教航天校区的教师，为学校的发展做出了突出贡献。秦绪凤老师今年已到退休年龄，仍然对教学研究情有独钟，多次就教学中的一些思考、实践和我交流。

借这个机会，我还要表扬另外两个人。

岳云涛老师在万寿路校区时一直担任班主任，是教育教学的"双料"骨干。支援航天校区后，她一直兢兢业业，发挥着老教师的榜样作用，当年的"小仙女"如今也到退休年龄了。

荣继军老师是一位不善言谈、务实肯干的老师。记得七年前，我们准备在山东办一所学校。当时我校在很多方面还"捉襟见肘"。当学校找到荣继军、吴波澜、张冬云三位教师时，她们克服困难，欣然应允去山东办学。虽然由于各种原因，这件事情没有继续，但是三位教师的担当精神给我留下了非常深刻的印象！后来，荣继军老师从年级主任的位置上到航天校区做教学主任，承担了更重要的工作。去年干部调整，临近退休的他主动让贤，以让年轻人早一点儿走上管理岗位历练。

他们是育英人的优秀代表！

童心与年龄无关。保持努力探索、热爱生活的状态，童心就永驻！

再次祝大家儿童节快乐！

2022/10/31/21:42:24
用情工作、智慧工作的班主任赵艳老师

各位好：

按照周安排，今天下午我参加了四年级每月一次的班主任工作交流会。四年级10班班主任赵艳老师做了"我的中队日志我记录"的主旨发言，很精彩，对我颇有启迪。

据我了解，中队日志是学校对年级和少先队的一项统一要求。赵老师没有机械地完成这样的统一要求，而是结合所教学科的特点进行了有效的整合和创造性的实施，使之成为自己班级工作的一大特色，践行了"让学生感受到在班级的存在"的工作理念。

我们都知道，班主任工作很辛苦。面对一项又一项的具体工作，如果机械地完成，班主任肯定是累上加累，效果也很难保证。赵老师给我们做出了示范！

赵老师已有 24 年的班主任工作经验，是一位经验丰富的优秀教师。赵老师的可贵之处在于并没有因为经验丰富而停止探索的脚步！

为了学生，宠辱不惊，脚踏实地，与时俱进，永葆工作的青春！赵老师是我们学习的典范！

2022/11/07/11:35:04

航天校区五位班主任的工作经验分享

各位好：

2022 年 11 月 3 日中午，我在 OA 办公系统中表扬了航天校区的徐婷婷、李雪纯、王嘉琪、王美珍、苏杭五位班主任，他们的教学成绩十分优秀。

我们都知道，航天校区的生源结构比较特殊。在这样的背景下，不给学生贴标签，积极想办法，用心培养学生，是这五位班主任工作的共性，也是教师团队合作的体现，更是教师高素质、高水平的展现。

学生的改变取决于教师的改变。如果航天校区每个班的成绩都能达到这五个班的成绩，那么航天校区的教学质量一定能实现质的改变。

希望各校区（学部）认真总结、提炼、推广优秀教师的经验和做法。每一位教师都要积极改变观念，以谦虚的态度努力向优秀同事学习！

2023/02/26/10:16:25

为英语教师尹宏老师的做法点一个大赞

各位好：

开学第一周，学校微信视频号发送了有关学生快乐午间课程的视频，很多教职工都在朋友圈转发了。小学英语教师尹宏老师看到后，把这个视频和英语教学结合了起来，当作课程资源，以拓展英语词汇。

（1）这是教师课程资源意识的体现，是学校多年来大力倡导的。

（2）尹老师的做法是在引导学生感受学校生活的美好，以此实现英语语言工具性和人文性的统一。

（3）尹老师的做法，说明我们的课程观正在改变且已经改变。

（4）当这个视频在课堂上呈现给学生时，我相信学生一定会感受到教师对工作的用心和对生活的热爱。

（5）如何引导学生喜欢我们自己所教的学科，值得继续探索！

2023/05/05/09:21:05

坚持，本身就是一种教育

各位好：

学校东侧有一个生物拓展基地，这几年有五个学生社团在里面活动。各个社团的情况不同，每位指导教师跟进的力度也不一样。

我注意到，初中生物教师吴芳老师一直在坚持，从育苗到种植，乐此不疲。

吴芳老师是一位老教师，曾担任中层干部，后由于工作需要又回到了教师岗位。不管是在管理岗位还是在一线教师岗位，吴老师在生物拓展基地的实验一直都没有停止过。

我们做任何一项工作都不是做给别人看的，更不是为了得到别人的一点表扬。坚持，本身就是一种教育。吴老师给我们做出了榜样，值得我们尊重和学习！

相信吴芳老师的努力和坚持已经在学生心中播下了热爱科学的种子，未必立竿见影，但一定会在未来的某一天开花结果！

更多朴实无华的育英人正在做朴实而有爱的育英教育！

2023/11/19/16:52:02

陈晨老师巧用课后"资料袋"

各位好：

今天看到西翠路校区陈晨老师的案例，眼前一亮，它为我们深研教材提供了一条新的路径。

在升入三年级的学生拿到教材后，陈老师利用语文课开展了"语文课本找不同"的活动：让学生拿出三年级课本找一找和一、二年级课本不一样的地方，比一比谁发现的多。同学们兴趣盎然，认真专注地翻查，既梳理出了单元导语、习作等内容上的明显不同，又细心地发现了三年级课本在小练笔、阅读链接、资料袋等方面的小变化。在指导学生"找一找"的基础上，陈老师对小学阶段语文教材中的"资料袋"进行了专题梳理，并在实际教学中探索具体运用的路径。

尽可能地给学生提供学法指导是我校的教学原则之一，无疑，陈老师的做法是非常重要的学法指导。

教材也是学材。现在的教材十分注重学生阅读，也渗透了诸多学习方法。对于我们这样一所九年一贯、十二年一体制的学校而言，指导学生学会学习显得尤其重要。

我们深研教材的落脚点不会太多，但是指导学生学会学习一定是其中之一，教师必须熟悉教材、研读教材。

德才兼备的育英青年教师

2022/03/20/21:13:55

重磅：为青年教师栗方薇点赞——请大家好好读读栗方薇老师的教学反思

各位好：

读完栗方薇老师《再多上一节"研究课"》的反思后，我写了几句话：

青年人，没有谁比谁更聪明，只有谁比谁更努力！青年人，可以有导师，但导师不能代替你走路！

青年人，你5年或者15年后的地位、待遇等都取决于今天是否努力！

抱怨、牢骚，解决不了任何问题，只会消磨自己积极进取的意志！

如果你认为现在的学校不公平，那就先练硬翅膀，将来有本事去建设一所自己理想的、公平的学校。

什么是聪明的年轻人？懂得珍惜现在，懂得坚持就是胜利的道理；走自己选定的路，不担心别人的闲言碎语。

年轻的栗方薇老师代表了一个群体，代表着我们育英学校的未来！

以下两段话均来自栗方薇老师的教学反思：

选择做教师，是我听从自己内心而非人云亦云的结果。做教师、当班主任的日子可以说是披星戴月，可我每一天都是在满满的期待中醒来的。当看到学生，我就想以温和坚定的话语传递给他们向上的力量；当踏上讲台，我的步履是从容自信的；当我站在讲台上看着学生，我的眼里一定是绽放着光芒的；当每天放学我最后一个离开班级时，我的脸上除了疲倦还有关于这一天的温暖。

每天进班，我总是期待满满。我想，今天一定要比昨天好，这一堂课一定要比上一堂课精彩。如果人生是一段不断攀登的旅途，那么我今天一定要努力把我的学生带向更高的地方。

2022/04/25/15:33:42

分享青年教师潘啊媛的反思，为潘老师点赞

各位好：

青年教师潘啊媛是入职我校仅两年的一位拥有博士学历的老师，现在五四

制七年级任教语文。这次讲课比赛，她准备得十分认真和用心，彰显了她优秀的学科素养和个人素质。

赛后，我和潘老师对这节课的得与失做过一次交流。交流过后，潘老师写了这篇反思。这篇反思写得非常深刻，我也很感动于潘老师作为青年教师所表现出来的谦虚好学、努力进取的精神！我相信，有了这样的精神，她将前途无量！我更相信，有了这样一批教师，育英学校的课堂教学一定会有不一样的成效！

希望大家抽时间好好读读这份名为《如何将语文课堂教学与学生的生命成长相联系》的反思。

> 我原本以为我对学情的把握不准是对学生已掌握知识的把握不准，现在看来简直是本末倒置，对学情的把握更大程度上是对学生生活环境、认知水平、所思所想的把握。——潘啊媛，节选自《如何将语文课堂教学与学生的生命成长相联系》

2022/09/16/09:38:55

说说教育服务中心的三位青年心理教师，向她们致敬

各位好：

我们学校的心理教师一直隶属教育服务中心。近年来，学校一直加强专职心理教师队伍建设。林丽、张梦超、熊玥悦这三位老师均是毕业于北京师范大学心理学专业的研究生，有的工作已超十年，有的仅工作一年。她们深刻地理解育英文化，将育英学校的理念特别是德育主张在日常的心理工作中认真落实。她们善于学习、善于思考、善于发现，积极主动地开展工作。

她们创办了"桃子心里甜"公众号，积极宣传心理健康知识，向家长传递教育方法。她们积极提供心理服务，每学期开展"桃桃进班"活动和组织面向

全体学生及家长的心理讲座。她们开展预约辅导，每天中午都为学生提供心理辅导……

她们每天都是忙碌的。一次心理辅导至少一个小时，有时会更长，每次辅导完还要进行个案记录。除了做学生辅导，她们还要做家长的心理疏导工作，电话沟通常要一个小时，线下沟通则时间会更长。本学期，她们还开设了心理课，基于日常辅导设计课程内容，目前，正在积极构建四年级和五四制六年级的心理课程教材。

她们每天都是阳光的。正如她们办公室的名字"阳光快乐屋"一样，她们每天都倾听着学生和家长的倾诉，耐心地尽自己所能地为学生和家长提供帮助，还向学科教师和班主任积极传递专业知识。

她们每天都是积极主动的。除了师生心理健康教育，她们还承担着资源教师的工作。资源教师面对的是有特殊需要学生的融合教育，是一项完全不同于心理健康教育且专业性很强的工作。她们主动学习，积极承担，规范并开拓了随班就读学生的相关工作。

她们是勇于担当的。她们积极承担学生资助工作，认真领会资助政策，积极宣传并落实被资助学生的餐费等费用。她们既保护、关心这些学生，又引导学生节约不浪费。

她们专业、敬业，为我校心理健康教育工作开辟了新天地，做出了突出贡献！向她们致敬！

2023/02/28/15:54:46

我们需要一大批像王丁丁老师这样的青年才俊

各位好：

看到青年才俊王丁丁老师翻译出版的《田园交响曲》，我非常高兴！

《田园交响曲》是法国著名作家安德烈·纪德的代表作之一。王丁丁老师的大学专业是法语，兼修英语，现在我校从事初中英语教学工作并兼班主任。能把这样的著作翻译出版，可见王丁丁老师修养之深。

教育越来越需要一专多能的复合型的、多才多艺的教师，这对于引领学生发展、满足学生成长需求、丰富校本课程都有着重要的意义。

2023/03/15/10:00:38

为她，进修学校临时更改了进修教研计划

各位好：

3月2日北京市海淀区教师进修学校到我校参加"教研邀约"活动，强荣老师在活动中授课。

（1）为了锻炼年轻人，为了给强荣老师充分的思考空间和操作空间，教研组组长吕路锋老师在本次调研课中采取了同课异构的方式。

（2）强荣老师的课得到了教研员刘忠新老师的高度评价。

（3）评课会上，教研员立即布置强荣老师连夜录制本节课的说课视频，并临时调整了第二天下午的教研计划。

（4）当天晚上，强荣老师一直准备到凌晨近两点才将说课视频最终版连夜发给教研员，并于凌晨四点收到了教研员的反馈。教研员高度评价了强荣老师的工作，表扬他为全区青年教师树立了榜样。

（5）第二天下午，九年级数学组的进修内容原本早有安排，听了强荣老师的课以后，教研员临时调整了进修内容，决定将强荣老师的说课视频展示给全区九年级数学教师。

（6）接下来的一周，强荣老师将本课的实践与思考撰写成了论文《基于常规复习课，做好初高中衔接》，第一时间交给了教研员。

从教研员临时调整进修内容以播放强荣老师的说课视频就可以看出这节课给教研员带来的震撼！

强荣老师入职后勇挑重担，不仅担任班主任，而且负责特质班数学思维训练课程的教学工作，工作中敢于尝试、敢于探索。

这也得益于年级和教研组对年轻教师的鼓励、包容和支持！

是金子总会发光的，也总有发光的时候！

机遇永远只垂青于有准备的人！

有果璐、强荣等一批奋发有为的青年教师，育英学校的发展必定翻开新的篇章。

让我们团结一致，努力建设新育英！

2023/03/23/20:36:35

为小学一、二年级英语组的课程研发点赞！为青年才俊曹一敏老师点赞

各位好：

小学一、二年级英语组基于新课标开展了基于单元主题的语言实践活动。比如，以第二单元"Weather"为例，结合单元主题"Different weather, different fun"，开展与"Weather"相关的语言实践活动，学生自选活动"Little Weather Reporter"就是其中之一。为了引导学生充分地感知天气，学会有关天气的语言知识，掌握与天气相关的语言表达，教师利用视频、图片等多模态教学方式向学生展示了多样的天气及天气预报，并多次复现关键语言"What's the weather like?/How's the weather?""It's…"等。在"天气播报"中，学生化身"小小天气预报员"，运用英文播报天气，同时展示天气与人们实际生活的关系，体现主题意义。

一、二年级英语组的探索非常符合今天下午我给全校发的"北京市基础教育课程建设优秀成果评选"的范围要求，具有很高的创新价值，值得梳理和总结。

春风多可太忙生，校园遍布种花人。

2023/10/23/09:02:55

初中语文教师杨帆老师的这项研究很重要

各位好：

教材是师生交互最重要的教学媒介，在教师"教"和学生"学"的过程中，评价作为一种有形或者无形的存在则起着引领和指挥的作用。

初中语文教师杨帆进行的这项研究正是着眼于此。深研教材不是局限于教材本身。杨帆老师的研究对所有学科而言都有着普适性的意义。

特别要表扬的是，从杨帆老师的发言中看出，她非常有心地收集、学习、研究 OA 办公系统上发的各种材料，这是青年教师成长为优秀教师的必经之路。

2023/12/01/11:06:13

写在王丁丁老师这篇文章之后

各位好：

近日，初中英语王丁丁老师在《教学月刊·中学版》发表了一篇文章《ChatGPT 赋能初中英语写作教学的路径探索》。

ChatGPT 是人工智能技术驱动的自然语言处理工具，能够基于在预训练阶段所见的模式和统计规律生成回答，还能根据聊天的上下文进行互动，甚至能完成邮件撰写等任务。

我校青年教师在学校所占的比例越来越大，已经成为学校教育教学工作的生力军。青年教师入职两三年后，经历了教师生涯的适应期，也经历了工作上的一些阵痛与磨砺，已经逐步走出学生角色而成为一名单位人。这个时候，青年教师应该更加彰显富有活力、思维活跃、善于接受新事物、敢于迎接挑战、不怕失败的特点。

就像王丁丁老师，及时学习新技术，把新技术融入自己的教育教学之中，积极探索教育教学新方式！

珍惜青春，不断努力，为十年后的自己做好积淀！

育英教育的价值

2022/05/28/23:22:19

这样的民间研究组织是学校走向内涵式发展的重要标志

各位好：

前段时间，我们曾表扬小、初、高的英语学科教师们自发成立组织研究英语戏剧表演。

今天我们要表扬小、初、高生物学科的教师们自发成立组织研究校园生物多样性。我校拥有多种多样的景观，丰富多样的动植物类群，它们都是非常重要的课程资源，建校以来，一直没有课程化，这是非常遗憾的一件事情。如今，我们终于要实现了。

这些教师是侯峰（高中生物学科首席教师，也是本团队牵头人，研究专长是保护生物学）、冯姗（初中生物教师，研究专长是鸟类学）、徐娟（小学生物教师，博士，研究专长是植物学）、秦洁（高中生物教师，博士，研究专长是昆虫学）、陈曦（高中生物教师，博士，研究专长是微生物学）、赵荻（实验室教师，研究专长是实验教学）。

近期，教育部颁发了《义务教育生物学课程标准（2022 年版）》《义务教育科学课程标准（2022 年版）》，"生物的多样性"被列为生物学第二大块的课程内容，课程实施建议也明确提出要充分利用校园环境。无疑，我们这个民间研究组织把工作做在了前面。

经过这个团队的努力，《春夏秋冬 定植育英（春季刊）》的书稿初稿已经完成，学校将大力支持并联系出版社正式出版。同时，他们还受邀参与《义务教育新教材（北京版） 生物多样性》的部分编写。

我想，用再多的溢美之词表扬这个团队也是值得的。无论是英语学科的民间研究组织还是生物学科的民间研究组织，都给我们的工作带来很多启迪。

向这两个团队学习、致敬！预祝他们取得更多的研究成果！希望这样的民间研究组织如雨后春笋般出现在育英学校！学校将对这样的团队给予全力支持！

2022/10/29/22:09:49
这是育英教育的价值体现

各位好：

上周，万寿路校区三年级学生在采摘山楂后，主动给航天校区的学长学姐送去；航天校区的同学们也给三年级的学弟学妹写了二十多封热情洋溢的信。

如此感人的行为，一定来自教师的用心组织。彼此关照、相互温暖，是育英学校教育观的体现！

谢谢小学部的教师们！谢谢航天校区的教师们！

2022/11/02/15:31:11
姊妹联手天地宽

各位好：

今天，我注意到了校友广场的"叶画"①展。中午，围观的学生告诉我，这是为庆祝11月7日建校74周年，由五四制六年级5班和6班联手举办的活动。班主任是栗婧老师和果璐老师。不管是在高中任教还是在初中任教，栗老师始终是一位充满工作激情、阳光向上的优秀语文教师。果老师是一位回母校任教的入职三年多的优秀青年英语教师。

在建校74周年纪念日来临之际，举办这样的活动，对学生的教育意义自然无须多说。

---

① 注：用树叶作画。

最值得我们重视的是这次活动是由两个班联手开展的。俗话讲，"远亲不如近邻""独乐乐不如众乐乐"，班与班之间联手开展活动，打破班级工作固有的独立性，对学生的成长无疑更具价值。这也是班级工作、年级工作应该大力倡导的。我们是一所九年一贯、十二年一体制的学校，在这一方面有很大探索的空间。联手可以让两个困难变成一个困难，让一种美好变成两种美好。

我的班级我做主，我的教学我负责，我的课程我研发。我们教职工队伍中蕴含着无穷的智慧，教育，风景这边独好。

2023/04/17/10:45:22
这是教育真谛的体现

各位好：

高一李倩老师组织学生主动对接小学五年级，利用午间等闲暇时间给小学生答疑辅导，小学教师也给予积极的协助和支持！这是一道美丽的教育风景，是教育真谛的体现！

我校这么多年的办学好似没有特殊政策，实际上，九年一贯、十二年一体制的教育就是最好的政策。从高二的小学段到育·英大讲堂等，我们基本实现了学生跨学段、跨年级的交往，表现出了育英学校独特的育人理念，也促进了学校近些年快速而优质的发展。

我们也仍有很大探索的空间。比如，课后服务完全可以设置"学长课程"。

2024/01/11/11:43:40
特稿：这是我校进入内涵式发展的重要标志

各位好：

10月，很偶然的一个机会，机械工业出版社得知我校在初中学部开设了综合科学课程。他们派编辑到学校实地调研，并当场决定出版发行"北京育英学校科技系列丛书"（简称"丛书"）。

"丛书"现在基本定稿，包含三个维度十本书。三个维度分别是综合科学课程、编程课程、数学思维课程，十本书具体为《综合科学学生用书》（4 册）、《综合科学指导手册》《综合科学课程学生作品集》《Python 探究学习指南》、《Python 探究实践指南》《初中生数学建模》及《初中生数学建模成果集》。

我的高兴之处，首先不在于出版社计划出版这一套丛书（尽管这很重要），而在于我们育英学校的教职工队伍有才华、敢探索、有定力，在很多领域已经可以做到全国领先水平。这极大地增强了我们的自信心：做中国最有价值的教育。

这套"丛书"是老师们基于教学实践的提炼与梳理，是全新的校本课程研发，凝聚了老师们的心血和智慧！这套"丛书"惠泽学生，成就教师！

感谢初中学部梁秋颖副校长的统筹组织！感谢参与课程研发的所有老师们的坚持、不放弃！放假大会上，这个团队将向我们介绍这些年他们是如何工作的。

机遇垂青于有准备的人！坚持就是成功！

讲好育英故事

2023/10/26/10:34:56

美好的故事要讲下去

各位好：

我校建校以来有很多动人的故事。这些发生在我们身边的真人真事不仅承载着育英人的记忆，而且反映了育英人善良、大爱的优秀品质。时光荏苒，文化不息。值此校庆来临之际，大家可以把这些故事说给我们的青年教师听，说给我们的学生听。仅举两例。

（1）已经退休的王晓燕老师记载了寇老师和两棵白蜡树的故事。

　　1996年，学校全面升级改造，小操场也在大修，有两棵白蜡树正处在操场的中央位置。为了使操场更加宽敞，领导决定砍掉这两棵树。教生物的寇淑清老师知道了这个消息，心急如焚，一次次地找到校长，恳切地请求要保留这两棵树。

　　我清楚地记得，一天下午，我俩站在窗前，正说着话，寇老师说："不行，我还得找校长去，豁出命也得让校长答应别砍树，这是咱育英学校的宝贝。留在操场中间，它会给运动中大汗淋漓的孩子带来阴凉，是孩子们的福音树！"她边说边往外走去。过了大约一小时，寇老师满面春风地回来了！她高兴地告诉老师们："这下好了，领导终于同意了！"那一刻，我看到了寇老师脸上的喜和累。育英精神中勇于担当的责任感和使命感，在一个即将退休的胖胖的平凡的女教师身上，体现得那么真切和深刻！又有五六年没见寇老师了。你可安否？有一个人此刻在感念你。

　　我的一点感受：1996年，寇老师已近退休，是一名老教师；而王晓燕老师31岁，是一名青年教师。从王老师的回忆中，我们能够充分感受到寇老师的行为对一名青年教师的影响。

　　（2）已经毕业多年的育英学子王耀斌同学的一首诗，表达了所有育英人对母校的深厚情谊。

　　　　校园中的两棵白蜡树，
　　　　儿时的我，仰望你的高度，
　　　　现在的我，怀念你的当初。
　　　　风雨几十载，让我谨记：

无论何时，都要傲然立蠹，

漂泊多少年，是你，让我懂得，

无论到哪，都要把根留住。

2023/12/17/19:06:19

为李宝林主任点赞!

各位好:

我们都知道，校园安全是学校工作的重中之重，对于分管安全保卫工作的干部而言，责任更是重大。安全无小事。安全保卫这个岗位需要奉献，需要付出，需要任劳任怨，更需要不怕得罪人的精神。这些年我们的安全保卫主任李宝林同志正是这样! 作为一名老同志，李主任在后勤的统一领导下，面对万寿路校区这样大的一个校园，尽职尽责，不计荣辱，体现了他的格局和境界，也体现了他的组织纪律意识。他为我们全体教职工做出了榜样! 向李主任学习!

行政后勤支部正在组织"育英精神大家谈"的活动。我看到了李主任写的短文《龙马腾飞看今朝——说说我理解的"育英精神"》，真情实感，让人感慨。请我们每一位教职工都对分管安全保卫的干部职工多一分尊重、多一分理解!

2019 年学校成立了专门的安全保卫机构，我成了第一任专职安全保卫主任。学校把这么重要的岗位交给我，让我实实在在地感受到了学校的信任。我对育英精神的理解之一就是"海纳百川，有容乃大"。

于校长多次强调校园安全永远是第一位的。我负责安全工作，深感责任重大，丝毫不敢懈怠。学校校园面积大，师生人数多，安全保卫工作千头万绪。我不赞成所谓的"洗碗越多，摔碗越多"的"洗碗效应"，必须在其位，谋其事，尽其责。负责安全保卫工作这几年，我在工作中坚持原则，敢抓敢管，不怕得罪人，学校领导给予了大力支持，大家也给了我很多理解。学校鼓励主动思考，创造性地开展工作。让想干事、能干事、干成事的教职工有舞台是我对育英精神的理解之二。

这几年我很幸运地亲历了学校的许多大事，学校在于校长的高位引领下，办学成绩有目共睹，是老百姓心中名副其实的好学校。奋发进取、包容博大的龙马精神是我们育英精神的象征。当然，育英精神的内涵非常丰富，没有最好只有更好是我们育英人永远的追求，再往前走一步是于校长提出的新要求。

岁月流逝，掐指一算，明年我就退休了，此生已注定是育英人。铁打的营盘流水的兵，军营如此，学校也是如此。育英的发展需要一代又一代人接续奋斗，我相信，育英的明天会更好！

天空中没有翅膀的痕迹，但我已飞过。

——节选自《龙马腾飞看今朝——说说我理解的"育英精神"》

2023/12/26/10:53:41

为李建华老师点赞：好的教育，就是这样一节课一节课地积累

各位好：

昨天上午，山东一所小学的师生到我校参观，临时提出希望可以到一、二年级去看看，于是我陪同他们去了紫金校区。

从幼儿班出来，恰好一层走廊东边的一个一年级教室没人（后来知道去上科学课了），我们就走了进去。一进教室，20多位参观者立即就被板书（图5-2）吸引了。

我不对板书内容做剖析，大家可以赏鉴。我只想说，什么是好老师？什么是好教育？我们大多数老师未见得有那么多的头衔，但像这样用心地备课、认真地上好每一节课，就是好老师，就是好的教育。

教育做在日常，教育做在默默无闻处，教育最终做在学生心中！这才是育英教育的模样！

向小学语文教师李建华老师学习！

图5-2 李建华老师的板书

2023/12/30/16:55:03

我为学校的发展深感自豪，也为自己是一名育英人无比骄傲

各位好：

从后勤司机班姜国忠老师《迎难而上做好服务》的工作感悟中，我们既看到了人力资源服务中心的同志为招聘应届大学生所付出的辛勤努力，又看到了后勤司机班班长姜国忠老师在面对困难的工作时发挥带头作用做好服务工作的精神。这份工作感悟让我们看到了一位党员基于日常、基于真实、基于榜样的工作风采！

岁末年初，再一次感谢每位教职工在过去一年中立足岗位、相互合作、默默无闻地奉献和付出！

10～11 月，后勤司机班为人力资源服务中心的宣讲工作提供用车保障，其中我承担了八次晚上外出的任务。我虽然因回来的时间比较晚而睡在了司机班，也因赶时间而吃不上饭，但是看到那么多大学生对我们学校充满向往，就觉得这些都不是事了。我为学校的发展深感自豪，也为自己是一名育英人而无比骄傲。

说实话，随着年龄的增长，我也或多或少有点不愿意晚上出车了。但我是司机班的负责人，又是一名共产党员。大家都能干、都愿意干的活，我可以往后退一退，而那些有难度、有困难的工作，我必须要冲在前面。这不仅是工作职责所在，而且也是让群众看见党员的好时候，更是党员把旗帜插在群众中的好时候。

今年六一儿童节前夕，习近平总书记来到了育英学校。我也深受鼓舞。

作为一名司机，我的实力就是做好各项出车服务。简单来说，就是按时接送乘车人员，保证行驶安全，做好车辆养护。但是我还想更进一步理解我的工作：我还要让乘车人员感到舒服、舒适、舒心。这样我就不仅要保证时间、保证安全，而且还要注意车辆的整洁等。例如，我在车内准备了多功能充电器，缓解乘车人员手机突然没电的问题；在车内准备了暖水瓶，便于乘车人员随时添加热水；在车内放置多把雨伞，以备乘车人员不时之需……

服务是一个含义很广的词，核心是"问题"和"感觉"。有问题的地方就需要服务，有感觉不对的地方就是服务应该聚焦的地方。我知道"解决问题"和确保别人的"感觉良好"是会遇到困难的。没关系，迎难而上，做好服务。这是我的职责，也是我的初心。

管理与思考

··

2022/04/07/08:54:46

这两天听课有感

当你年轻时，有人不断地表扬你、点拨你，这是你的幸运，而你最重要的是积极进取。

当你过了 45 岁时，还有人批评你，说明还有人在意你，这是你的幸福，此时的你重要的是放下面子。

2022/04/13/11:43:04

一名教师走向成熟的基本标志

各位好：

大家都知道，我们如果对基本概念、基本原理理解不清、理解不深，就一定会在应用中出问题。

在上课、批改作业、管理学生等教育行为的背后，一定有观念的引领和支撑。一名成熟的、优秀的教师对教育工作中"上位"的问题应该有自己清晰的理解和定位。

以下两个问题，请大家思考（不要求一定回复）。

（1）字词辨析：教——教师，教——教材，教——教学，教——教室，学——学习，问——问题。

（2）学生每天 70% 的时间都是在课堂学习中度过的，您能给出课堂学习的定义吗？

2022/04/20/10:53:53

为什么说学校的最高建设是文化建设

各位好：

关于这个问题的解答，大家看看作家梁晓声对文化的解读可能就更清楚了。

文化可以用四句话表达：植根于内心的修养，无须提醒的自觉，以约束为前提的自由，为别人着想的善良。

另外，想和大家分享几点思考。

（1）班级管理、教研组管理、部门管理、自我管理等皆如此。

（2）文化建设是很难的事情，但"路虽远行则将至，事虽难做则必成"。

请各位深思。

2022/06/27/20:51:26

弯下腰做学生的学生：今天我知道了蜘蛛不是昆虫

各位好：

今天中午在食堂吃完饭后，我发现食堂前面的草坪中有几位学生正翻开石板找虫子。于是我走了过去，发现这几位学生正围着一只约 2 厘米长的大蜘蛛谈论着什么，旁边还放着刘开太编著的《北京市育英学校昆虫图记》。我问他们："刘开太的书里面有蜘蛛吗？"其中一位学生马上回应道："蜘蛛不是昆虫。"谢谢这几位同学，让我知道了蜘蛛不是昆虫。

其间，我还知道了这几位同学都是刘开太的"铁粉"。可见，榜样的作用是多么重要！

学生午间拿着刘开太的书寻找蜘蛛，这是在做少年时期有意义的趣事。如此，午间，学生胡打乱闹的事情是不是就少了呢？这应该给我们的常态教育管理以怎样的启迪呢？

今天，我们的老校长马君义先生知道学校的高考成绩后，非常高兴，给我发了微信，表达了一位老育英人对学校优质发展的祝贺和对全体教职工的感谢！

感谢前辈对我们的关注和支持！

2022/10/19/14:41:06

航天校区听课有感：学生是可以改变的

各位好：

今天上午，我听了航天校区九年级的两节化学课，执教教师分别是王友娣老师和马继超老师。

第一，在这届学生七年级时我也听过课。由于生源的原因，学生在课堂上的表现不是太好。经过两年多的培养，今天再听课，学生的表现让我为之一振。回答问题的学生落落大方、侃侃而谈，还有学生主动站起来提出自己不明白的问题。学生在课堂上的精神面貌自信阳光，和两年前大不一样。来调研听课的市教研员在听课过程中对我说："你们的学生在回答问题上的表现不比（一所市级示范学校）学生差。"

第二，两位教师的教学设计非常用心，体现了对学生思维能力的培养。通过听课，我能明显感受到一批优秀学生正在脱颖而出。

第三，两位教师的教学状态很好，他们充满智慧，很有耐心。

我相信，这样坚持下去，航天校区一定可以把学生教育好，一定会迎来美好的明天！

一点建议：一节课四十分钟，教师一定要把握好什么样的问题解决才需要采用小组合作的学习方式。另外，解决问题时，一定要让学生先独立思考后再开始小组合作，切忌提出问题后马上就开始小组合作。

2023/03/16/16:05:22

我们积极倡导"走出去，请进来"的业务研修

各位好：

最近，高中章淼鑫老师收到一封这样的邀请函：

> 中国化学会第十六届全国基础教育化学新课程实施成果交流大会将于 2023 年 4 月 19 日～21 日（周三～周五）在江西师范大学附属中学线下举办。特邀您在 4 月 20 日下午成果交流大会必修课程教学成果分会场中就课例"化学反应能量转化的重要应用——化学电池"进行 40 分钟的现场课展示。我们将给您发正式的邀请函和会议通知，以便于您向学校申请时间和经费支持。

初中化学教师张艳君老师和欧阳红霞老师也收到了本次研讨会的大会发言邀请函。

我们不仅大力倡导"请进来"的业务研修，而且倡导"走出去"的业务研修。经过这些年的探索，我们已经积累了很多经验，应该很自信地走出去和同行交流，相信自己已经具备了这样的实力。

让我们继续努力！

2023/04/02/21:41:19

我为这样的做法点赞

各位好：

上周四晚上，高中第五届英语戏剧课程展演惊艳了我们：每个班都有节目；几乎每位学生都有岗位，或表演，或舞台设计，或负责道具。

上周五中午，五四制七年级 5 班庄美娟老师组织本班学生以"梨园国粹"为主题举行了系列活动，有演出，有展板介绍，有校园游园等。

上周二中午，学校民乐团在森林音乐广场举行了展示和体验活动。

过去，我们也不时看到有的班级或社团在校园举行小型艺术展演。

我非常看重这些活动，看重对学生艺术素养的提升，看重这类综合性艺术展演中所蕴含的教育价值！

在学校课程建设实践中，我有一个想法因受制于各种因素而一直没有付诸实施：在九年一贯制学校，小学一、二年级以活动数学课程代替目前这样的数学课程设置，同时增加艺术素养课程的课时。在创新思维培养中，艺术素养具有非常高的价值。所以，在不止一个场合，我都再三强调，艺术学科教师的重要任务不是带社团而是真正上好每一节课。

我们应该看到，这么多年，无论是领导到校视察或是学校举办对外的大型活动，学校从没有让学生包括两个金帆社团为来宾表演节目。即使我们没有这两个高水平的金帆社团，找学生表演节目也不是很难的事情。金帆社团存在的价值是促进所有学生重视艺术学科，提高艺术素养，而不是代表学校艺术教育的成果！

戏剧课程和表演课程是综合课程，对学生的教育价值极大。学校这些年在校园环境改造的过程中，特别注意到了这方面的硬件建设。

艺术课程和体育课程一样重要，关乎人的基本素质和基本修养，这不仅仅是艺术学科教师的事情。上面几个例子中的教师已经给我们做出了榜样。

2024/01/09/10:00:35

五四制六年级的做法值得全校学习

各位好：

彼此关照、相互温暖是我校的教育品质之一。由于各种因素的影响，我们面临着来自方方面面的压力。

五四制六年级充分发挥班主任工作室、工会小组的作用，在日常工作中通过各种活动让师生放松，为生活赋能，值得全校学习。

希望各党支部、各工会小组结合本部门实际，不断探索，互相学习，创新工作思路，督促教职工积极锻炼，幸福工作！

汇报与分享

....

2022/03/23/18:22:41

向大家汇报

各位好：

经过多年的发展，我校已经走上稳定、内涵式发展的道路。干部包括年级主任普遍做到了廉洁自律、积极主动地开展工作，普通教职工普遍做到了爱岗敬业、积极进取地工作，学校办学理念已经在大部分教师身上落地生根，学校也发生了质的变化，学校各方面的调整已基本到位。

在这样的背景下，在 2021 年 10 月 25 日的干部会上，我对自己未来三年（现在看来，很有可能会再长一点）提出了四个方面的重点工作，基本思想是抓大放小，利于大家立足岗位，智慧工作，大胆工作，茁壮成长。

1. 梳理学校理念并进一步固化。

2. 发现干部、培养干部，培养育英学校未来各个领域的掌舵者。

3. 发现优秀教师、推出领军教师。

4. 探索更实效的党建工作路径。

围绕这四个方面的工作正在逐步展开。比如《育英学校办学章程》正在干部面上征求意见，下一步会在教职工面上征求意见并提交教代会审议。再如，近期，我连续发了王竹香老师、张建美老师、栗方薇老师、刘雅美老师、李传明老师等一些教师的典型做法，这不是简单地表扬哪一个人，而是在挖掘教职工的智慧，发现教育的意蕴，发现育英教育的美好。我准备挖掘300个这样的案例，有的与大家共享，有的我自己留存，这些案例或许可以组成一本书，落实十年前我提出的一句话"教育，风景这边独好"，给自己的职业生涯一个交代，也给育英学校的发展留下点东西。

经历了很多艰辛，也有不被人理解的痛楚，这都是奋斗者必然要承担的。我们每一个人都要规划好自己，管理好自己。

2022/09/20/09:53:53

分享

各位好：

这几天读到这样一句话，和我们的德育主张非常契合，与大家分享：

良好的教育氛围具有一种潜在的、难以估量的强大力量，对于学生社会情感能力的培养具有很好的促进作用。营造一种融洽的气氛，能发展学生无畏困难的愉悦心境，这种愉悦心境即使遭受破坏也能在爱与信任的氛围中重建。

2022/10/28/10:42:12

我校获奖有感

各位好：

（1）2022年，北京市海淀区有九所学校在北京市中小学生综合素质评价工作中被评为先进单位，我校就占有两席。

（2）北京市海淀区有66名教师获得优秀案例一、二、三等奖，我校就有17名。具体名单如下：武天宇、赵爽、虞玉荣、李志欣、刘晶、周莉、张庆仙、王娜、鲁婷婷、王丁丁、李倩（小学）、鲁博、常崑、郭玉建、高士文、赵东京、张颖。

（3）北京市海淀区有18名学生获得优秀案例一、二、三等奖，我校就有10名。具体名单如下：吴东骏、吴东哲、牛盈之、彭紫莹、程子煦、张熙航、董好雨、赵乐熙、刘昱涵、韩雯屹。

与大家分享一些我的感想：

（1）重视学生综合素质的提升，不仅是对学生当下的发展负责，而且是对学生未来的发展负责。往大里说，这是对我们整个民族的未来负责。

（2）平台很重要，珍惜平台、用好平台更重要。现在大家十分重视对学生综合素质评价的探索，我校起步比较早，力度也比较大。教职工的个人发展应该努力和学校倡导的工作重点和谐共振。

（3）一个人或一个单位的时间、精力、资源都是有限的，因此，做好规划，在一个时期内向某一方面着力，就十分重要。

（4）我特别看重学生获奖的比例。这说明，我校的综合素质评价办法在学生面上已经产生了深刻的影响。

（5）做一件事不容易，坚持下来更不容易。

向获奖的师生表示祝贺！

2023/02/17/10:38:13

走进五年级 9 班和 5 班

各位好：

昨天下午，我陪同广东的几位校长和教育专家参观校园。在小学教学楼参观时，五年级9班正在上自习课，没有教师在场，非常安静。我领着大家进入后，全班学生自觉地起立问好，热情、阳光、有礼。班级墙上张贴着“人人有事做”的岗位分工，其中有一个岗位是“生活协理员”，负责的学生叫胡源恺。

当问到谁叫胡源恺及生活协理员是做什么的时候，胡同学站起来，落落大方地介绍了他的工作。

接下来，我们又走进了五年级 5 班，学生的表现同样优秀。

这两个班的班主任分别是杜秀丽老师和蒋月红老师。

随机走进的这两个班，包括在校园中遇到的学生，大家的表现都让客人们感受很深，都反复问我一个问题："你们的学生是怎么培养成这样的？"

告别学校时，一位随行的大学教授说："今天下午的育英之行，让我们真正见识了名校的模样，见识了真正的教育。"

2023/08/28/15:41:24

参加论坛有感

各位好：

昨天下午，我参加了课堂研究论坛，听了任晓卓和王丁丁两位老师的发言，感触很深。

任晓卓老师的发言有以下要点：

（1）经过几轮高三的摸索，已基本形成符合我校学情的高三复习方案。

（2）任老师的发言说明这套方案经过几轮迭代，凝聚了高中生物教师们的心血和智慧，凸显了高中生物学科团队团结、自觉的研究精神。

（3）任老师在发言中谈道，在这套方案的形成过程中，生物学科团队认真学习了高中地理沙瑞平团队的经验，不断丰富自己。

（4）结合高三复习备课的经验，生物学科团队正在探索高一、高二阶段学生高效学习的举措。

（5）任老师在发言中反复提到学生对用好教材的建议和呼声。

王丁丁老师的发言有以下要点：

（1）视野很宽，用较高的视角看待英语学科的教学。

（2）王老师的发言再一次说明了读书与学习的重要性。

（3）教师对本学科的理解及站位一定会影响学生的发展。

两位老师的发言让我非常欣慰。形成符合本校学情的学科课程结构，有一批教师努力站在教育前沿发挥引领作用，这些都是一所学校走向成熟的重要标志。树滨院长已经把各论坛用于发言的课件发给大家了，请大家抽时间学习。

努力，再往前走一步！

教育的可能性

2022/04/26/17:35:25

异域来风是春风

各位好：

你能想象一位音乐教师和一位语文教师的合作吗？你能想象一位音乐教师会去听化学课吗？你能想象一位音乐教师也可以转化教育薄弱生吗？这位音乐教师颠覆了我对传统音乐教师的认知，与大家分享。

请大家抽时间上网检索并阅读网络文章《张家界一山村中学师生把知识难点编成1496首歌》，希望大家都能有所收获！

2023/03/31/22:57:25

春色浓，花正艳

各位好：

3月28日，在教育部新时代中小学名校长培养计划北京教育学院基地启动仪式上，陕西省神木市第十一中学校长刘雪松作为学员代表，作了题为《做一名提灯的教育使者》的发言。如下为刘校长发言的片段：

 各位领导、导师专家、学员同学：

  我叫刘雪松，来自陕西省神木市第十一中学，非常荣幸能作为学员代表在此发言。

  六年前，我们学校有幸与北京市育英学校合作，从育英学校引进了扁平化－矩阵式管理机制和九年一贯育人课程体系。这种做法充分印证了来自京城名校先进的教育理念和办学模式可以在大西北偏远地区的一所县城学校落地生根、开花结果。这也表明，在基础教育优质均衡发展的过程中，名校一定能够起到应有的引领和示范作用。

近些年，我一直担任教育部和北京市名校长培养工程的实践导师，向国内优秀校长传递育英学校的声音。陕西省神木市第十一中学的刘校长的发言，从一个侧面反映了我们育英学校的教育理念正在影响越来越多的学校。国内同行，志同道合，携手而行，为基础教育贡献育英智慧和育英实践！

春色浓，花正艳，自信前行，稳步前行，砥砺前行！

2023/04/26/22:03:34

教育者都应该怀有对教育的美好追求

各位好：

  我注意到 4 月 20 日教育服务中心沈立凤主任在 OA 办公系统发了一篇《为栗婧老师点赞：巧用教育资源，让教育自然的发生》的短文。

  文中写道："在世纪林，有一位学生拦住了李镇西校长，他说自己的班主任栗婧老师是李校长的超级粉丝，栗老师就是在用李校长书里的做法在教育他们。他还说栗老师今天盛装打扮想让李校长签名，但又担心打扰，于是他和姚呈同学自发地决定帮栗老师要签名。"

我们的每一位教职工不仅都充满了对教育的美好向往，都有自己对美好教育的理解和追求，而且在具体实践中不懈地探索和升华！

李镇西老师是中国基础教育界的名家，栗婧老师的行为已经不是简单地巧用教育资源，而是对美好教育的理解的自然外显。所以，我要为栗婧点一个大大的赞！

学校已经进入内涵式发展阶段，我们就应该像栗婧老师这样追求自己心中的理想教育！在育英这片沃土上，"千帆竞进，百舸争流"！

2023/12/08/14:59:44
校友尹平平的做法带给我们的启示

各位好：

新华社每日电讯记者尹平平是我校校友，大约于2002年从我校初中毕业，班主任是郝杰老师。近期，她在美国进修。今天上午，她发了一个视频，并附了如下文字：

> 我带着一群五年级的小学生摄制了他们学校课后班的小短片，也是我第一次体会到当老师的成就感，真美好。
>
> 美国小学三点多就放学，双职工家庭只好把孩子寄托到学校的课后班。我带课后班时发现学生沉迷于视频，于是决定将计就计，教他们怎么做视频新闻。
>
> 看到孩子们那么投入地设计采访提纲和研究拍摄角度，想方设法地扩大采访范围，真是既欣慰又感动。再加上他们积极地用中文念旁白，更令人惊喜。希望这个活动能在这群十岁的美国儿童心中点燃一些星星

之火，也不失为我这段短暂羁旅中绽放的一朵美丽小花。

我想，尹平平的做法应该给我们的课堂教学和课程研发都带来很大的启迪，值得我们借鉴。